종교개혁의 천사

피에르 비레

종교개혁의 천사

피에르 비레

레베카 쉬츠 지음

박경수 옮김

대한기독교서회

피에르 비레: 종교개혁의 천사

2023년 9월 15일 초판 1쇄

지은이 레베카 쉬츠
옮긴이 박경수
펴낸이 서진한
펴낸곳 대한기독교서회

등록 1967년 8월 26일 제1967-000002호
주소 서울시 강남구 테헤란로103길 14(삼성동)
전화 출판국 553-0873~4, 영업국 553-3343
팩스 출판국 3453-1639, 영업국 555-7721
e-mail editor@clsk.org
https://www.clsk.org
facebook.com/clskbooks
instagram.com/clsk1890

책번호 2379
ISBN 978-89-511-2142-5 93230

Pierre Viret
The Angel of the Reformation
by Rebekah A. Sheats

Published by **Psalm 78 Ministries** P.O. Box 950 Monticello, Florida 32344

The Christian Literature Society of Korea, Seoul
Printed in Korea

* 책값은 뒤표지에 있습니다.

피에르 비레

나는 매 맞음, 고통과 고령, 중독, 상처, 그리고 모든 인간의 지독한 분노로 고통당한 그의 육체를 봅니다. 나는 주님의 능력, 그분의 고귀한 신비를 보고, 온전한 침묵 가운데 주님의 율례에 복종합니다.

나는 끝이 없는 지혜로 가득한 고귀한 작품을 읽습니다. 가장 친애하는 비레, 그대가 끔찍한 감옥 안에서 쓴 작품입니다. 나는 당신의 견해가 선하고 당신의 양심 또한 그러하다는 것을 분명히 알고 있고, 당신 안에 참되신 하나님이 거하신다는 사실을 알고 있습니다.

나는 그리스도께서 당신의 교회를 온화하고 사랑하는 마음으로 지켜보신다는 것을 압니다. 왜냐하면 교회가 절망 가운데 화염에 휩싸여 반쯤 죽어 있는 것을 보시고, 주님은 당신의 교회를 온전하게 만드시기 위해 극심한 두려움에 사로잡혀 있는 사람들의 영혼에 불을 밝혀 그들의 마음과 정신에 빛을 비추어주시기 때문입니다.

세상의 모든 어리석은 자들이 주님의 거룩한 길을 거부하면서 우리에게 오늘 새로운 징조와 기적을 요구한다면, 우리의 온화한 비레가 하나하나 증언해줄 것입니다. 그는 살아 있는 동안에 그들에게 이야기해 주었고, 죽어서도 여전히 전해주고 있습니다.*

테오도르 베즈(Théodore de Bèze)

---

* Théodore de Bèze, *Les vrais portraits des hommes illustres* [translated from the Latin to French by Simon Goulart, Slatkine, Genève, 1986 (1581)], 128.

저자의 말

하나의 전기를 쓰는 것은 결코 혼자서 할 수 있는 일이 아니기에 나는 이 책이 나오는 데 도움을 준 모든 분에게 깊이 감사드린다. 이 과정 전반에 걸쳐 도움을 준 분들에게 일일이 감사를 표하지는 못하더라도, 몇몇 분의 지지와 안내는 언급하지 않고 그냥 지나갈 수가 없다.

첫째로, 잊힌 개혁자 피에르 비레를 지난 세기에 나보다 앞서 밝혀준 신실한 거장들, 특히 앙리 뷔유미에, 에메 루이스 에르맹자르, 장 바르노, 장 앙리 메를 도비녜에게 감사를 표할 수밖에 없다. 내가 기댈 수 있는 이런 거장들의 어깨가 없었다면 이 책은 결코 열매를 맺을 수 없었을 것이다.

나는 스위스 로잔의 두 사람에게 큰 빚을 졌다. 장 마크 베르투는 내가 이 책을 쓸 수 있도록 돕고 조언을 해주었으며, 스위스 피에르비레협회장인 다니엘 보베는 내 초고를 읽고 평가해주었다. 이 책에 대한 비평적 통찰을 제공해준 미주리대학교의 마이클 브루닝 박사에게도 감사를 드린다.

미국 피에르비레협회장인 토머스 에르틀에게 각별한 감사를 표하고 싶다. 그는 헤아릴 수 없을 정도로 많은 도움을 주고 원고 작업과 편집을 끊임없이 격려해주었을 뿐만 아니라 자신이 소장한 수많은 책을 아낌없이 빌려주었다.

또한 나는 이 책을 쓰는 동안 계속 더듬거리는 엉터리 영어로 성서 그리스어 강의를 진행했는데, 그 강의를 인내심으로 견디면서 오랫동안 고생한 학생들에게 특별히 감사한다. 선생이 수업 시간 동안 16세기 프랑스어를 옆으로 제쳐두고 영어와 그리스어의 감을 되찾아 집중하려고 애썼지만 결국 실패했기 때문이다.

마지막으로 지루한 책 집필 과정 내내 가족이 내게 보여준 도움, 격려, 이해에 감사를 표한다. 비레의 표현을 빌리자면, "여러분이 나에게 보여준 한결같은 큰 사랑, 늘 베풀어준 친절, 내가 섬기는 주님을 향한 여러분의 그 사랑과 애정을 종에게 베풀어준 것"에 감사드린다.

레베카 쉬츠(Rebekah A. Sheats)

옮긴이 서문

우리는 종교개혁을 생각하면 곧장 루터, 츠빙글리, 칼뱅 같은 사람들을 떠올립니다. 그러나 실상 종교개혁은 몇몇 위대한 영웅이 만든 사건이 아닙니다. 오히려 종교개혁은 복음의 진리를 따르고자 한 수많은 개혁자의 동역과 헌신으로 일구어낸 역사의 변혁이었습니다. 그러나 대중은 영웅을 원하고 기록은 그 영웅만을 집중하여 조명합니다. 대중의 관심에서 소외된 많은 개혁자는 비주류로 밀려나 서서히 잊힙니다. 그리고 16세기 프로테스탄트 종교개혁이 마치 영웅 몇 사람이 만든 극적인 드라마인 양 왜곡됩니다. 그러나 이것은 역사의 진실이 아닙니다.

이 책의 주인공인 피에르 비레는 16세기 스위스 로잔의 종교개혁자입니다. 스위스 종교개혁 역사에서 정말 중요한 역할을 한 사람이지만, 그동안 비레는 칼뱅의 동료 정도로 치부되었을 뿐, 독자적인 개혁자로서 그의 생애와 사상은 별로 주목받지 못했습니다. 잊힌 종교개혁자까지는 아닐지라도 낯선 종교개혁자인 것만은 분명합니다.

'종교개혁의 천사', '종교개혁의 미소', '평화와 화해의 사도'라는 별칭에서 알 수 있듯이, 비레는 격동의 시대에 복음의 정신으로 종교개혁을 이끌되 온화하고 평화로운 방식을 취하였습니다. 로마가톨릭과 프로테스탄트 양측이 맞부딪치는 갈등의 한복판에서 미소를 잃지 않고 평화로운 방식을 추구하는 것은 참으로 지난한 일입니다. 21세기 한국 사회의 빨강과 파랑의 이념 갈등 속에서 화해와 평화를 운운하는 것은 인기도 없을뿐더러 위험하기까지 합니다. 하물며 전쟁도 불사하던 16세기 종교개혁 현장이야 오죽했겠습니까? 비레는 칼에 찔리고, 독에 중독되기도 하였습니다. 그렇기에 그가 지켜낸 복음을 전하는 방식이 빛이 납니다.

비레는 기욤 파렐, 장 칼뱅과 함께 흔히 '제네바 종교개혁의 삼총사'라고 불립니다. 제네바 종교개혁은 많은 사람, 그중에서도 이 세 사람의 헌신과 열정으로 이루어낸 열매입니다. 흥미로운 것은 이들 중 스위스 출신 개혁자가 비레뿐이라는 사실입니다. 파렐과 칼뱅은 프랑스 출신으로 스위스 뇌샤텔과 제네바의 개혁을 위해 헌신한 사람들입니다. 테오도르 베즈는 선배 세 사람을 이렇게 평가하였습니다. "파렐보다 힘 있게 천둥소리를 발하는 사람은 없다. 칼뱅보다 더 큰 권위로 가르치는 사람은 없다. 비레보다 더 감미롭고 매력적으로 말하는 사람은 없다." 파렐이 실천가요, 칼뱅이 신학자라면, 비레는 설교자였습니다. 당시 사람들은 비레를 당대 최고의 설교자로 서슴없이 꼽았습니다.

비레는 1536년 겨우 25세의 나이에 로잔의 목회자로 임명된 후 로잔과 보 지역, 그리고 제네바에서 25년 동안 교회개혁을 위해 헌신하다가 50세가 되던 1561년 건강상의 이유로 따뜻한 남부 프랑스로 가게 됩니다. 이후 비레는 님, 몽펠리에, 리옹에서 개혁운동을 펼쳤고, 1563년 제4차 프랑스개혁교회 총회에서 의장직을 수행하기도 하였습니다. 1566년에는 나바라 왕국의 여왕 잔 달브레의 초청으로 베아른 지역으로 가서 교회법령과 시편찬송가를 펴냈고, 오르테즈 아카데미에서 신학교육을 이어가며 나바라 왕국을 프로테스탄트 영토로 바꾸는 일에 헌신하였습니다. 비레는 자신의 생애 마지막 10년을 프랑스의 종교개혁을 위해 바치고 1571년 영원한 본향으로 돌아갔습니다.

16세기 종교개혁, 특히 개혁교회 운동에서 비레가 갖는 위치와 역할에 비해 그에 관한 연구는 그동안 너무나도 미약했습니다. 그의 조국 스위스나 그가 활동하던 프랑스에서 제한적인 연구가 있었을 뿐입니다. 이 책이 영어로 나온 최초의 비레 전기임을 생각하면, 잊힌 혹은 낯선 개혁자 비레라는 표현은 결코 과장이 아님을 알 수 있습니다. 이런 상황이니 국내에 비레에 대한 연구나 소개가 없는 것이 어쩌면 당연한 일인지도 모르겠습니다. 사실 칼뱅과 제네바 종교개혁을 전문적으로 연구하는 저조차 비레의 교회개혁과 신학 사상의 전모에 그동안 관심을 두지 못했습니다. 그런데 최근 비레의 저항권에 관한 학술논문을 쓰면서 국내의 비레 연구가 얼마나 황무지와 같은지 절감하였고, 종교개혁 연구자로서 국내 학계와 교계에 비레를 알려야겠다는 의무감이 생겨 이 책을 번역하게 되었습니다. 번역은 빛이 나지 않는 고단한 일이라 '다시는 안 해야지.' 하면서도 또 하게 된 것은 그만큼 책임이 무거웠기 때문입니다.

늘 그렇듯이 작은 책을 펴내는 일에 고마운 분들이 참 많습니다. 무엇보다 언제나 제 글의 첫 번째 독자이자 평론가인 사랑하는 아내에게 고마운 마음을 전합니다. 모든 길에 함께 걷는 동반자가 있어 얼마나 든든하고 행복한지요. 또한 제 글을 항상 그 이상의 책으로 만들어 빛내주는 대한기독교서회에 진심으로 감사합니다. 루터도, 칼뱅도 아닌 '듣보잡' 비레의 전기에 누가, 얼마나 관심을 가질지 알 수 없는 상황에서, 더군다나 요즘처럼 출판계가 어려운 때에 비레에 관한 책을 펴낸다는 것은 한국교회에 진 빚을 갚는다는 마음 아니고서는 할 수 없는 일이라 생각합니다. 서진한 사장님과 가족같이 편안한 편집부 식구들에게 마음에서 우러난 감사를 표합니다. 마지막으로 학문적인 관심뿐만 아니라 삶과 신앙의 문제에서도 서로를 격려하고 지지하고 응원하는 사랑하는 제자들, 그들이 있기에 지금의 제가 있다고 생각합니다.

올해 6월 말, 코로나19 이후 학생들과 함께 다시 종교개혁 현장을 답사하고 돌아왔습니다. 비레의 발자취도 따라가면서 그를 마음에 담을 수 있는 좋은 기회였습니다. 이 책에 비레의 생애와 연관이 있는 장소의 사진을 실었습니다. 필자가 여러 기회에 찍은 사진만 아니라 이번에 함께 답사에 참여한 김명환 목사님과 민선홍 전도사님의 사진도 포함되어 있습니다. 함께 길 걸었던 모든 분들에게 감사의 마음을 전합니다. 2주 동안의 감격과 놀라움은 하나님과 우리만이 아는 비밀스럽고 내밀한 기쁨으로 오래오래 간직될 것입니다.

16세기 최고의 설교자, 갈등의 시대 탁월한 중재자, 스위스와 프랑스와 나바라의 종교개혁자, 낯설지만 역사에 지울 수 없는 흔적을 남긴 피에르 비레. 바라기는 이 작은 책이 독자들의 마음을 움직여 그를 닮아 하나님 나라와 주님의 몸인 교회를 위해 삶을 드리고 싶다는 열망을 불러일으키기를 소망합니다. 베즈가 비레에 대해 쓴 글로 옮긴이의 긴 사설(辭說)을 마무리하고자 합니다.

> 세상의 모든 어리석은 자들이 주님의 거룩한 길을 거부하면서 우리에게 오늘 새로운 징조와 기적을 요구한다면, 우리의 온화한 비레가 하나하나 증언해줄 것입니다. 그는 살아 있는 동안에 그들에게 이야기해 주었고, 죽어서도 여전히 전해주고 있습니다.

박경수

서론

개신교인들, 특히 개혁파는 자신들의 종교개혁 역사와 그 개혁자들에 대해 커다란 애정이 있다. 개혁자에게 주어지는 영예는 교회 역사상 가장 위대한 시대 중 하나를 만들어낸 그들의 삶, 용기 있는 지도력, 신학적 깊이를 반영한 것이다. 그들의 삶이 미친 영향은 헤아릴 수 없다. 500년이 지난 지금도 우리는 여전히 그들의 영향력을 느낄 수 있으며, 지금부터 1,000년이 지나더라도 이 영웅적인 이야기들은 계속해서 되살아나고 전해질 것이다. 그렇지만 500년의 역사가 흘렀는데도 16세기 유럽 대륙의 개혁자들이 어떤 삶을 살았고, 그들이 어떤 영향을 미쳤는지 아직 충분하게 알려지지 않았다.

마르틴 루터(Martin Luther)와 훌드리히 츠빙글리(Huldrych Zwingli)는 프로테스탄트 종교개혁의 첫 세대를 이끈 2명의 개척자였다. 신앙의 거장인 이 두 사람은 프로테스탄트주의를 표방한 중요한 두 교회, 즉 루터파 교회와 개혁파 교회를 세웠다. 이후 수십여 년이 지나 2세대 개혁자들이 등장해 널리 알려지고 영향력을 행사하였는데, 기욤 파렐(Guillaume Farel), 하인리히 불링거(Heinrich Bullinger), 마르틴 부처(Martin Bucer), 장 칼뱅(Jean Calvin), 토마스 크랜머(Thomas Cranmer), 후안 데 발데스

(Juan de Valdes), 피터 버미글리(Peter Vermigli), 존 녹스(John Knox)와 같은 사람들이다. 이러한 저명한 교회 지도자들 무리에 스위스 오르브 출신의 잊힌 개혁자 피에르 비레(Pierre Viret)가 포함되어 있다.

피에르 비레는 분명 2세대 개혁자 중 한 명이었다. 그는 파렐, 앙투안 프로망(Antoine Froment)과 함께 제네바에 종교개혁을 도입한 인물로, 이후 칼뱅의 가장 가까운 동료가 되었다. 비레는 생애 마지막 10년 동안 프랑스에서 위그노 운동을 이끌면서 교회의 지도자로 살았다.

이 책의 저자는 잊힌 개혁자에 대한 명확하고 사료로 뒷받침되며 통찰력까지 겸비한 전기를 완성하였다. 피에르 비레 탄생 500주년을 기념하여 출간된 이 책은 영어로 된 비레의 첫 번째 전기이자 잃어버린 그의 탁월한 삶의 역사를 교회를 위해 다시 포착한 책이다. 새로운 역사적 탐구와 잊을 수 없는 이야기들은 프로테스탄트 독자들에게 즐거움을 줄 것이다. 피에르 비레, 그리고 그의 삶과 신학에 대한 재발견은 이 시대를 위한 하나님의 참된 섭리이다.

한 사람의 생애와 유산을 정확하게 규명하는 것은 어려운 일이다. 한 사람이 과거, 현재, 미래에 영향을 미치는 데는 보이지 않는 섭리가 작용하는데, 과연 어느 누가 그것을 판단할 수 있겠는가? 어떤 삶, 말, 메시지 또는 책이 한 사람에게 영감을 주어 방향을 바꾸게 하거나 특별한 운동을 일으키게 할지 누가 알겠는가? 또한 어떤 한 사람의 문학적 유산이 한 민족이나 국가를 변화시키는 일을 할 수 있을지 누가 예측할 수 있겠는가?

비레의 특성, 업적, 영향력, 신학적 성과에 대해 언급할 수 있는 것이 많지만, 비레의 삶에서 첫 번째이자 가장 분명한 측면은 그의 훌륭한 품성이다. 하나님을 향한 신실함, 행동과 말, 그가 맺은 친구 및 적과의 관계로 인해 비레는 16세기 개혁자들 사이에서 확실히 차별화될 수 있었다.

비레의 삶에 대한 이야기는 놀랍다. 로마가톨릭과 프로테스탄트 사이에 프랑스 종교전쟁이 한창일 때, 로마가톨릭의 미신적 오류를 폭로하며 열정적으로 설교하고 글을 쓴 사람이 바로 비레이다. 하지만 로마가톨릭 신자들은 비레를 변호하고, 그가 설교할 수 있도록 특별히 부탁하였으며, 심지어 생명을 구해주기까지 하였다. 프랑스 가톨릭 신자가 그를 변호한 이야기는 이해가 안 될 정도이다. 이 사람의 품성에서 무엇이 그렇게 매력적이고 설득력이 있었기에 심지어 종교적 적들까지 그를 옹호하였을까? 진정성, 목회적인 마음, 하나님을 향한 열정, 구주요 주님인 예수 그리스도에 대한 깊은 애정, 진리에 대한 사랑, 하나님의 약속에 대한 무한한 믿음, 순수함, 혹은 순박한 인간애 때문이었을까?

아마도 그것은 프랑스어권 스위스 출신인 이 순박한 남자를 통해 흘러나오도록 하나님께서 설계해놓으신 어떠한 신성한 기질로, 하늘의 선물이었을 것이다. 그것이 무엇이든 간에 비레는 스위스 종교개혁자, 프랑스 위그노의 지도자, 목사, 신학자이기 이전에 먼저 그리스도인이었음이 분명하다. 이 특출한 그리스도교적 품성은 수도사의 고독이나 학자의 연구에서 발전된 것이 아니라 당시의 극심한 종교적·정치적 갈등 가운데 살면서 몸담을 수밖에 없었던 영적이고 지적인 전쟁터에서 정제되고 다듬어진 것이었다.

바로 이러한 미덕과 개인적 자질 덕에 비레는 가장 어려운 유형의 논쟁인 종교 분쟁의 중재자이자 조정자로 인정받게 되었다. 형제 사이의 갈등이든 적 사이의 갈등이든 갈등을 해결하는 비레의 방법은 (오늘날 종종 이루어지는 것과 같이) 진리의 타협을 통해 평화를 조정하는 방식이 아니었다. 비레는 신념의 확고함을 지키면서도 신앙과 성품으로 다른 이의 신뢰를 얻었으며, 그 결과 가장 어려운 상황에서도 사람들을 이해시키고 설득할 수 있었다. 만일 비레가 마르부르크 회담에서 루터와 츠빙글리와 함께 있었더라면 프로테스탄트주의에 과연 어떤 일이 일어났을지 자못 궁금해진다.

비레는 여러 그리스도교적 속성을 훌륭하게 융합한 사람이었다. 그는 인자하고 자애로운 성품을 지니고 있었고, 하나님과 인간을 섬기는 일에 헌신적이었으며, 성서에 관한 지식에 통찰력이 있었고, 진리를 옹호하는 일에는 타협하지 않았다. 이 모든 것은 설득력 있는 웅변 재능과 그의 세대의 중요한 시기에 하나님의 백성을 이끈 역동적인 능력과 결합되었다.

이에 대해서는 파렐이 잘 말해주고 있다. "우리에게 비레를 주신 분은 하나님입니다. 나는 나 자신보다 그를 더 잘 알고 있습니다. 그에게서 그리스도와 그분의 복음에 대한 진심 어린 애정, 어떤 난폭함도 없는 품성, 참된 그리스도교적 영혼, 사랑 가운데 걷고 평화를 찾는 모습 외에는 어떠한 것도 발견하지 못했다고 말할 수 있습니다." '종교개혁의 천사'(The angel of the Reformation)로서의 특징을 요약하자면, 비레는 사생활에서 모범적인 그리스도인이었기 때문에 공적인 영역에서도 모범적인 목사이자 개혁자였다고 말할 수 있을 것이다.

비레가 교회에 준 또 다른 중요한 선물은 그의 신학적 기량인데, 이 기량으로 그는 방대한 저술을 할 수 있었다. 그의 글은 그의 성품만큼이나 독특하였다. 그의 인식론은 철저하게 성서적이었다. 그의 사고는 독창적인 통찰력으로 가득 차 있었지만, 그의 글은 독자들이 읽기에 편했고, 심지어 아직 배움이 짧은 학생조차 삶에 적용할 수 있을 정도였다. 그는 끝없는 추상적 개념화로 인한 프로테스탄트 정통주의의 함정에 빠지지 않았다. 오히려 그의 신학 작품들은 삶의 문제를 다루는 데 대단히 실용적이었다.

비레는 자신이 극심한 갈등의 한복판에 있다는 것을 알았다. 그 결과 비레 신학의 많은 부분이 공적인 시민 생활의 복잡한 문제들에 적용되었다. 그는 시민 행정관, 전쟁, 법률, 세금, 교회-국가 관할권을 포함하여 대부분의 현대인들이 기피하는 주제를 대담하게 다루었다. 비레는 신학을 자신의 세대에 적용하여 문화와 사회의 문제를 다루는 데 있어서 성서적 기준을 확립하였다. 그는 우리에게 타협하지 않는 개혁주의 신학자의 실례를 남겼다. 그의 설득력 있는 웅변과 글은 참된 그리스도교적 사랑으로 빛을 발하고 있으며, 신학적 깊이가 있으면서도 삶에 적용할 수 있게 쓰여 후세에 높이 평가될 것이다.

마지막으로 비레의 삶과 유산이 교회에 남긴 것은 바로 희망이다. 그의 업적과 저술의 본보기는 언젠가 우리 모두가 온전한 그리스도인이 되고, 그리스도의 권위를 충분히 인정하고 믿게 될 것이라는 큰 희망을 교회에 선사한다. 비레와 그의 동료 개혁자들은 그들이 살던 나라와 문화 전반을 변화시켰다. 그들의 혁명은 정치적 권력의 자리인 교회와 국가의 관직을 장악함으로써 이루어진 것이 아니라 초월적인 하나님의 말씀을 선포하고 포괄적으로 적용함으로써 가능하였다. 그들의 종교개혁은 역사적 믿음을 잊어버리고, 신학을 타협하고, 교회가 이 세상에서 가장 강력한 힘이라는 성서적 비전을 잃어버린 대부분의 현대 개신교와 극명한 대조를 이룬다.

신앙이 교회에 종교개혁을 가져다주었고, 신앙이 비레로 하여금 그리스도의 품성을 드러내고 그의 세상을 변화시키도록 자극하였다. 바로 이 신앙은 오늘날 교회에서도 여전히 유효하다. 품성, 지혜, 지도력의 유산으로 재발견된 이 오래전의 삶은 우리에게 그 일이 다시 일어날 것이라는 희망을 준다.

그리스도교는 다시 일어설 것이다. 더 위대하고 새로운 방식으로 예수 그리스도의 교회는 열방과 민족을 결정하는 힘이 될 것이다. 하나님 나라에 대한 하나님의 약속은 확실하고 흔들릴 수 없기에 어느 시대의 그리스도인이든 이것이 진실이라는 것을 안다.

미국 피에르비레협회 회장
토머스 에르틀(Thomas Ertl)

차례

제3부 개혁자의 인품

제4부 프랑스에서의 사역

오르브, 피에르 비레가 출생한 곳

▲ 피에르 비레가 태어난 집과 명패. 주소는 Rue Davall 3, 1350 Orbe, Switzerland이다.

▲ 오르브 교회와 마을 전경. 비레는 기욤 파렐의 강권에 따라 1531년 20세의 나이로 오르브 교회에서 첫 설교를 하였다.

▶ 오르브 교회 근처 라운드 타워

뇌샤텔, 파렐과 비레가 동역한 곳

▶ 뇌샤텔의 종교개혁자 기욤 파렐의 동상. 파렐은 피에르 비레를 종교개혁자로 이끌었다. 비레는 한때 뇌샤텔 교회에서 설교하였다.

▼ 뇌샤텔 개혁교회 외관

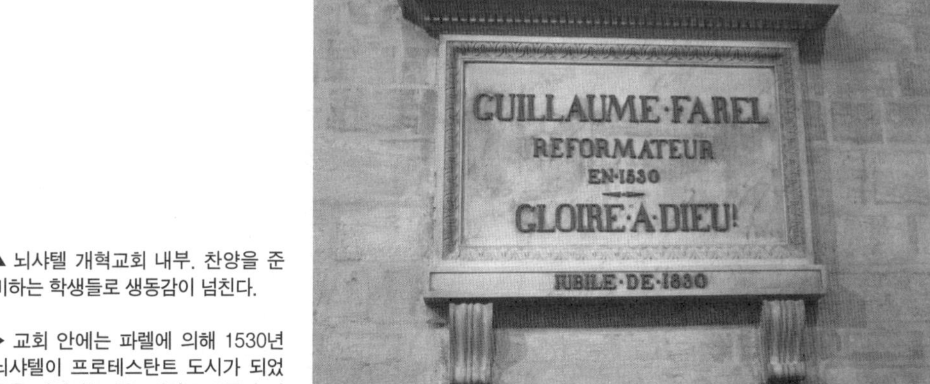

▲ 뇌샤텔 개혁교회 내부. 찬양을 준비하는 학생들로 생동감이 넘친다.

▶ 교회 안에는 파렐에 의해 1530년 뇌샤텔이 프로테스탄트 도시가 되었음을 기억하는 종교개혁 300주년 기념 명패가 있다.

로잔, 피에르 비레가 사역한 곳

▲ 피에르 비레가 로잔에서 처음에 머문 생프랑수아 교회는 이전에 프란체스코회 수도원이었고, 비레가 1536년 3월 첫 설교한 강단이다. 비레는 이곳에서 1536년 10월에 열린 로잔 논쟁을 준비하였다. 1537-38년 최초의 개혁교회 대회 세 차례 중 두 차례가 개회된 장소이기도 하다.

▶ 생프랑수아 교회 정면에 있는 비레 기념 명패는 이곳에서 종교개혁자, 목회자, 신학자인 피에르 비레(1511년 오르브 출생-1571년 베아른 사망)가 설교했음을 밝히고 있다.

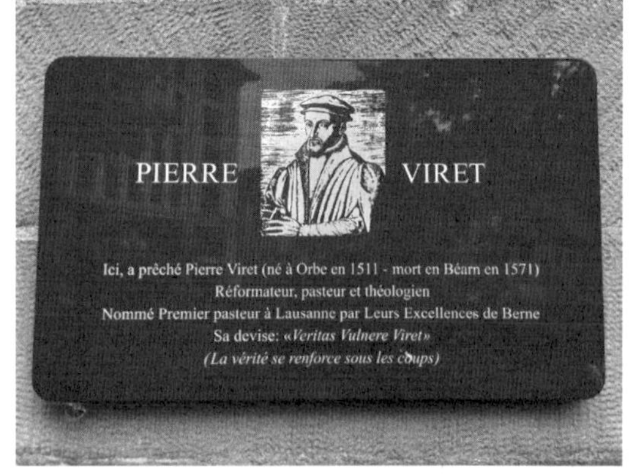

▲ 로잔 대성당의 외관. 오른쪽에 장미창이 보인다.

▼ 로잔 대성당 내부 장미창

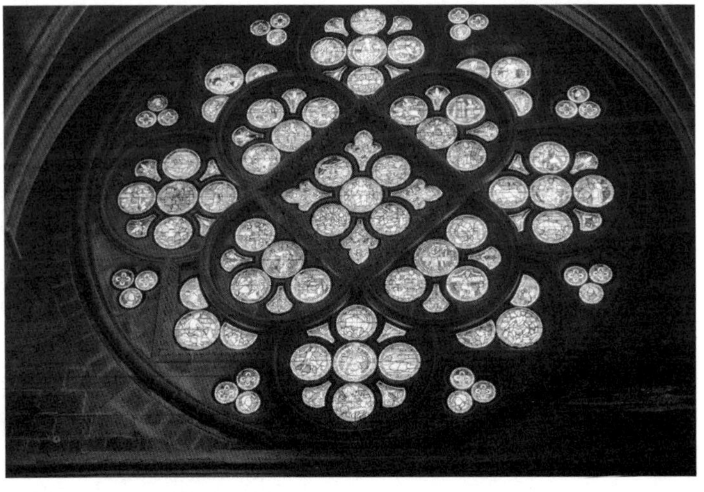

▲ 로잔 대성당 안에 있는 1536년 로잔 논쟁 기념 스테인드글라스. 피에르 비레가 한가운데에 서 있고 사복음서가 펼쳐져 있다.

▶ 대성당 안에 있는 로잔 종교개혁 400주년 기념 명패에는 다음과 같이 씌어 있다. "1936년 10월 4일 주일, 보 지역의 개혁교회는 한 마음으로 종교개혁 400주년을 기념하였다."(위)

"1936년 10월 5일, 민족의 이 성소에서 이 지역의 개혁교회 그리스도교 공동체를 대표하는 총회 대표단은 우리 주 예수 그리스도의 복음 안에서 믿음에 따라 살겠다는 헌신과 약속을 갱신하였다."(아래)

▲ 로잔에 있는 피에르 비레 기념 분수

▼ 로잔 시내 피에르 비레 길

▲ 로잔 대성당 앞 18-19세기 위그노 신학교 터

▶ 1729-1812년 로잔의 위그노 신학교를 기념하여: “앙투안 쿠르와 뱅자맹 뒤프랑의 열정으로 설립되었다. 이 학교는 박해받는 프랑스 개혁교회를 위해 약 400명의 목회자를 배출하였고, 그들 중 많은 이들이 신앙 때문에 순교하였다.”

제네바, 칼뱅과 비레가 동역한 곳

▲ 제네바 종교개혁 기념 조형물

▼ 왼쪽부터 파렐, 칼뱅, 베즈, 녹스

▲ 종교개혁 기념 조형물에 비레, 파렐, 프로망이 유아세례를 베풀고 말씀을 전하는 모습이 보인다. 벽면에 씌어 있는 글귀는 다음과 같다. "베른의 특사가 참석한 가운데 제네바 사람들에게 개혁을 설교하다."(아래)

"피에르 비레가 기욤 파렐과 앙투안 프로망의 도움을 받아 제네바에서 최초의 복음적 세례를 베풀고 있다."(오른쪽 옆)

▲ 제네바 생피에르 교회 정면

▶ 생피에르 교회 내부에 파렐, 프로망, 비레, 칼뱅을 기념하는 명패가 보인다. 명패에는 다음과 같이 씌어 있다. “과거 우리의 선배들이 경건함으로 봉헌한 기념비를 1836년 8월 이 거룩한 장소에 복원하여 놓는다. 300년 전 우리 하나님의 자비와 네 사람의 경건한 이방인, 파렐, 프로망, 비레, 칼뱅의 헌신으로 성취된 제네바의 개혁을 기념하여.”

나바라 왕국(포, 레스카르, 오르테즈), 비레가 생애 마지막으로 섬긴 곳

— 포

▲ 나바라 왕국의 수도였던 포 궁전. 지금은 프랑스 도시이다.

▼ 포 성의 내부 박물관으로 들어가는 문

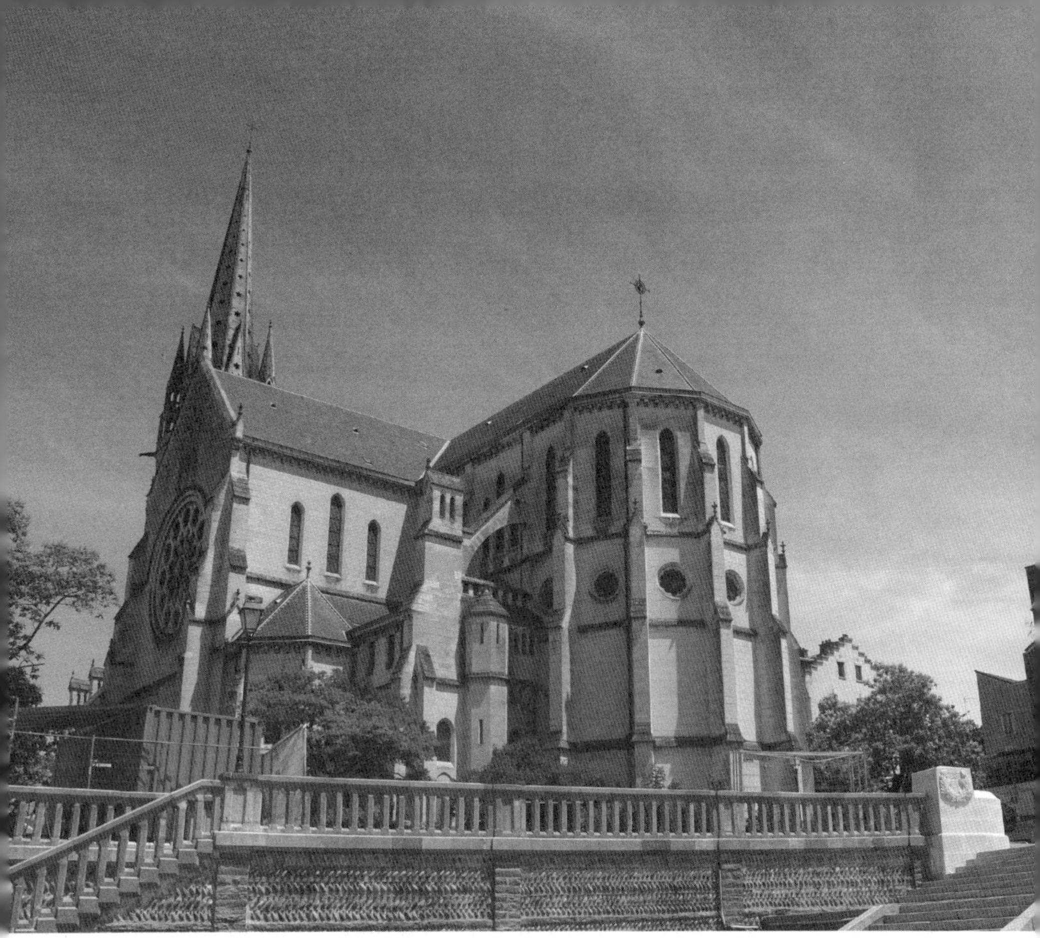

▲ 포의 생마르탱 교회

▼ 포 궁전 박물관에 있는 잔 달브레의 아들 앙리(후일 프랑스 왕 앙리 4세)가 태어난 요람

— 레스카르

▲ 레스카르 대성당의 외관

▲ 레스카르 대성당 내부

▶ 레스카르 대성당 안에 잔 달브레의 부모인 앙리 달브레와 마르그리트 당굴렘의 무덤이 있다.

— 오르테즈

▲ 오르테즈 잔 달브레 박물관

▼ 박물관 내부 오르테즈 아카데미에 관한 설명

▶ 박물관 내부에 피에르 비레의 활동이 소개되어 있다.

▼ 위그노 십자가를 담은 오르테즈 프로테스탄트 연합교회(루터교회와 개혁교회 연합)

제네바 종교개혁의 삼총사

▲ 기욤 파렐

▲ 피에르 비레

▲ 장 칼뱅

비레가 사역한 도시들

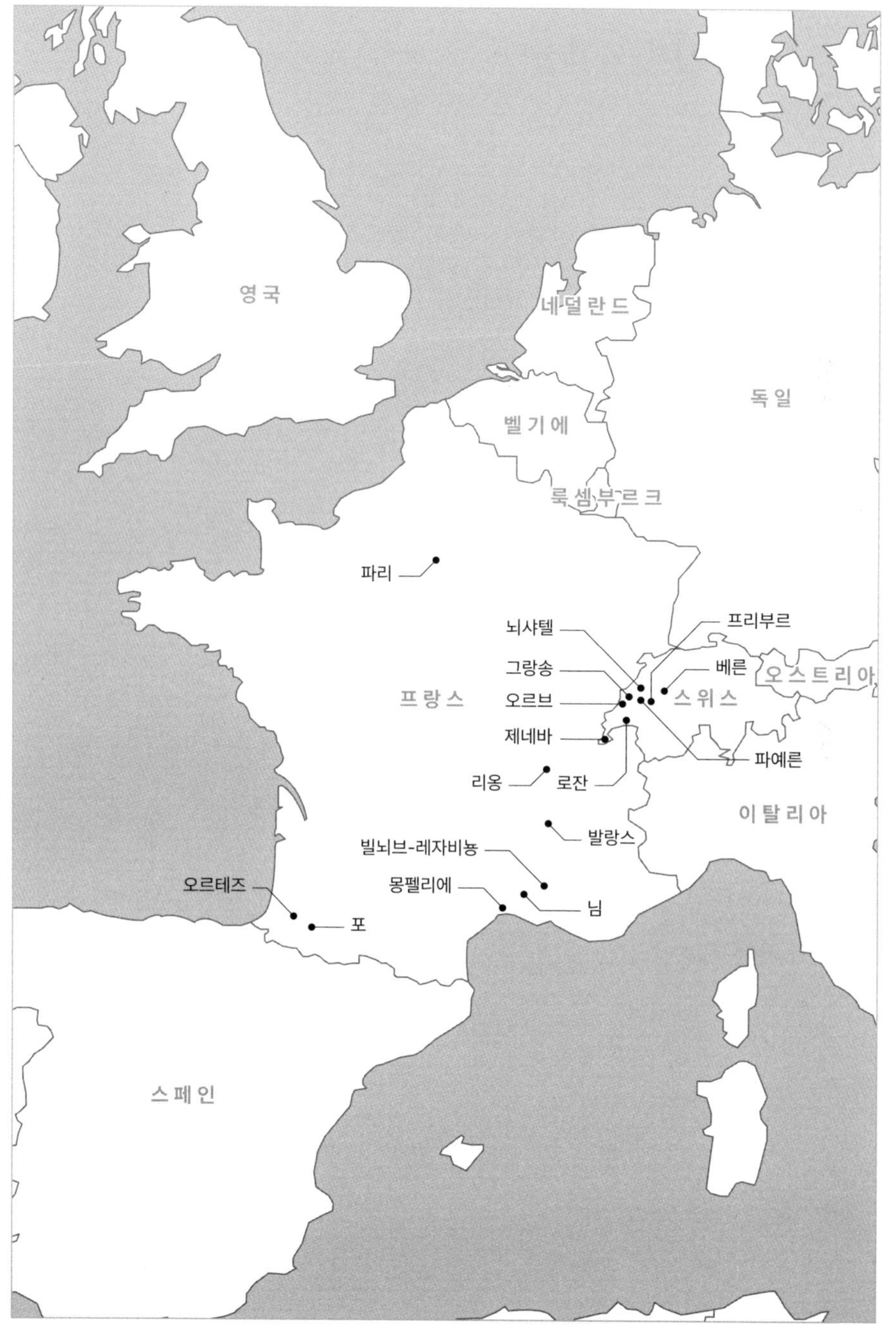

영국
네덜란드
독일
벨기에
룩셈부르크
파리
뇌샤텔
프리부르
그랑송
베른
오스트리아
프랑스
오르브
스위스
제네바
파예른
리옹
로잔
이탈리아
발랑스
빌뇌브-레자비뇽
오르테즈
몽펠리에
님
포
스페인

서언

•

하나님은 일하고 계셨다

태초에 하나님이 천지를 창조하시니라
땅이 혼돈하고 공허하며 흑암이 깊음 위에 있고
하나님의 영은 수면 위에 운행하시니라 (창 1:1-2)

16세기가 밝았을 때 유럽 땅에는 어둠이 덮여 있었다. 교황수위권이라는 강력한 손이 사람들의 생각과 마음을 지배하고, 종교적 미신과 인간의 전통이 수많은 사람을 속박하고 있었다. 역사학자 제임스 와일리(J. A. Wylie)는 이렇게 말한다.

> 5세기부터 15세기까지 내내 그리스도교 세계의 성소에서 진리의 등불이 희미하게 타올랐다. 그 불꽃은 종종 낮게 가라앉았고, 곧 꺼질 것처럼 보였다.[1]

---

1 J. A. Wylie, *The History of Protestantism*, volume one (Cassell, Petter, and Galpin, n. d.), 3.

진리의 거룩한 등불인 성서는 로마의 폭정에 가려져 그 빛을 잃은 것 같았다. 과연 이 등불은 영원히 꺼져버린 것인가?

절대 그럴 수 없다. "하나님은 빛과 맺은 언약을 기억하시고 어둠에 경계를 정하셨다."[2] 수많은 눈이 그것을 알아차리지 못하였지만, 그리스도의 등불은 여전히 밝게 빛나고 있었다. 성서의 진리를 억압하려는 로마 가톨릭의 전제적 통치에도 불구하고 하나님의 빛은 계속해서 그 빛을 비추었다. 피에몬테(Piedmont)에서는 결코 그 빛이 희미해진 적이 없는데, 그것은 수 세기 동안 그 빛의 영광스러운 아름다움이 신실한 발도파(Waldensians)의 오두막에서 아버지로부터 아들에게로 전해졌기 때문이다. 잉글랜드 북쪽 지역에서는 그 아름다운 빛줄기가 롤라드(Lollards)의 마음을 사로잡았다. 유럽 대륙 전역에서 순수하고 오염되지 않은, 작지만 빛나는 조각들 속에서 복음의 진리는 그 온전한 영광 가운데 계속해서 터져나왔다. 어둠이 짙었지만 하나님의 진리는 여전히 빛나고 있었으며, 그 빛이 희미할지는 모르지만 그래도 반짝이고 있었다. 하나님의 영이 어둠 가운데서도 움직이고 계셨고, 모든 것을 이기는 하나님의 빛이 다시금 영광스럽게 드러날 날을 준비하고 있었다.

16세기가 막 열리고 있었고, 하나님은 일하고 계셨다. 스위스 알프스 산맥 어느 초라한 양치기의 집에서 훌드리히 츠빙글리라는 이름의 아기가 태어났다. 모라(Morat) 마을 가난한 광부의 집에서는 마르틴 루터라는 아기가 태어났다. 주님은 빛을 위해 싸울 준비가 된 군사, 즉 용감하고 타협하지 않으며 자신들이 섬기는 주인을 부끄러워하지 않는 군사들을 양성하고 계셨다. 하나님의 영이 움직이고 계셨고, 곧 온 유럽이 그의 불꽃으

---

2 Ibid.

로 타오르게 될 것이다. 진리의 등불이 다시 빛나게 불타오르고 하나님의 말씀이 다시금 열릴 때 어둠은 형언할 수 없는 두려움 가운데 물러가게 될 것이다. 빛의 귀환이다.

이 빛은 수천 개의 반짝이는 면으로 그 빛을 발할 것이다. 그 찬란한 광채는 모든 보석, 즉 주님이 친히 부르신 모든 일꾼을 통해 저마다의 모습으로 아름답게 빛날 것이다. 루터, 츠빙글리, 파렐, 칼뱅, 녹스, 불링거, 베즈가 바로 그 일꾼들이다. 이들을 비롯한 수없이 많은 사람이 하나님께서 전투에 참여하도록 부르신 전사들이다. 위인? 부자? 아니다. 오직 하나님에 의해 부서진 사람들일 뿐이다. 주님께 붙들린 사람들이다. 세상을 뒤집어엎은 사람들이다. 이들이 16세기 종교개혁자들이다. 이들 중 한 명이 바로 잊힌, 알려지지 않은, 기억되지 않은 사람 피에르 비레이다. 그는 변변찮은 가문에서 태어났고 떠들썩하게 죽음을 맞지도 않았으나 하나님에 의해 부서지고 붙들린 사람이었다. 부자도 아니었다. 그의 이름에는 왕족이니, 귀족이니 하는 신분을 드러내는 장식도 일절 없다. 명망 있는 가문도 아니다. 그저 주님을 섬기는 일에 전적으로 아낌없이 자신을 바친 한 사람일 뿐이다. 이 사람이 바로 16세기 위대한 종교개혁의 새벽에 하나님의 손에 들린 도구, 피에르 비레이다.

제1부

젊은 개혁자

Pierre Viret

제1장

•

헬베티아의 빛

하나님이 이르시되
빛이 있으라 하시니 빛이 있었고 (창 1:3)

1511년이었다. 제네바에서 북쪽으로 불과 80km 떨어진 보 지역(Pays de Vaud, 오늘날 프랑스어권 스위스 지역)의 심장부, 쥐라산맥 기슭에 고대 도시 오르브(Orbe)가 있었다. 로마 시대까지 거슬러 올라가는 이 작은 마을에는 16세기 초 중세 요새 도시의 흔적이 여전히 남아 있었다. 도시를 둘러싼 성벽과 탑은 지나간 시대를 묵묵히 증언하였다. 오르브강으로 둘러싸인 이 도시는, 이제는 전성기를 한참 지나 잊힌 요새의 모습을 하고 있었다.

오랫동안 사부아(Savoie) 가문의 관할 아래 있던 오르브는 얼마 전부터 스위스의 가장 서쪽에 위치한 두 칸톤[canton: 스위스의 주(州)—옮긴이 주] 베른(Bern)과 프리부르(Fribourg)의 지배를 받게 되었으며, 이후 관대한 스위스 행정관들의 지배 아래서 평화로운 삶을 누렸다. 이 조용한 마을에 사는 독실한 사람들은 당시 유럽의 수많은 사람과 마찬가지로 로마교회의 갖은 미신과 전통의 어둠에 둘러싸여 편안함과 안락함을 느끼고 있었다. 삶의 전반에서 기꺼이 교황청의 감시와 지배 아래 살고 죽은 조상들의 신앙이 아버지에게서 아들에게로 전해졌다.

이 조용한 도시의 작은 거리에는 소박한 집 한 채가 있었는데, 이 집은 드 푸아종(Deux Poissons)이라 불리는 여인숙 건너편에 위치하였다. 이 집은 마을 재단사인 기욤 비레의 집으로, 기욤은 이곳에서 아내와 어린 아들과 함께 행복한 삶을 누리고 있었다. 그는 훌륭한 재단사였으며, 비교적 풍족한 생활을 하였다. 1511년 그의 집에 경사가 찾아왔다. 둘째 아들이 태어나 새로운 식구가 된 것이다. 그에게는 피에르라는 이름이 주어졌다.

어린 시절 피에르는 조용하고 생각에 잠기기를 좋아하는 아이였다. 아버지는 곧 아들의 세심하고 사색적인 성향을 알아차렸다. 아이는 또래보다 사려 깊었고, 어린 나이에도 부모의 신앙에 큰 관심을 보였다. 독실한 로마가톨릭 신자인 어머니는 어린 피에르에게 강한 인상을 남겼다. 그는 나중에 어머니가 심지어 요리를 할 때조차 얼마나 엄격한 신앙적 태도를 보였는지를 상기하였다. 그는 금식 기간에 어머니가 가족들을 위해 수프를 준비하면서 보여준 경건한 모습을 다음과 같이 회상하였다. “어머니는 기름이나 버터를 일절 넣지 않고 수프를 준비해서 우리가 빵과 물로 어머니와 함께 금식에 참여할 수 있게 해주셨다. 만일 수프에 지방이 조금이라도 들어 있었다면 그 금식은 완전하지 않았을 것이다.”[1]

이런 환경에서 자라면서 어릴 때부터 사려 깊고 생각이 깊던 비레는

---

1 Schnetzler, Vuilleumier & Schroeder, eds., *Pierre Viret d'après lui-même* (Georges Bride & Cie Éditeurs, Lausanne, 1911), 4.

자신이 하나님을 찾고 있음을 자각하였다. 이후에 그는 "나는 자연스럽게 신앙에 젖어 들었다. 비록 그때는 내가 그 사실을 알지 못했지만 말이다."[2] 라고 언급하였다.

학령기가 된 비레는 마을학교에 들어가서 열성적으로 수업에 참여하였으며, 교사인 마르크 로맹(Marc Romain)의 지도 아래 글을 배웠다. 스트라스부르(Strasbourg)에서 온 로맹은 작은 오르브 마을에서 물의를 일으킬 만한 인물이었으며, 몇몇 사람들은 그가 루터교 성향이라고 수군댔다. 소문은 사실이었고, 그 결과 비레는 어릴 때부터 종교개혁의 가르침에 노출되었다. 로맹 밑에서 공부하던 시절을 회상하는 글에서 비레는 "그는 우리가 어릴 때부터 무지와 궤변에서 벗어나게 해주려고 애쓰며 우리말로 가르쳤을 뿐 아니라… 우리로 하여금 복음을 맛보고 복음을 공부하고 추구하도록 격려해준 최초의 인물이었다."[3] 라고 쓰고 있다.

소년 시절의 배움을 통해 비레는 그의 어린 마음에 종교개혁의 첫 씨앗에 대해 읽고 받아들였지만, 오르브 마을학교에서의 교육은 미미한 것으로, 사실상 라틴어 기초교육에 지나지 않았다. 비레가 성장함에 따라 부모는 아이가 배움에 빠르고 총명하다는 것을 알아챘고, 아들이 신앙에 관한 탐구에 열심이라는 사실에 특별히 주목하였다. 충실한 로마가톨릭 신자이던 아버지는 어린 피에르가 사제직에 적합하다는 것을 자랑스럽게 여기면서 그를 위해 거룩한 진로를 계획하였다.

16세기 초반 보 지역에는 고등교육기관이 전혀 없었다. 그래서 비레

---

2 J. H. Merle D'Aubigné, D.D., *History of the Reformation in Europe*, volume two, book V (Sprinkle Publications, Harrisonburg, VA, 2000), 220.

3 Pierre Viret, *Métamorphose Chréstienne, Faite par Dialogues* (Jaques Bres, Genève, 1561), 496-97.

는 마을학교에서의 학업을 마친 후 고등교육을 받기 위해 해외로 눈을 돌려야만 했다. 그가 선택한 학교는 파리의 콜레주 드 몽테규(Collége de Montaigu)였다. 비레는 16세 즈음에 이 학교에 들어갔다.[4]

프랑스 수도의 라틴 지구에 위치한 몽테규는 14세기 초에 설립된 학교로 공동생활형제단의 영향을 크게 받아왔다. 평신도회인 공동생활형제단은 제라르 흐루테(Gerard Groote)가 "한층 높은 그리스도인의 생활과 헌신"[5]을 촉진하기 위해 네덜란드에 설립한 단체였다. 칼뱅과 에라스무스(Erasmus)도 이 학교에서 수학하였다. 역사학자 장 바르노(Jean Barnaud)는 이 학교의 교육 방법에 대해 다음과 같이 언급한다.

> [몽테규에서는] 네 가지 주요한 특징이 다른 모든 것을 압도하였다. 두메르그에 따르면 "이 학교의 정신을 나타내는 이 네 가지 특징은 16세기 초 교육에 관한 시대정신을 그대로 구현하고 있는데, 금욕주의, 상시적인 체벌, 형언하기 어려울 정도의 불결함, 그리고 과도한 노동이 바로 그것이다." '성무일과가 정한 마지막 기도가 끝나고 나서부터 다음 날 미사 종이 울릴 때까지' 침묵하는 것이 규율이었고, 복장을 규제하였으며, 신학자나 사제가 아닌 사람에게는 포도주와 고기를 금지하였다. 채찍은 유일한 것은 아니더라도 가장 큰 교육 수단이었고, 불결함이 규율로 정해져 있지는 않았지만 용인되었으며, 학생들에게 과도한 노동이 부과되었다.[6]

---

4 Jean Barnaud, *Pierre Viret, Sa Vie et Son Oeuvre* (Saint-Amans, 1911), 15.

5 F. L. Cross & E. A. Livingstone, eds., *The Oxford Dictionary of the Christian Church* (Oxford University Press Inc., New York, 1997), 235.

6 Barnaud, *Pierre Viret*, 16.

에라스무스가 이 학교에 다니던 시절에 대해 쓴 글은 바르노의 평가와 부합한다.

> 나는 30년 전에 파리의 한 학교에서 살았는데, 그 학교는 너무 많은 신학을 양조해서 벽조차 그 신학에 흠뻑 젖어 있는 것처럼 보였다. 하지만 그 학교가 나에게 준 것은 임파선염과 수많은 벼룩 외에는 아무것도 없었다.… 침대는 너무 딱딱했고, 음식은 정말 형편없었으며, 기도와 공부는 지나치게 부담이 되어 입학 첫해에 선한 뜻을 품었던 많은 젊은이가 미치거나 눈이 멀거나 병이 들 정도였다. 그들이 죽지 않았다면 말이다. 처벌은 채찍질로 이루어졌는데, 그 정도가 너무나 가혹하였다.[7]

그가 받은 교육의 엄격함과 혹독함에도 불구하고 비레는 파리에 있는 동안 많은 것을 배웠다. 하나님은 그에게 빠른 이해력과 뛰어난 기억력을 주셨다. 실제로 그는 성서 전체를 글자 그대로 외웠다고 한다.[8] 이 열정적인 젊은 학생은 자신의 재능을 잘 사용하면서 몽테규 시절부터 많은 것을 차근차근 축적해나갔고, 이것은 그의 방대한 저술에 잘 드러나 있다.

이 시기 이 젊은 학습자에게 특별히 중요했던 것은 그리스어와 히브리어에 관해 습득한 지식이었다. 이 언어들의 습득이야말로 그의 성서 이해의 기초 형성에 중요한 역할을 하였다. 그 당시 종교 지도자들의 전통을 버리고 하나님 말씀의 원어로 회귀한 것은 머지않아 개혁자가 될 그에게

---

7 Jean Cadier, *The Man God Mastered*, trans. O. R. Johnston (William B. Eerdmans, Grand Rapids, 1960), 21.

8 Juste Olivier, *Le Canton de Vaud*, volume II (F. Roth & Cie Libraires-Éditeurs, Laisanne, 1938), 764.

필수적인 일이었다.

몽테규에서 지내는 동안 하나님은 비레의 마음을 움직이기 시작하셨고, 파리에 있는 동안 그는 프로테스탄트 신앙으로 회심하였다. 천성적으로 조용하고 얌전하던 그는 자신이 성서의 진리에 도달한 것에 관해 이후 거의 아무런 언급도 하지 않았다. 그의 작품 여기저기 흩어져 있는 몇 안 되는 짤막한 회상만이 이 시기 그에 대해 알려주는 단서의 전부이다. 비레는 한 군데에서 다음과 같이 모호하게 말한다.

> 그 당시 주님이 세우신 위대한 사람들, 나는 그들의 책을 들고 다니기에도 부족한 사람이지만 그들의 제자가 되어 그들을 통해 하나님의 진리를 듣게 된 것을 하나님의 커다란 축복으로 여긴다.[9]

비레는 자신의 내적인 고뇌에 관해 거의 언급하지 않지만 이렇게 말한 적이 있다. "주님께서 은혜와 자비로 갖은 환란에서 나를 건져내어 어둠에서 진리를 아는 지식으로 이끌어주셨다.", "학교에 다니던 어린 시절부터 [그분은] 내가 바벨론의 오류에 더 깊이 빠지기 전에 나를 그 오류의 미궁에서 건져주셨다."[10]

그리스도께서는 그분의 시간에 그분의 방식으로 비레를 취하여 이 젊은이의 무지를 걷어내고 눈을 뜨게 하여 말씀의 영광스러운 빛을 보게 하셨다. 이러한 마음의 변화를 겪으며 비레의 세계는 완전히 뒤집혔다. 자신의 세포 하나하나까지도 사람이 만든 이미지와 상상의 산물 대신에 자신

---

9 Henri Vuilleumier, *Notre Pierre Viret* (Librairie Payot & Cie, Lausanne, 1911), 13.

10 Schnetzler et al., *Pierre Viret,* 6.

을 창조하신 그분을 인정하고 경배하게 된 것이다.

젊은 시절에 이러한 변화를 경험한 비레는 얼마 지나지 않아 새로운 신앙을 갖게 되었다. 프랑스의 수도 안에서 '루터주의 이단'에 동조하는 것은 박해당할 수밖에 없고 어쩌면 처형당할 수도 있는 일이었다. 비레는 곧 이러한 박해를 감지하였고, 결국 공부를 끝마치지 못하고 로마가톨릭의 요새인 파리를 탈출해 안전한 고향 오르브로 돌아갔다.

제2장

오르브의 진동

그러나 하나님께서 세상의 미련한 것들을 택하사
지혜 있는 자들을 부끄럽게 하려 하시고
세상의 약한 것들을 택하사 강한 것들을 부끄럽게 하려 하시며 (고전 1:27)

비레가 20세에 고향 오르브로 돌아왔을 때, 일찍이 평화롭던 이 마을은 행정관의 교체로 인한 혼란으로 불안정한 상황에 놓여 있었다. 오르브는 베른과 프리부르라는 두 칸톤의 지배 아래 있었기 때문에 두 칸톤이 5년씩 번갈아 통치하였다. 베른 사람이 행정관을 맡을 때는 프리부르가 상소법원을 맡았고, 그 반대일 때도 마찬가지였다. 이 협정은 별다른 어려움 없이 잘 지켜졌고, 오르브가 속한 보 지역 주민들도 이와 같은 시민정부 제도 안에서 상대적인 평화를 누렸다. 영주들에게 불평하는 일도 거의 없었다. 그러나 1528년 츠빙글리 식의 개혁이 베른에 전파되어 베른이 공식적으로 종교개혁을 채택하자 이 평화는 처음으로 흔들리기 시작하였다. 이때까지 오르브의 통치자들은 종교적 정서와 관련하여 완벽한 조화를 이루며 살아왔지만, 이제는 결정적인 차이가 두 칸톤을 갈라놓았다. 프리부르가 '옛 종교'를 고수한 반면, 동맹관계인 베른은 새로운 프로테스탄트를 받아들였기에 둘 사이에 갈등이 생겼다. 프리부르의 가톨릭의 어둠과 베른의 종교개혁의 새벽이 점점 충돌하면서 대립하는 두 칸톤의 공동지배권에는 긴장이 고조되었다.

변화의 속삭임은 오르브 지역에 빠르게 찾아왔다. 프로테스탄트 순회 설교자들이 이 도시를 지나가기 시작하였는데, 이들은 당시 로마가톨릭 세계를 뒤흔들던 종교개혁의 희미한 첫 메아리를 전해주었다. 이들은 태번(tavern, 술과 음식을 판매하던 곳으로 대부분 숙박시설도 갖추고 있었다—옮긴이 주)과 거리 모퉁이에서 설교하며 교황권의 남용과 미신을 폭로하고 대중에게 하나님 말씀의 진리와 능력을 알렸다. 이들의 출현과 설교는 언제나 가톨릭 무리를 분노로 몰아넣었고, 그 바람에 큰 소동이 뒤따랐다.

시민 소요가 늘어나자 오르브 시의회는 무언가 하지 않으면 안 된다는 인식에 이르렀고, 시민 공개 투표를 위한 공식 소집령을 내렸다. 공직자들은 이 도시의 종교적 성향을 공식적으로 결정함으로써 대립하고 있는 종교적 당파 사이의 만연한 분쟁을 종식시키는 것이 현명하다고 생각하였다. 1531년 1월 15일, 도시의 노트르담 교회에서 회의가 열렸다. 투표 결과 단지 8명만이 이 도시의 공식 종교인 로마가톨릭에 공개적으로 반대하는 것으로 드러났다.[11] 이 결정은 환호 가운데 받아들여졌고, 로마가톨릭 신자들은 주민 다수의 안전을 기뻐하며 투표 소식을 신속하게 프리부르 당국에 전하여 그들도 오르브의 기쁨에 동참하도록 하였다.

---

11 A. L. Herminjard, *Correspondance des Réformateurs dans les Pays de Langue Française*, tome II (Genève, 1868), 328.

이 승리에 취하여 도시의 사제들은 자신들이 사랑하는 마을에 슬그머니 들어온 새로운 신앙에 반대하는 말을 더욱 격렬하게 쏟아내기 시작하였다. 성 클라라 수녀원의 프란체스코 수도사이자 고해 사제인 미셸 쥘리아니(Michel Juliani)도 예외는 아니었다. 그는 1531년 3월 25일 수태고지일 설교를 빌미로 '새 신앙'을 가진 사람들을 비방하고 헐뜯었다. 또한 독신주의의 신성함과 축복에 대해 말하면서 수도사의 결혼을 허용하는 사람들을 "가증스럽고 추악한 배교자요, 하나님과 사람이 보기에 혐오스러운 자들"[12] 이라고 격렬하게 비난하였다. 그의 공격적인 장광설에 청중 가운데 한 사람인 크리스토프 올라르(Christophe Hollard)는 격하게 분노하였다. 종교개혁의 동조자인 올라르는 연사의 메시지에 담긴 분노와 경멸을 한동안 묵묵히 듣고 있다가 더는 자제할 수 없게 되자 쥘리아니가 거짓말을 했다고 큰 소리로 외쳤다.

예상치 못한 이 외침에 교회는 소란해졌다. 올라르의 외침에 분노의 고함과 폭력이 잇따랐다. 화가 난 여자들은 이 프로테스탄트 신자에게 달려들어 마치 고양이가 쥐에게 하듯 손톱으로 마구 할퀴어 그의 얼굴을 끔찍하게 훼손하였다. 교회 안에 있던 남자들도 몰려들어 이단자를 몽둥이로 때려죽이려고 하였다. 만일 도시의 유지 앙투안 아가스(Antoine Agasse)가 그들의 손에서 이 남자를 빼앗아 감옥이라는 안전한 곳으로 서둘러 데려가지 않았더라면 얼마 지나지 않아 그들이 의도한 일이 벌어지고 말았을 것이다.

올라르가 당면한 위험에서 벗어난 후, 로맹은 올라르의 어머니와 함께

---

12 Guillaume de Pierrefleur, *Mémoires de Pierrefleur* (Éditions La Concorde, Lausanne, 1933), 12.

에샬랑(Échallens)에 거주하는 베른의 행정관을 방문하여 부당하게 수감된 올라르를 위해 나서달라고 간청하였다. 행정관은 급히 오르브로 가서 자초지종을 듣고는 올라르를 석방하고 쥘리아니를 기소하여 투옥시켰다.

이 뜻밖의 반전에 격분한 마을 사람들은 로맹을 강에 빠뜨려야 한다고 말하였으며, 대표단을 즉시 프리부르 시의회로 파송하여 쥘리아니의 투옥에 대해 항소하였다. 이 소동의 소식이 전국으로 퍼지기 시작하자 프리부르와 베른은 오르브로 조사단을 파견하였다.

마을에 도착한 베른 대표단은 마을 사람들이 기대하는 도움을 거의 아무것도 제공하지 않았다. 베른 대표단은 기욤 파렐(Guillaume Farel)과 동행했는데, 그는 불굴의 용기를 지닌 개혁파 설교자였다. 발도파 전통의 저명한 역사학자 앙리 뷔유미에(Henri Vuilleumier)는 "옛 신앙을 가진 사람들에게 파렐이라는 이름만큼 혐오스러운 것은 아무것도 없었다."[13] 라고 말하였다. 파렐은 1489년 프랑스 도피네(Dauphiné) 태생으로 대학 시절 자크 르페브르 데타플(Jacques Lefevre d'Étaples)의 가르침을 통해 프로테스탄트 신앙을 갖게 되었다. 그 후 바젤과 스트라스부르에서 종교개혁을 추진하고, 나중에는 프랑스어권 스위스 곳곳을 순회하면서 사역을 펼쳤다. 이렇게 베른 대표단과 함께 오르브에 도착한 파렐은 즉시 교회로 가서 강단에 올라 설교를 하고자 하였다. 한 로마가톨릭 목격자는 이 사건에 대해 이렇게 설명한다.

> 저녁 기도가 끝나자 파렐은 아무에게도 허락을 구하지 않고 뻔뻔하고 무례하게 설교하려고 교회의 설교단에 올라갔으며, 그를 보자마자 모든 사

13 Vuilleumier, *Notre Pierre Viret*, 19.

람, 즉 남자, 여자, 아이들이 크게 소리를 지르며 야유를 퍼부었고, 그를 개, 깡패, 이단, 마귀라고 부르며 제지하려고 하였다. 이 외에도 그들이 파렐에게 퍼부은 욕설이 하도 많아서 사람들은 하나님의 천둥소리조차 들을 수 없을 정도였다.[14]

그러나 파렐은 겁먹지 않고 소음이 멈추기를 참을성 있게 기다렸다. 그의 침착한 고집을 보고 이 도시의 남자들은 자리에서 벌떡 일어나 파렐을 강단에서 끌어내려고 앞으로 돌진하였다. 행정관이 그를 붙들어 숙소로 데려가지 않았더라면 이 용감한 설교자는 격노한 폭도들의 손에 분명히 죽었을 것이다.

군중의 이 폭력적인 응대도 파렐의 불굴의 정신을 꺾지는 못하였다. 다음날 그는 다시 교회에 들어가 설교하려고 하였다. 그러나 그의 시도는 좌절되었고 물러설 수밖에 없었다. 나중에 그의 생명을 노린 두 번째 습격이 있었지만, 온정적인 로마가톨릭 신자에 의해 기적적으로 구출되었다. 이러한 폭력 행위가 거리에서 활기를 띠자 베른과 프리부르의 조사단은 오르브 시의원들을 만나 수도사 줠리아니와 올라르 사건을 심의하였다. 이들은 사건을 철저히 조사한 다음 줠리아니를 불러 그의 거친 언사를 책망하고 방면하였다. 줠리아니는 자신이 부당하고 비방적인 일장 연설을 한 터라 오르브에 계속 머무는 것이 현명하지 않다고 판단해 즉시 그곳을 떠났다.

모든 일이 생각대로 잘 해결되자 베른 대표단은 파렐이 이제 설교를 할 수 있게 될 것이라고 말하면서 모두가 참석해 그의 설교를 들을 것을 요

---

14 Pierrefleur, *Mémoires*, 16.

청하고 그곳을 떠났다. 불같은 설교자는 다시 강단에 올라갔다. 그러나 그가 그랬던 것처럼 사람들도 불협화음의 외침과 비명을 질러댔고, 파렐은 군중의 외침이 끝날 때까지 기다릴 수밖에 없었다. 그렇지만 이전과 같은 폭력 행위는 발생하지 않았다. 설교자에게 해를 입혔다가 베른의 분노를 초래할까 염려한 가톨릭 대중은 파렐의 가르침을 회피하는 더 안전한 방법을 선택하였다. 파렐이 계속 완강한 모습을 보이자 이들은 일어나 교회를 나가버렸고, 이 때문에 오르브에서 파렐의 첫 설교에 참석한 청중은 고작 3명뿐이었다.

한 달간의 꾸준한 노력에도 별다른 결실이 없었지만, 파렐은 몇 명 되지 않는 사람들에게 설교하면서 계속 애를 썼고 모든 반대를 견뎌냈다. 1531년 4월 말경 오르브를 방문한 베른의 특사는 파렐의 설교에 참석했다가 회중이 너무 적은 것을 보고 놀랐다. 특사는 시의회에 나가 모든 사람이 설교에 참석하는 것이 베른의 바람이라고 설명하였다. 그는 종교개혁을 비난하는 줄리아니의 말이 공개적으로 선포된 것처럼 파렐의 변호 역시 모두가 참석한 가운데 공개적으로 선포되어야 한다고 주장하였다. 오르브 시의회는 이 말을 따르는 것 이외에 다른 방도가 없다는 것을 알고 모든 집안의 가장에게 파렐의 설교에 참석하도록 명하였다. 다음 날 파렐은 처음으로 회중으로 꽉 찬 교회에서 종교개혁의 진리와 교황주의의 오류에 대해 2시간 동안 설교하는 기쁨을 누렸다. 그러나 베른의 명령에도 불구하고 가톨릭 대중은 이후 이 종교개혁자의 설교에 참석하지 않았다. 파렐은 곧 자신에게 소수의 충실한 청중만 남아 있다는 것을 알게 되었다.

오르브에서 파렐의 떠들썩했던 첫 달 내내 개혁자의 설교를 들은 몇 안 되는 사람 중에 겨우 20세에 불과한 한 청년이 있었다. 파렐은 이 조용한 청년을 주목하였고, 그가 나이에 비해 훨씬 지혜로운 사람이라는 것을 알아차렸다. 함께 일할 사람을 찾고 있던 파렐은 이 조용한 청년 비레에게 다가가 오르브에서 설교를 시작하라고 요청하였다. 나이 많은 개혁자의 제안에 겁을 먹은 비레는 단호하게 거절하였다. 비레는, 말씀 설교자의 임무는 자기의 능력을 훨씬 넘어서는 일이고, 자신이 어깨에 걸머지기에는 너무 무거운 짐이라고 분명하게 밝혔다. 파렐은 청년의 완강한 저항에 굴하지 않고 간절한 탄원과 간청으로 비레가 주님께서 그를 위해 마련하신 직무를 받아들이도록 압력을 가하였다. 비레의 생애에서 이 시기에 대해 그의 동료 개혁가인 앙투안 프로망(Antoine Froment)은 다음과 같이 기록한다.

> 비레는 온 힘을 다해 저항하였는데, 그것은 무엇보다 그가 복음 사역의 중요성과 어려움을 깊이 이해하고 있고, 또 자신이 천성적으로 소심하고 얌전한 성격이라는 것을 잘 알고 있었기 때문이다. 파렐은 비레가 하나님을 향한 경외심을 지니고 있다는 것을 알았고, 또한 그가 오르브에서 복음 전파가 중단되는 일을 결코 바라지 않으리라는 점도 인식하고 있었다. 그리하여 파렐은 자신이 시작한 일을 비레가 계속해서 수행하도록 최선을 다해 간청하고 탄원하면서 자신의 역할을 비레에게 맡기고 오르브를 떠났다.[15]

자신은 떠나야 한다면서 파렐이 끈질기게 호소하자 결국 젊은 비레는 더는 저항할 수 없다는 사실을 인정하고 순순히 마음을 내려놓고 설교의 직무를 맡기로 동의하였다. 1531년 5월 6일 사도 요한의 축일은 그가 강

---

15 Herminjard, *Correspondance des Réformateurs*, tome II, 372, note 9.

단에 올라 오르브 마을 사람들에게 첫 설교를 할 완벽한 기회였다.

비레가 설교할 것이라는 소식이 퍼지자 교회는 곧 가득 찼다. 시민들은 자기 마을 출신 중 한 사람이 전하는 이 설교를 듣기 위해 작은 건물로 떼지어 몰려들었다. 더는 파렐의 무섭고 불같은 표정이 강단을 장식하지 않았다. 대신 이날 성소에는 소심하고 창백한 청년, 사람들이 어릴 때부터 알고 지내던 청년이 우뚝 서 있었다. 이 사람은 재단사의 아들이 아니던가?

파렐의 강권에 떠밀려 직무를 맡은 비레는 강단에 올라 설교를 시작하였다. 그의 떨리는 입술에서 하나님의 말씀, '새로운 신앙'의 원리, 이단이라고 여겨지는 루터주의에 대한 조용하고 부드러운 설명이 나오자 사람들은 경이롭게 들었다. 이 젊은 설교자의 웅변과 지혜에 깜짝 놀란 로마가톨릭 대중은 설교에 열심히 귀를 기울였다. 이들이 이 설교를 들은 것은 하나님의 섭리였다. 아직 어린 한 청년의 소심한 설교로 인해 사람들의 마음이 되살아났고, 말씀은 효력이 있었다. 비레의 가르침 아래 이 마을에 속한 많은 사람이 곧 조상들의 미신을 버리고 세상의 구주이신 그리스도께 무릎을 꿇었다.

파렐은 그가 말한 대로 5월 초에 오르브를 떠나 이웃 마을인 그랑송(Grandson)에 복음을 전하러 갔다. 홀로 남아 새로운 사역을 감당하게 된 20세 청년 비레는 설교를 계속 이어나갔고, 많은 사람이 참석해 그의 설교를 감탄과 기쁨으로 받아들였다. 로마가톨릭의 수렁에 아주 깊이 파묻혀 있던 작은 마을 안에서 희미하고 깜박거리는 빛이 어둠 속을 비추기 시작하였다.

다른 어떤 사람도 자기 앞에서 입을 여는 것을 허락하지 않았던 독실한 가톨릭 신자들까지도 이 마을 출신인 비레의 설교는 듣고 허용하였다. 역사가 쥐스트 올리비에(Juste Olivier)는 이렇게 말한다.

로마가톨릭 신자들은 그들 도시의 이 영예로운 젊은이가 자신들을 버리고 새로운 형제들을 찾고 있는 것을 쓰라린 질투의 마음으로 바라보았다. 그럼에도 불구하고 이 젊은 설교자—이미 유명하고 그들 안에서 매우 사랑받고 있으며 곧 더 위대한 이름에 필적하게 될 사람—가 오르브 마을의 자손이라는 생각이 그들의 자존심을 기분 좋게 어루만져 주었다. 그들은 비레의 말에 거의 동의하지 않았지만, 적어도 그의 명성은 받아들였다.[16]

마을 토박이로서 이렇게 새로운 설교자로 받아들여진 것은 비레가 오르브에서 사역하는 데 큰 도움이 되었다. 그의 설교로 많은 영혼이 빠르게 회심하였으며, 로맹과 파렐을 가장 극렬하게 반대하던 사람 중 몇몇은 머지않아 성서의 하나님을 가장 열렬히 예배하는 사람들로 변하였다.

이처럼 열매 맺는 사역의 초창기에 이 젊은 사역자에게 가장 중요한 사건은 부모의 회심이었다. 비레의 설교로 그의 아버지와 어머니 모두 복음의 진리를 깨달았다. 아들은 이 일이 너무도 감사하여 나중에 이렇게 언급하였다.

내가 참으로 하나님께 감사하는 것은 그분께서 기꺼이 나를 사용하셔서 아버지와 어머니가 하나님의 아들을 아는 지식에 이르게 하셨다는 것이다. …아! 하나님께서 나의 사역을 이 외에 달리 아무런 쓸모도 없도록 만드셨다고 하더라도, 나는 틀림없이 그분께 충분히 감사했을 것이다.[17]

16 Olivier, *Le Canton de Vaud*, volume II, 764-65.

오르브에서 개혁주의 신자들의 작은 모임은 비레의 설교로 빠르게 성장하였고, 그 결과 다음 해 유월절에는 21세의 목사 비레가 77명의 신자들에게 성찬을 베풀었다.[18]

이 첫 번째 사역지는 비레에게 늘 소중한 것으로 남았는데, 그곳에서 그는 "온전히 그리스도께 전념하고 그분을 예배하는 데 전적으로 헌신하였다."[19] 약 20년 후 그의 고향에 쓴 편지를 보면 첫 회중을 향한 그의 목회적 마음과 불멸의 사랑이 분명하게 나타나 있다.

> 이 땅 위에서 내가 결박되어 의무를 지고 있는 사람들이 있다면 그것은 여러분밖에 없습니다. …내가 모르는 사람들에게, 참으로 나의 원수들에게도 빚진 자라면, 내 조국, 내 민족, 내 고향, 내 살과 피에 대해서는 도대체 얼마나 더 많은 빚을 지고 있겠습니까! 더욱이 여러분의 교회는 하나님께서 내가 아직 어렸을 때 처음 나의 사역으로 섬기기를 원하셨던 시작이요, 복음의 개혁이 아직 시작 단계에 있던 때에… 내가 첫 목회자로 섬긴 교회이기 때문에 내가 큰 빚을 지고 있습니다. 이 두 개의 끈이 나를 여러분과 아주 밀접하게 묶고 있어서 내가 이 땅에서 가장 멀리 있을 때조차 나 자신보다 더 여러분을 걱정하고 생각하는 것을 멈출 수 없었습니다. 나 자신을 잊지 않고는 여러분을 잊을 수 없기 때문입니다.[20]

---

17 Merle D'Aubigné, *History of the Reformation in Europe*, volume two, book V, 224.

18 Pierrefleur, *Mémoires*, 65.

19 Vuilleumier, *Notre Pierre Viret*, 21.

20 Pierre Viret, *Instruction Chréstienne et somme generale de la doctrine comprise èssainctes Escritures,…* (Conrad Badius, Genève, 1556), 1.

제3장

•

사역의 시작

그런즉 그들이 믿지 아니하는 이를 어찌 부르리요
듣지도 못한 이를 어찌 믿으리요 전파하는 자가 없이 어찌 들으리요
보내심을 받지 아니하였으면 어찌 전파하리요
기록된 바 아름답도다 좋은 소식을 전하는 자들의 발이여
함과 같으니라 (롬 10:14-15)

오르브에서 비레의 효과적인 사역은 얼마 지나지 않아 파렐의 요청으로 중단되었다. 이 선배 개혁자는 인근 마을 그랑송에서 사역하고 있었는데, 오르브에서와 마찬가지로 종교개혁의 가르침에 대한 강한 저항에 직면한 터라 비레의 도움이 필요하였다. 비레의 온화하고 자애로운 태도는 분명하고 단순하게 진리를 전하는 설교 방식과 짝을 이루어 복음의 열매를 맺음으로써 이미 그 진가를 보여주었고, 파렐은 청년 비레가 자신의 불같은, 때로는 격렬하기까지 한 성격을 보완해줄 완벽한 도구라는 사실을 정확하게 인식하고 있었다. 비레는 고향을 떠나 그랑송이라는 새로운 지역에서 2달 동안 파렐을 도와 설교한 다음 오르브로 돌아와 15개월 동안 목사직을 계속 수행하였다.[21]

비레가 공적인 사역을 시작한 첫해에는 반대와 어려움이 많았다. 그렇

지만 이 젊은이는 자신이 확고하고 용기 있는 신앙의 옹호자임을 입증하였으며, 얼마 지나지 않아 그의 용감하면서도 온유한 성품과 성서에 대한 깊은 이해로 도시와 농촌 가릴 것 없이 주변 지역에서 명성을 얻었다. 오만한 적대자들조차 곧 이 청년이 참으로 훌륭한 적수라는 사실을 인정할 수밖에 없었다.

1532년 3월 존경받는 고령의 가톨릭 신학박사 라바니 신부(Father Rabani)가 오르브에 도착하여 24일에 성 클라라 수녀원의 수녀들에게 설교하였다. 비레는 당시 생제르맹 교회에서 설교를 하고 있었는데, 설교가 끝난 후 신학박사의 가르침을 듣기 위해 수녀원으로 갔다. 라바니는 선행을 주제로 선택하였으며, 복음서의 몇 구절을 비틀어 그러한 선행이 천국에 들어가기 위한 전제 조건임을 증명하려고 하였다. 비레는 이 말을 듣자마자 그가 텍스트를 이중적으로 취급하고 있다고 힐책하였다. 비레의 개입에 라바니 신부는 그를 빤히 쳐다보며 냉정하게 응수하였다. "얘야, 너는 나처럼 나이 많은 사람을 비난하기에는 너무 어리구나."[22] 비레는 그 수도사가 말하는 바가 무엇인지 알아차렸지만, 나이가 오류에 대한 변명이 될 수 없다는 사실 또한 알고 있었다. 비레는 연장자의 학식과 권위에 위축되지 않고 선행에 대한 성서의 가르침을 충실하게 주석함으로써 정중하게 응답하였다. 하나님의 말씀을 바르게 말하고 있는지 의심될 때는 (그 사람이 비록 연장자라 할지라도) 충고하는 것이 마땅하고, 또 필요하다고 생각한 것이다.(딤전 4:12) 비레가 말을 마쳤을 때 회중들은 너무나도 명백하게 비레의 말이 옳다고 생각하였다. 라바니 신부는 이 때문에 아무

---

21 Herminjard, *Correspondance des Réformateurs*, tome II, 455.

22 Pierrefleur, *Mémoires,* 64.

런 응수도 하지 못한 채 강연을 중단하고 물러설 수밖에 없었다.

비레의 첫 번째 공개 논쟁에 관한 이 이야기는 청년 개혁자의 성품을 잘 보여주는 일화이다. 비레는 온화하고 평화를 사랑하는 기질(이로 인해 그는 종교개혁의 천사라 불린다.)을 지녔다고 알려져 있지만, 그럼에도 불구하고 성령의 검을 들 준비가 되어 있었고, 주님의 영광 혹은 진리가 위태로울 때는 기꺼이 싸울 준비가 되어 있었다.

이 충돌에 대해 들은 파렐은 기쁨에 차서 이웃 교회 사람에게 이렇게 썼다.

> 그런 것들을 설교하면서 그토록 지혜로운 사람으로 대우받아 오던 이 노인[라바니]이 이제 막 설교를 시작한 이 젊은이[비레]에 의해 모든 사람 앞에서 공개적으로 질책받았고, 성경이 선포하는 그대로만 말하라고 훈계받았습니다. 비레는 이 방문자 라바니가 어떻게 사람들을 속이고 유혹했는지를 모든 사람 앞에서 분명하게 보여줌으로써 라바니보다 더 높은 평가를 얻었습니다. 그 수도사는 패배했고, 이후로 복음을 전하는 사람들을 제외하고는 라바니뿐만 아니라 그 어느 누구도 설교하지 않았습니다. 비레는 하나님의 은혜로 칼이나 불이 아니라 하나님의 말씀으로 진리의 대적자들을 침묵시키는 승리를 얻었습니다.[23]

1532년 6월 파렐은 중요한 수도원이 있는 로마가톨릭 칸톤 프리부르와 접해 있는 시골 마을 파예른(Payerne)으로 갔다. '옛 종교'에 깊이 뿌리박혀 있는 이 도시는 파렐이 교회로 들어오지 못하도록 막았고, 그 바

---

23 Ibid., 480-81.

람에 개혁자는 거리와 묘지에서 설교할 수밖에 없었다. 파렐의 완고함에 화가 난 마을 사람들은 그를 붙잡아 강으로 끌고 가서 수장시키려고 하였다. 하지만 시 당국이 개입해서 그 설교자를 감옥에 가둠으로써 폭도들로부터 그를 보호하였다.

폭력과 무질서가 난무했던 이 사건 이후, 보 지역 통치자들은 파예른에서 더는 '루터주의' 설교를 하지 못하도록 금하고 파렐을 도시에서 추방하였다. 그러나 그를 오랫동안 막을 수는 없었다. 도시 안에 있는 몇몇 사람들이 로마가톨릭을 버리고 개혁주의 가르침으로 돌아섰기 때문이다. 그들은 말씀 설교자를 간절하게 원하였고, 결국 파렐은 얼마 지나지 않아 이 도시로 돌아왔다. 그는 오르브에 있는 비레에게 전갈을 보내 자신에게 합류하라고 전하였고, 1532년 9월 말 비레는 그의 말대로 하였다. 이때 파렐은 교회 회의에 참석하기 위해 도시를 떠난 상황이었다.[24]

비레가 도착하자 수도사들은 예전에 파렐에게 그랬듯이 교회에 들어오지 못하도록 그를 막았고, 그래서 이 사역자는 태번이나 청중이 있는 공공장소라면 어디서든지 가서 설교하였다. 비레가 가장 지독한 반대에 직면한 곳이 아마도 이곳 파예른일 것이다. 강력한 로마가톨릭 신앙을 추구한 이 도시는 '새로운 신앙'을 설파하는 파렐의 설교에 격렬하게 저항하였으며, 이 새로운 젊은 설교자에게도 마찬가지로 마음을 내주지 않았다. 후일 비레는 파예른의 회중에게 보내는 글에서 이렇게 말하였다. "여러분은 우리가 어떤 공격과 전투를 함께 견뎌냈는지 알고 있습니다. 우리는 우리의 힘과 능력이 아니라 우리를 돌보시는 하나님으로 말미암아 그 모든 것을 함께 버텨냈습니다."[25]

---

24 Barnaud, *Pierre Viret*, 67.

소란스러웠던 파예른에서의 체류 생활은 거기서 북쪽으로 몇 킬로미터 떨어진 뇌샤텔(Neuchâtel) 교회가 긴급히 설교해달라고 요청을 보내오자 중단되었다. 비레는 이따금 파예른에 와서 형제들을 돌보겠다는 조건으로 그 요청을 받아들였다. 그런 다음 그는 주변 지역의 목회자들에게 파예른에서 설교 사역을 계속해달라고 부탁하고 1533년 1월 북쪽 도시 뇌샤텔로 떠났다.[26]

뇌샤텔은 파렐의 지칠 줄 모르는 사역 덕분에 3년 전인 1530년에 종교개혁을 채택한 터였다. 따라서 비레는 이 도시에서 축복받은 평화의 시기를 보낼 수 있었다. 파예른에서의 소동과 박해를 겪은 이 젊은 개혁자에게 뇌샤텔이라는 조용한 마을은 훌륭한 안식처였다. 비레는 파렐이 이미 닦아놓은 기초 작업의 열매를 누리며 "주님이 이미 깔아놓으신 토대 위에 바로 섰다."[27] 비레는 몇 년 후 뇌샤텔 교회에 편지하면서 "푸릇푸릇 한창 젊을 때" 시작된 자신의 초기 사역을 이렇게 회상하였다.

> 내가 섬기는 주님께서 그 뒤로 나를 다른 곳으로 부르셔서 이와 똑같은 사역을 하게 하셨음에도 불구하고… 그럼에도 나는 마치 예전에 그랬던 것처럼 지금도 여전히 여러분과 몸으로 함께하며 사역을 통해 여러분을 섬기는 것처럼 계속해서 여러분을 염려하며 기억하고 있습니다. 하나님께서 성령의 유대로 우리를 하나로 묶어주신 놀라운 연합, 여러분이 나에게 보여준 한결같은 큰 사랑, 그리고 늘 베풀어준 친절을 생각할 때, 만일

---

25 Schnetzler et al., *Pierre Viret*, 7.

26 Henri Vuilleumier, *L'Église Réformée du Pays de Vaud*, tome I (Éditions La Concorde, Lausanne, 1927), 99.

27 Vuilleumier, *Notre Pierre Viret*, 29.

> 내가 여러분에게 관심을 보이지 않는다면 나는 하나님과 여러분에게 대단히 무정하고 배은망덕한 모습을 보이는 것과 같습니다. 내가 섬기는 주님을 향한 여러분의 그 사랑과 애정을, 여러분은 이 종에게 베풀어주었습니다.[28]

1533년 말엽 비레는 파예른에서 자신이 맡던 사역에 복귀하였고, 도시가 자신의 존재에 대해 다소 누그러졌음을 알 수 있었다. 파예른 시의회는 베른과의 동맹을 회복하고자 하였으나, 프로테스탄트 칸톤인 베른은 개혁파 목사들이 파예른 안에서 하나님 말씀의 진리를 공개적으로 전할 수 있도록 허용될 때까지는 동맹을 맺지 않겠다고 분명히 못 박았다. 로마 가톨릭인 파예른 시의회는 마침내 그 조건에 동의하고, 도시 안에 말씀을 설교할 수 있는 장소를 지정하였다. 비레는 이곳에서 계속 늘어나는 파예른의 신도들을 대상으로 사역하였다.

시의회가 새로운 가르침을 공식적으로 허락했음에도 불구하고, 도시의 가톨릭 성직자들은 번성하는 '이단자'를 조금 더 상냥한 시선으로 바라볼 준비가 되어 있지 않았다. 그들은 가능한 모든 수단을 동원해 비레의 사역을 방해하려고 하였다. 그 젊은 목사가 가톨릭교회의 의식과 전통을 무시하고 결혼 예식을 집례하기 시작했을 때, 도시의 수도사들은 이를 항의의 기회로 삼아 비레를 시의회에 고소하였다.[29]

자신의 행동에 대한 성서적 근거를 확신하고 있던 비레는 법정에 나가 자신은 하나님의 말씀에 따라 그렇게 수행했다고 증언하였다. 비레의 말

---

28 Pierre Viret, *Des Actes des Apôstres de Jésus-Christ et des Apostats de l'Église,*… (Estienne Anastase, 1559), 9.

29 Vuilleumier, *L'Église Réformée*, tome I, 100.

솜씨와 성서 이해력에 놀란 시의회는 수도사들의 고소에 대해 비레에게 무죄를 판결하였다. 그러나 비레가 계속 프로테스탄트 식으로 결혼식을 집례하고 세례를 베풀자 또 다른 소송이 법원에 제기되었다. 수도사들은 하나님의 말씀에 대한 이 종교개혁자의 깊은 지식에 자신들이 감히 맞서 싸울 수 없다는 것을 알고서 이번에는 더 교활한 방법으로 자신들의 적수를 이기려고 하였다.

재판이 열리기 하루 전날 밤, 집으로 돌아오던 비레는 그에 반대하여 법정에 출두하기로 되어 있던 파예른 수도원의 한 사제로부터 매복 공격을 당하였다. 수도사는 손에 칼을 들고 외딴 들판에서 젊은 설교자를 기다렸고, 비레가 지나갈 때 그에게 달려들어 뒤에서 몇 차례 공격을 가한 후 그를 죽게 내버려두었다. 거의 죽다시피 한 비레는 다행히 친구들에게 발견되어 천천히 건강을 되찾았지만, 이 사건으로 인해 평생 흉터를 지니게 되었다. 몇 년 후 비레가 로잔 논쟁에서 로마가톨릭 사람들에게 다음과 같이 말했을 때, 그가 염두에 둔 것은 분명 이날 밤이었다. "우리는 당신들이 우리를 죽이기 위해 들판에서 기다리기보다—이에 대해서는 우리의 등(back)이 증언합니다—우리에게 공개적으로 말해주었으면 훨씬 더 좋겠습니다."[30]

그의 생명을 노린 살인 시도에도 불구하고, 파예른에서 비레의 시간은 빠르게 결실을 거두었으며, 그가 거의 죽을 뻔하였다는 소식을 듣고 기뻐하던 많은 사람이 오래지 않아 겸손하게 그리스도의 양 우리에 들어왔다. 비레는 후일 이 시기에 관해 쓰면서 자신과 이 도시 사람들에 대한 하나님

30 Emile Doumergue, *Lausanne au temps de la Réformation* (George Bridel & Cie Éditeurs, Lausanne, 1902), 14.

의 섭리와 은혜를 이렇게 회상하였다. "주님은 그 당시 나의 적이던 사람들의 칼에서 나를 건져주셨습니다. 그런데 하나님의 은혜로 그때의 적이 지금은 하나님의 집에서 우리와 친구가 되고 동료가 되었습니다."[31]

---

31 Vuilleumier, *Notre Pierre Viret*, 31.

제2부

제네바와 로잔의 목사

Pierre Viret

제4장

•

제네바를 위한 투쟁

너를 치려고 제조된 모든 연장이 쓸모가 없을 것이라
일어나 너를 대적하여 송사하는 모든 혀는 네게 정죄를 당하리니
이는 여호와의 종들의 기업이요
이는 그들이 내게서 얻은 공의니라 여호와의 말씀이니라 (사 54:17)

분노한 수도사의 습격으로 부상을 당하고 나서 개혁자 비레는 베른 시의회로부터 급박한 편지를 받았다. 제네바에 분쟁이 일고 있었는데, 베른 사람들은 이 일에 비레의 도움을 바랐다. 제네바의 가톨릭 진영은 모든 개혁주의 설교를 일거에 뿌리 뽑고자 하였고, 그래서 도미니크 수도회 사제 귀이 퓌르비티(Guy Furbity)를 불러들여 새로운 신앙을 공개적으로 말하는 모든 사람을 흩어버리려고 하였다. 학식이 높은 박사 퓌르비티는 "교황의 열렬한 충복이자 종교개혁의 공공연한 적이었으며, 앞뒤를 가리지 않고 극도로 폭력적인"[1] 인물로, 성장하고 있는 프로테스탄트 진영에 맞

1 Merle D'Aubigne, *History of the Reformation in Europe*, volume three, book VII, 200.

서 싸울 수 있는 적합하고도 치명적인 공격 수단으로 여겨졌다. 그는 자신의 탁월한 지식과 학식을 활용하여 제네바의 개혁자들을 반박함으로써 무지한 대중이 가톨릭의 편에 서도록 만들었다. 퓌르비티가 이 일을 시작한 것은 1533년 12월 초였다. 역사학자 장 앙리 메를 도비녜(Jean Henri Merle D'Aubigné)는 이렇게 말한다.

> 그는 자신의 큰 사명이 성서를 낮추고 교황을 높이는 것이라 생각하고 그에 따라 일하기 시작하였다. 그는 이렇게 말하였다. "성서를 저속한 언어로 읽는 모든 사람은 탐식하는 자, 술 취한 자, 난봉꾼, 신성을 모독하는 자, 도둑, 살인자이다. …이런 자들을 옹호하는 사람은 그들만큼이나 악한 자들이고, 하나님은 그들을 벌하실 것이다. 교황, 추기경, 주교, 사제 등 종교 지도자에게 복종하지 않으려는 자들은 모두 사탄의 무리이다. 이런 자들은 유대인, 배반자, 살인자, 강도보다 더 악한 자들로, 교수형에 처해야 마땅한 자들이다. …이 이단자들, 이 독일 사람들을 조심하되 마치 나병환자나 부패한 것들을 대하듯이 하라. 그들과는 거래도 교류도 하지 말고 그들을 딸들과 결혼시켜서도 안 된다. 그런 놈들은 개에게 던져주는 편이 더 낫다."[2]

퓌르비티는 개혁자들을 비방하려고 시도할 때 의욕이 지나쳐 심지어 건전한 가톨릭주의의 울타리를 벗어날 정도였다. 그는 이렇게 선포하기까지 하였다.

---

2 Ibid., 201-202.

성례의 요소들을 성축하는 사제는 동정녀 마리아보다 위에 있다. 동정녀가 예수 그리스도에게 생명을 준 것은 단 한 번이지만, 사제는 자신이 원하는 만큼 매일 그분을 만들어내기 때문이다. 만약 사제가 빵이 가득 들어 있는 자루나 포도주로 가득한 포도주 저장실에 성례적 선언을 하면 바로 그 행위로 인해 그것들이 모두 변형되어 빵은 전부 고귀한 그리스도의 살이 되고 포도주는 전부 그분의 피가 된다. 이것은 동정녀가 한 번도 행하지 못한 일이다. …아! 사제! …여러분은 그에게 단지 인사만 해서는 안 되고 그 앞에 무릎 꿇고 엎드려야 한다.[3]

자신의 소문난 지식과 뛰어난 학식에 한껏 취한 퓌르비티는 무모한 자부심에 휩쓸려 마치 이스라엘 사람들 앞의 골리앗마냥 우뚝 서서 도발하는 말들을 쏟아내었다.

말도 안 되는 설교를 해대는 불쌍한 루터주의자들은 어디에 있는가? 이단자이자 악당이며, 유대인, 투르크족, 이교도보다 더 악한 이런 자들을 어디에 있는가? …이 대단한 굴뚝 설교자들은 어디에 있는가? 그들을 앞에 나서게 하면 내가 응수해주겠다. …하하! 그들은 굴뚝 모퉁이에만 나타날 뿐, 좀처럼 자신들을 드러내려 하지 않을 것이다. 왜냐하면 그들은 가련한 여인들과 무지한 자들을 속이는 데만 뛰어난 자들이기 때문이다.[4]

퓌르비티의 도발에 프로망이 응수하였다. 그는 제네바의 프로테스탄

3 Ibid., 202-203.

4 Ibid., 203.

트 설교자로 제네바 시민과 함께 퀴르비티의 설교를 듣고 있다가 자리에서 일어나 이 신학자의 공격을 반박하였다. 이에 큰 소동이 일어났고, 가까스로 이 소동에서 몸을 피한 프로망은 친구들의 도움으로 그 밤에 도시를 몰래 빠져나갔다. 이 소식이 베른에 전해지자 행정관들은 즉시 파렐을 제네바에 파견하여 그 수도사에 맞서 개혁주의의 대의를 옹호하게 하였다. 이 저명한 설교자는 제네바에 들어서자마자 가톨릭교도들이 빼든 칼과 맞닥뜨렸으나 그들이 해치기 전에 재빨리 몸을 피하였다.

퀴르비티의 뻔뻔함과 프로테스탄트 설교자들에 대한 그의 처사에 모욕을 느끼고 격분한 베른 시의회는 제네바에서 토론회를 열기로 하였다. 이 가톨릭 신학자는 토론회에 나와 자신의 진술을 방어하고 자신의 대적자들인 '불쌍한 루터주의자들'에게 대답해야만 했다. 파렐이 이미 제네바에 가 있었지만 베른 시의회는 이 연로한 개혁자를 도와 완고한 사제와 대결할 또 다른 사람이 필요하다는 사실을 알았다. 그래서 그들은 파예른에 편지하여 비레에게 제네바의 분란을 알리고 문제의 도시로 그를 소환하였다.

> 그곳에서 사기꾼 하나가 설교를 통해 하나님의 영광뿐 아니라 우리의 명예까지도 훼손하였기 때문에… 우리는 특사를 파견해 당신과 (현재 제네바에 가 있는) 기욤 파렐 선생에게 [그 수도사를] 논박하는 일을 위탁하는 바이고, 특사들이 이 일의 전말에 대해 충분히 설명할 것이다. 따라서 우리는 당신이 제네바로 가서 그곳을 회복시켜 주기를 바라며, 반드시 다음 주일 저녁까지 제네바에 도착할 것을 요청하는 바이다.[5]

격분한 수도사와의 충돌로 입은 상처로 여전히 고통 중에 있던 비레는 베른의 소환에 답하여 당분간 파예른에 머물 수 있도록 허락해달라고 청하였다. 상처를 치료할 시간이 필요한 데다, 법정에 나가 자기에게 씌워진 혐의에 대해 답변하기도 전에 그 도시를 떠나고 싶지 않았기 때문이다. 비레는 만일 수도사의 비방을 충분히 반박하지 못하고 파예른을 떠난다면 이러한 처신이 오해를 낳아 결국 자기에게 불리하게 작용할 것이고, 더욱이 이제 막 시작된 교회에도 더 심각한 해악을 끼치게 될 것이라는 점을 제대로 판단하고 있었다. 사제들은 비레의 유죄를 입증하기 위해 그의 '비겁한 탈출'을 이용할 것이 분명하였다. 비레는 베른에 편지하여 "내가 이 도시를 떠나자마자 그들은 나에게 불리한 판결을 내리고 순박한 사람들을 비방할 것이라고 확신합니다."라고 말하였다.[6] 자신의 때 이른 출발이 도시의 프로테스탄트 신자들에게 미칠 위험한 영향을 우려한 비레는 "이곳 파예른에서 복음을 따르는 선한 사람들에게 더 이상의 중상모략이 행해지지 않도록"[7] 며칠만 더 머물게 해달라고 겸손하게 간청하였다. 그러나 비레의 요청에도 불구하고 베른은 이 젊은이가 제네바에 있는 것이 너무나 중요하기에 아무리 합당하고 필수적인 이유라 하더라도 받아들일 수 없다고 판단하였다. 그래서 베른의 대표단이 그 주간에 비레를 제네바로 데려가기 위해 파예른에 왔고, 그들은 1534년 1월 4일 제네바에 도착하였다.[8]

베른의 대표단은 제네바 시의회와 만나 퓌르비티가 자신의 발언에 책

---

5 베른 시의회가 1533년 12월 31일 비레에게 보낸 편지. Herminjard, *Correspondance des Réformateurs*, tome III, 125-26.

6 비레가 1534년 1월 1일 베른 시의회에 보낸 편지. Ibid., 128.

7 Ibid., 127.

8 Barnaud, *Pierre Viret*, 85.

임을 지게 해야 한다는 점을 분명히 하였다. 그들은 퀴르비티를 소환하여 성서적인 근거를 들어 자신의 설교를 변호하라고 요구하였다. 하지만 퀴르비티는 이 요구를 거부하면서 베른의 대표단과 제네바 시의회가 자신에게 그런 변호를 요구할 어떠한 권한도 지니고 있지 않다고 주장하였다. 파리의 신학박사인 그는 교회 법정 앞이 아닌 이상 자신을 변호하지 않으려고 하였고, 세속 재판정이 아니라 오직 학식 있는 사람들 앞에서만 자신의 주장을 변호할 생각이었다. 이 말에 비레가 일어섰다. 겨우 22세에 불과하고 칼에 찔린 상처로 인해 아직 핼쑥하고 허약한 이 젊은이는 사실상 학식 있는 박사에게 답할 투사로는 어울리지 않아 보였다. 그렇지만 비레는 연장자인 상대의 높은 학력에도 기죽지 않고 이 수도사의 주장에 조용히 응수하였다.

> 사도 베드로는 우리에게 신앙에 대해 답할 때 온유한 태도로 답하라고 명합니다. …그는 영적 지도자 앞이 아니라 통치자, 군주, 권력자 앞에 끌려 나갔습니다. 바울도 스데반도 사도 베드로의 법정에서 증언하도록 요구받은 것이 아니었습니다. …당신은 진리를 소유하고 있고 그것을 성서로 변호할 수 있다고 말합니다. 그러니 당신은 어떤 두려움도 없을 것이고, 당신만큼 학식 있는 성직자들과 논쟁한 적도 있기에 그 나머지 사람들을 상대하는 것쯤이야 식은 죽 먹기일 것입니다. 당신이 다투어야 할 사람은 오직 우리뿐이며, 우리는 배움이 짧은 서투른 사람들입니다.[9]

제네바 시의회는 이 논쟁이 대중에게 공개되는 것을 바라지 않았고, 베

9 Ibid., 84-85.

른과 협의하여 이 문제를 조용히 종결하고자 하였다. 그러나 베른은 이에 비타협적인 태도를 보이며, 논쟁이 열리되 공개적으로 열릴 것이라고 하였다. 그리고 이 조건이 충족되지 않으면 제네바와의 동맹조약을 파기하겠다고 위협하였다. 양자택일의 상황에 직면한 제네바 당국은 베른의 요구를 받아들이는 것 외에 다른 선택지가 없었다. 그래서 1534년 1월 29일 공개 토론회가 열렸고, 파렐과 비레가 선포한 하나님 말씀의 진리에 맞닥뜨린 퓌르비티는 자신의 설교에는 자신이 주장하는 근거가 없으며, 자신이 내뱉은 말들도 성서로 뒷받침될 수 없다는 사실을 인정할 수밖에 없었다.[10]

이렇게 존경받는 수도사가 마지못해 자신이 틀렸음을 시인한 사건은 개혁자들에게 희미한 빛을 가져다주었고 제네바에서 교황주의의 오류라는 어둠이 곧 걷히리라는 옅은 희망을 불러왔다. 공개 논쟁 이후 파렐과 비레는 보디송(Monsieur de Baudichon)의 집에서 곧바로 설교를 시작하였는데, 설교를 들으러 오는 사람들이 너무 많아 수용할 공간이 부족할 정도였다. 결국 증가하는 프로테스탄트 신자들을 수용하기 위해 교회의 문이 열렸다.[11]

2월 내내 비레는 제네바에 머물면서 파렐을 도와 이 도시에 종교개혁을 확산시켰다. 현장에는 정말이지 일꾼이 필요했고, 주님의 축복 아래 수확은 풍성하였다. 2월 22일 비레는 보디송의 집에서 300여 명이 운집한 가운데 설교하였다.[12] 제네바가 그의 사역을 필요로 한 것은 자명한 사실

---

10 Merle D'Aubigné, *History of the Reformation in Europe*, volume three, book VII, 221 이하.

11 Ronald S. Wallace, *Calvin, Geneva, and the Reformation* (Wipf and Stock Publishers), 14.

이지만, 그 도시 바깥에서도 비레를 절실히 원하고 있었다. 뇌샤텔은 2월 말에 비레에게 소식을 보내 "귀환을 끈질기게 요청하였다."[13] 그들의 계속된 간청에 비레는 제네바를 떠나 북쪽으로 돌아가 보 지역의 회중을 방문하였다.

그가 제네바를 떠나자 제네바 양 떼는 곧 이 젊은 개혁자의 공백을 느꼈다. 비레의 부재는 날로 늘어나는 신자들에게 큰 슬픔을 안겨주었고, 결국 채 일주일도 지나지 않아 베른에 이 문제에 대해 편지를 보내 비레를 제네바로 돌아오게 해달라고 요청하였다.[14]

베른은 비레가 떠나자 제기된 이 절박한 탄원을 듣고 숙의한 후에 1534년 3월 16일 제네바 회중에게 편지하여 하나님의 말씀과 그분의 사역자들을 기꺼이 받아들인 데 대해 찬사를 보냈다. 편지는 이렇게 끝맺고 있다. "피에르 비레에 관해서는 여러분이 그의 귀환을 바란다는 것을 알고 있기에 우리는 그를 여러분에게 보내주고자 하며, 따라서 뇌샤텔의 시민들에게 이에 동의해달라고 요청하였습니다."[15] 베른의 강권에 뇌샤텔은 마침내 비레가 다시 한번 자신들을 떠나 그를 간절하게 찾고 있는 양 떼에게로 돌아갈 수 있도록 허락하였다. 주사위는 던져졌고 결정은 이루어졌다. 다른 사람들이 뇌샤텔과 파예른을 섬기게 될 것이고, 비레는 제네바에 속하게 되었다.[16]

비레는 다시금 제네바에서 파렐과 합류하여 그와 함께 1534년 내내 사

---

12 Herminjard, *Correspondance des Réformateurs*, tome III, 148.

13 Vuilleumier, *L'Église Réformée*, tome I, 101.

14 Herminjard, *Correspondance des Réformateurs*, tome III, 154.

15 베른 시의회가 1534년 3월 16일 제네바의 성도들에게 보낸 편지. Ibid.

16 Barnaud, *Pierre Viret*, 89.

역을 이어나갔다. 이 도시에서 프로테스탄트 세력이 성장을 지속해나가자 가톨릭 측은 자신들의 권위에 종교개혁자들이 점차 위협적인 존재가 되고 있다는 사실을 알아차렸다. 퓌르비티와의 논쟁이 끔찍하게 끝나 그 여파로 재앙과도 같은 결과가 뒤따르자 로마가톨릭 당파는 이성이나 논쟁으로는 아무것도 얻을 수 없음을 알게 되었고, 이 패배로 교훈을 얻은 종교 권력자들은 자신들의 적과 싸워 이기려면 반드시 교묘한 책략과 은밀한 방법을 사용해야 한다고 생각하게 되었다.

종교개혁자들이 클로드 베르나르(Claude Bernard)의 집에 함께 머물고 있다는 사실이 알려지면서 가톨릭 측은 곧 이 상황을 이용할 한 가지 방법을 찾아냈다. 극악무도한 음모를 꾸민 그들은 범죄를 위한 공범으로 독실한 가톨릭 여성 앙토니아 박스(Antonia Vax)를 택하였다. 이 음모에 대해 들은 그녀는 동의를 표하고 파렐과 비레, 그리고 그들의 동료인 프로망을 독살하기로 약속하였다.[17] 일단 박스가 개혁자의 집으로 들어갈 수만 있다면 이 일은 비교적 쉽게 수행될 수 있었다.

박스는 자신을 위그노 난민이라고 소개해 개혁자들이 묵고 있는 집으로 쉽게 들어갈 수 있었고, 곧 요리사로 일하게 되었다. 요리사로 일했기에 그녀는 자신의 임무가 매우 수월하리라 여겼다. 독은 쉽게 구할 수 있었으며, 그것을 숨기는 것도 그리 어려운 일이 아니었다. 마침내 모든 준비가 끝났고, 이 악마적 소행을 위한 날짜가 정해졌다.[18]

1535년 3월 6일 파렐, 프로망, 비레는 평소처럼 식탁에 앉았다. 그날

---

17 Antoine Froment, *Les Actes et Gestes Merveilleux de la Cité de Genève* (Jules Guillaume Fick, Genève, 1854), 94–105.

18 Herminjard, *Correspondance des Réformateurs*, tome III, 279–81; Barnaud, *Pierre Viret*, 92–95.

저녁 메뉴는 시금치 수프였다. 박스는 다소 불안해하면서 음식을 앞에 둔 개혁자들을 바라보았다. 그러나 막 식사를 시작하려고 할 때 프로망의 아내와 아이들이 제네바에 도착했다는 연락이 왔다. 프로망은 식사는 아랑곳하지 않고 즉시 식탁을 떠났다. 파렐은 수프를 맛보고 맛이 너무 진하다며 다른 음식을 달라고 요청하였다. 박스는 개혁자들이 차례로 자신의 완벽한 음모를 피해가는 것을 절망스럽게 지켜보았다. 셋 중 비레만 남았다. 비레는 아무런 의심 없이 독이 든 수프를 전부 먹었다. 이를 지켜보던 박스는 양심의 가책을 받고 울음을 터뜨리며 물 한 컵을 가져와 비레에게 마실 것을 간청하였다. 물이 독을 중화시키기를 바란 것이다. 그녀의 행동에 놀란 비레는 그녀가 들이미는 물을 들이켰고, 박스는 조용히 집을 빠져나와 도망쳤다. 이후 비레는 급격히 위독해졌고, 곧 이 갑작스러운 질병의 원인이 밝혀졌다.[19]

비레가 독살 시도를 당했다는 소식을 들은 제네바 사람들은 사랑하는 설교자의 죽음이 임박했다는 사실에 애통해하면서 이렇게 외쳤다. "교회가 이런 진주 같은 사람을 잃어야만 합니까? …가엾은 비레! 가련한 개혁자들! …뒤에는 칼, 앞에는 독이구나. …복음을 설교하는 사람들에게 돌아가는 보상이 이런 것이란 말인가!"[20]

온몸에 독이 퍼진 비레는 시의원 미카엘 발타자르(Michael Balthasard)의 집으로 옮겨졌다. 그의 아내 페르네트(Pernette)가 죽어가는 이

---

19 Emile Doumergue, *Jean Calvin, Les Hommes et les Choses de son Temps*, tome II (Georges Bridel & Cie Éditeurs, Lausanne, 1902), 131-33; Vuilleumier, *Notre Pierre Viret*, 35-37.

20 Merle D'Aubigné, *History of the Reformation in Europe*, volume three, book IX, 248.

개혁자를 돌보았다. 비레는 얼마간 사경을 헤매다가 곧 죽음의 문턱에까지 이르렀다. 의사는 더는 할 수 있는 일이 없다며 고개를 저었다. 그러나 그들의 침통한 예측과 암울한 절망에도 불구하고 이 젊은이는 삶의 끈을 놓지 않았다. 그의 상태는 정말 심각했지만 하나님의 섭리는 그가 목숨을 잃는 것이 아니었다. 몇 달간 꼼짝없이 병상에 누워 있던 비레는 마침내 조금씩 회복의 조짐을 보이기 시작하였다. 긴 회복기를 거쳐 아직 기력이 없기는 하지만 그의 모습을 도시에서 다시 볼 수 있게 되었다. 비록 남은 생애 동안 후유증을 겪어야 했으나 독은 그를 죽이지 못하였다.

이 사건은 개혁자들에게 매우 안타까운 일이었지만 사건의 선동자들이 의도한 것과는 정반대의 결과를 낳았다. 이 비열한 사건의 전모가 밝혀진 이후 도시의 사제들과 수도사들은 의심과 경멸의 눈총을 받았는데, 그들이 이런 야비한 범죄에 굴복할 수 있는 사람들이라는 혐오감이 일었기 때문이다. 『연대기』(*Le Chroniqueur*)는 이렇게 기록하고 있다.

> 시의회는 이때까지만 해도 설교자들을 공개적으로 지지하려고 하지 않았다. 그러나 독살범[박스]이, 둥근 모자를 쓴 사람들[성직자들]이 비레를 독살하라며 회유했다고 밝히고 나자 제네바에서 사제들의 명성은 급격히 하락하고 설교자들의 명성은 그에 비례해서 높아졌다.[21]

무시무시한 죽음의 장막에도 불구하고 섭리의 손길은 개혁자들이 꿈꾸던 것보다 더 많은 것을 이루어냈고, 그리하여 1535년 8월 10일 제네

---

21 Louis Vulliemin, *Le Chroniqueur recueil historique, et journal de L'Helvétie romande, en l'an 1535 et 1536* (Imprimerie et Librairie de Marc Ducloux, Lausanne, 1836), 70.

바는 공식적으로 미사를 폐지하였다.[22]

제네바에서 종교개혁이 승리하였다. 위험하고 어려운 투쟁 끝에 제네바는 주님의 도시가 되었다. 하나님이 주신 지혜로 젊은 개혁자 비레는 도시의 지지를 얻는 데 중요한 역할을 했지만, 그 승리에 동반되는 기쁨을 누리는 것은 정말 잠시뿐일 것이다. 주님은 제네바를 위해 다른 일꾼들을 일으키실 것이고, 반면 비레는 섭리에 따라 치열하고 치명적이며 거친 또 다른 전쟁터로 인도될 것이다. 제네바는 복음의 도시가 되었지만, 그 고된 수고의 열매를 따고 맛보는 것은 다른 사람의 몫이었다. 종교개혁의 토대가 놓였고, 이제 하나님은 비레를 아직 땅이 개간되지 않아 복음이 환영받지 못하는 다른 도시로 부르셨다.

---

22 Jacques Cart, *Pierre Viret, le Réformateur Vaudois* (Lausanne, 1864), 59.

제5장

•

로잔으로의 부름

흑암에 행하던 백성이 큰 빛을 보고
사망의 그늘진 땅에 거주하던 자에게 빛이 비치도다 (사 9:2)

파렐과 비레가 제네바의 종교개혁을 위해 용감하게 싸우는 동안 이 도시는 또 다른 힘든 전투에 깊이 연관되어 있었다. 그것은 한편에는 제네바 시민들, 다른 한편에는 보 지역의 사부아 귀족들이 대치하는 권력 다툼이었다. 개혁자들이 제네바에 들어오기 전 제네바는 일정 기간 사부아 공작들의 통치 아래 놓였고, 그 이후로 양측 사이에는 폭풍우가 치는 듯한 관계가 유지되었다. 이제 프로테스탄트의 가르침이 도시 내부에 점점 더 침투하자 사부아 공작 샤를은 이 일에 대해, 그리고 이와 비슷한 '위반 행위'에 대해 분노해 제네바에 군대를 파견하였다. 강력한 적이 사방에서 공격하고 자신들의 성문에서 무장한 군대가 약탈을 감행하자 제네바는 베른에 긴급 전언을 보내 제네바의 정치적 자유와 종교적 자유를 위한 투쟁에 프로테스탄트 칸톤인 베른이 나서서 도와달라고 절박하게 요청하였다.

베른은 제네바의 요청에 부응하여 도움을 주고자 1536년 2월 군대를 파견하였다. 인근 베른에서 파견한 7,000명의 군대가 있었기에 제네바는 금방 적의 포위 공격에서 벗어났으며, 곧이어 베른과 조약을 맺었다. 베른 군대는 제네바를 돕기 위해 사부아 가문의 종주권 아래 있는 보 지역을 통과해야만 했다. 베른은 샤를이 제네바와의 조약을 파기했다는 사실과 자기들이 잘 훈련된 군대를 보유했다는 이점을 이용하여 1월 중순 공작에게 선전 포고를 하고 모라에서 제네바에 이르는 보 지역 전체를 정복하기 시작하였다. 보 지역은 거의 저항하지 않았고, 유명한 지휘관 한스 프란츠 내글리(Hans Franz Naegli)가 이끄는 베른 군대는 곧 그 지역을 완전히 굴복시켰다. 사부아에 대항하는 베른 전쟁이 벌어지고 있을 때, 비레는 잠시 뇌샤텔에 있는 그의 목회지로 돌아가 다시 설교하였다. 제네바 사람들은 곧 그를 몹시 그리워했고, 1536년 2월 시의회는 대표로 아미 플롱종(Ami Plongeon)을 뇌샤텔로 보내 비레를 제네바에 영구적으로 양도해달라고 요청하였다.[23]

제네바의 요청을 받은 뇌샤텔 시의회는 비레를 당장 보낼 수 없는 이유를 자세히 설명하는 편지를 베른에 보냈다. 비레가 길을 나서면 뇌샤텔 안에 있는 복음의 적들로 인해 그가 위험에 맞닥뜨릴 것이고, 또 "파예른과 다른 곳에서 겪은 불운"[24]으로 인해 그의 건강이 좋지 못한 상태이기에 뇌샤텔은 다른 목회자들이 와서 비레를 대신할 때까지 그를 양도할 수 없다고 선언하였다. 이렇게 밝혔음에도 뇌샤텔 시의회는 얼마 지나지 않아 끈질기게 졸라대는 제네바 사람들에게 비레를 보낼 수밖에 없었고, 비레는

---

23 Vulliemin, *Le Chroniqueur*, 252.

24 1536년 2월 19일 뇌샤텔 시의회가 제네바 시의회에 보낸 편지. Herminjard, *Correspondance des Réformateurs*, tome III, 393.

동료 개혁자인 크리스토프 파브리(Christophe Fabri)와 함께 그가 최근에 떠나온 도시 제네바로 돌아갔다.

비레는 베른 군대에 의해 점령된 보 지역의 중심부를 직접 관통했다. 이베르동(Yverdon) 마을을 지나던 중 비레와 그의 동료는 도시를 포위하고 있는 내글리의 군대와 마주쳤다. 그 지휘관의 병사 중에는 보 지역의 주요 도시 로잔(Lausanne)에서 온 화승총 부대원(Harquebusier, 불을 붙이는 방식으로 격발하는 화승총을 사용함—옮긴이 주)들이 있었다. 저명한 목사를 본 로잔 출신 병사들은 비레에게 자신들과 함께 로잔으로 가서 복음을 전해달라고 간청하였다. 그러면서 제네바에는 이미 설교자가 있지만 로잔에는 아무도 없다는 점을 분명하게 언급하였다. 비레는 이들의 간절한 부탁을 거절할 수 없었다. 그는 파브리 편에 자신의 바뀐 계획을 전하고, 이베르동의 함락 이후 화승총 부대원들과 동행하여 로잔으로 향하였다.[25]

주교좌 도시인 로잔은 베른이 정복했을 당시 아마도 로마가톨릭주의에 가장 빠져든 도시였을 것이다. 로잔은 400년 동안 그 나라 최고 성직자인 주교들의 통치를 견뎌냈다. 종교개혁 시기에는 세바스티앙 드 몽포콩(Sébastien de Montfaucon)이 로잔의 주교로 있으면서 생메르(St. Maire) 주교궁에 거주하였는데, 도시 전체에 그림자를 드리우는 것만 같았다. 베른이 보 지역을 침략했을 때, 주교는 황제 샤를 5세가 로마가톨릭 신자들을 위해 개입해주기를 기다리면서 자신의 거처에 계속 머물렀다. 하지만 황제의 개입은 없었고, 베른 군대가 점점 도시 가까이 다가오자 3월 말 자신의 관할지를 버리고 사부아로 도망쳐 다시는 돌아오지 않았다.[26] 이렇게 로잔에서 400년에 걸친 주교의 통치가 막을 내렸다.[27] 그

---

25 Vuilleumier, *L'Église Réformée*, tome I, 118.

들이 내팽개친 자리는 곧 다른 머리(골 1:18, 그리스도—옮긴이 주)에 의해 채워질 것이다.

얼마 지나지 않아 베른에게 정복당할 운명이었지만, 비레가 도착했을 무렵 로잔은 아직 베른의 강력한 통치 아래 있지 않았다. 그렇기에 젊은 설교자는 프로테스탄트 목사로서 자신의 사역이 논쟁과 다툼으로 가득 찬 일이라는 사실을 깨달았다. 그의 사역에 대한 반대가 너무 강력한 나머지 비레는 로잔을 에베소에 비유하기까지 하였다. 에베소의 다이애나 신전이 로잔에서는 마리아 신전으로 대체된 것일 뿐이었다.

> 내가 처음 이곳에 발을 디뎠을 때 나는 혼자였다. 도시는 아직 베른의 위임통치를 받지 않았다. 부르주아의 협정인 콩부르주아지(combourgeoisie)의 결속만 있었을 뿐, 아직 베른과 로잔이 통합되지 않은 때였다. 이 도시에 있는 주교는 수많은 참사회원, 사제, 수도사 무리에 둘러싸여 있었다. 나는 주교의 측근은 제외하고서도 최소한 네 개의 형제단, 즉 참사회, 성직자회, 도미니크회, 프란체스코회와 맞서야만 했다. 나는 수녀원에 대해서는 언급하지 않을 것이며, 그들 편에 얼마나 많은 공모자들이 있었는지는 여러분의 생각에 맡겨두겠다. 미네르바의 요새인 에베소의 다이애나 성벽을 공격하려면 얼마나 많은 노력이 필요하겠는가! 나에게 어떤 희망이 있을 수 있을까? …나는 어떤 사람이기에 이렇게 무시무시한 거인 앞에 몸을 내던진 것일까?[28]

---

26 Vuilleumier, *Notre Pierre Viret*, 50.

27 Francis Aerny, *L'Evêché de Lausanne* (Cabédita, Yens, 1991), 76.

28 Schnetzler et al., *Pierre Viret*, 94.

비레가 목격한 현장은 참으로 힘겹고 어려웠다. 그가 잘 알고 있듯이 성직자들의 반대는 강력하고 무서웠다. 그러나 이보다 더 강력한 것은 아마도 시민들의 미신과 무지였을 것이다. 수 세기에 걸쳐 전통에 젖고 성직자의 비전(祕傳)과 의식에 길든 사람들은 하나님의 말씀에는 귀가 멀고 성서의 빛에는 눈이 먼 상태였다. 신앙의 모든 문제를 소위 '가장 학식 있는' 성직자에게 맡기도록 유아기 때부터 훈련받아 왔기에 그들은 맹목적으로 종교 지도자들이 인도하는 대로 따라갔다. 또한 전지전능한 로마가톨릭주의의 영원한 안전을 지키려고 모든 개혁을 거부하였다.

로잔에서 5km도 떨어지지 않은 루트리(Lutry) 마을에서 일어난 일은 그 시대가 얼마나 미신에 찌들어 있었는지를 잘 보여준다. 그 마을은 얼마 전부터 '6월 벌레'라 불리는 곤충의 출현에 시달리고 있었고, 시의회는 이 무서운 곤충을 없애기 위해 무엇을 해야 할지 결정하려고 모였다. 시의회는 많은 고민 끝에 로잔에서 온 수도사와 상담하기로 하고 당면한 문제를 수도사 앞에 내놓았다. 수도사는 진지하게 생각한 후 그 나이 또래에게서 나올 법한 지혜로운 대답을 제시하였다. 그것은 먼저 모든 마을 주민이 행렬을 이뤄 사흘간 마을을 행진한 다음 주교의 대리인이 주교 재판소에 모든 곤충을 소환하여 그 곤충들에게 최종적인 파문 선고를 내린다는 것이었다. 이렇게 하면 도시가 아주 작은 그 적들로부터 해방될 것이라고 하였다. 루트리 시의회는 존경하는 신학자의 놀라운 지각과 지혜에 매우 기뻐하면서 서둘러 그 지시를 따랐다. 마을 사람들이 소집되었고 수도사가 명한 대로 행진이 이루어졌다. 그리고 그 결과는? 가엾은 곤충들에게 선포된 공식적 파문의 효과에 대해 역사는 침묵한다.[29]

---

29 Vuilleumier, *L'Église Réformée*, tome I, 133.

비레가 로잔의 대중에게서 본 것은 바로 이런 모습이었고, 그들을 다스리는 종교 지도자의 행동도 이와 같았다. 보 지역의 중심 도시이자 거룩한 주교좌가 있는 로잔은 이런 무지와 미신으로 가득 차 있었다. 얼마 지나지 않은 어느 날, 평범한 쥐 한 마리가 로잔 교회 안으로 숨어 들어왔다. 나중에 사람들은 이 쥐가 성체의 빵을 먹는 것을 발견하였다. 놀라움과 두려움 가운데 이 설치류는 '거룩한 쥐'로 명명되었고 도시민들은 이 쥐를 경건하게 보살폈다. 이후 죽은 쥐의 유해는 다음 세대를 위한 신성한 유물로 경건하게 보존되었다.[30]

이러한 퇴폐적인 미신에 직면한 비레는 자신의 임무가 쉽지 않으리라는 암울한 인식에 이르렀다. 그렇지만 그는 단호하게 사역에 매진하였고, 복음의 빛으로 이 극심한 어둠 속을 뚫고 들어가기 위해 모든 수단을 동원하였다. 그의 열정적인 노력은 곧 도시 전체에 분명하게 드러났고, 이 용감한 젊은 목사의 소식이 보 지역과 인근으로 빠르게 퍼져나갔다. 베른의 목회자 가스파르 메간데르(Gaspard Megander)는 취리히에 있는 친구들에게 비레의 설교에 대해 이렇게 썼다. "경건하면서도 유순한 한 젊은이가 로잔의 수많은 사람 앞에서 그리스도를 전하고 있네."[31]

비레의 성공적인 설교 소식은 프로테스탄트 신자들뿐만 아니라 가톨릭 신자들의 주의를 끌었다. 많은 사람이 로잔에서 그를 대적하였고, 그의 회중이 성장함에 따라 그에 대한 반대도 커졌다. 그러나 비레 자신이 말하였듯이 그는 성서의 순수하고 거룩한 진리만 선포하려고 노력했으며, 그의 적대자들이 하나님의 말씀에 근거해서 그의 가르침에 결점을 찾

---

30 Arthur Piaget, *Les Actes de la Dispute de Lausanne 1536* (Neuchâtel, 1928), 216.

31 Vuilleumier, *Notre Pierre Viret*, 48.

는다면 설교를 삼가겠다고 말하였다. 비레는 이렇게 선언하였다.

> 나는 예수 그리스도의 복음을 전하며, 언제라도 요청이 있을 시 모든 사람에게 나의 교리와 신앙을 변호할 준비가 되어 있습니다. 그리고 사제, 수도사, 또는 어떤 사람이든지 내가 하나님의 말씀에 어긋나는 것을 가르쳤음을 증명한다면, 여러분의 도시에 위협이 되는 나를 쫓아낼 것을 요청합니다. 그뿐만 아니라 자신의 교리를 제대로 확신하지 못하는 사람이 감히 설교하지 못하도록 나에게 엄한 벌을 줄 것을 요청합니다.[32]

그러나 동시에 비레는 적대자들을 하나님의 말씀이라는 기준에 맞춰 평가하고자 하였으며, 수도사와 사제들에게는 그들의 입장을 성서에 근거해 변호하거나 성서의 가르침을 따르라고 압박하였다.

비레가 로잔에 체류한 첫 몇 달 동안 적대자들 가운데 도미니크회 수도사 몽부송(Monbouson)이 종교개혁과 비레의 가르침에 강력하게 반대하는 설교를 하였다. 비레는 그의 잘못된 가르침을 논박하기 위해 수도사의 진술을 확보하고 시의회로 가서 공개 토론회를 요청하였다. 이 수도사로 하여금 자신의 주장을 변호하게 하고, 비레 자신은 그의 주장을 반박할 기회를 얻고자 한 것이다. 시의회 앞에서 비레는 이렇게 말하였다.

> 만일 내가 주장을 입증하지 못한다면, 나를 중상모략자이자 허위 범죄 사기꾼으로 처벌해주시기 바랍니다. 반대로 몽부송이 그의 주장을 변호하지 못한다면 그에게 자비를 베풀어주십시오. 내가 원하는 것은 오직 가련

---

32 Herminjard, *Correspondance des Réformateurs*, tome IV, 29–30.

한 사람들이 더는 이러한 오류에 빠지지 않고 이 수도사의 범죄가 일소되고 추문이 뿌리 뽑히는 것입니다. 만일 이 도시에 좋은 고기 대신 독극물을 팔아 육체를 죽이는 자가 있다면, 또는 선한 사람의 유언을 변조한 위조범이 있다면 우리는 그것을 매우 통탄할 만한 끔찍한 불의라고 말할 것입니다. 하물며 교회의 참된 양식 대신 거짓 교리로 가련한 영혼을 독살하고 모든 사람을 멸망으로 인도하는 자들, 그리고 예수 그리스도의 보혈로 거룩하게 확증된 하나님의 언약을 위조하는 자들을 경계해야 하는 것은 이보다 훨씬 더 타당한 일이 아닙니까![33]

몽부송은 비레의 토론회 요청에 동의를 표하면서도 토론은 로잔이 아닌 파리(Paris), 돌(Dole), 혹은 아비뇽(Avignon)에서 열려야 한다고 교묘하게 요구하였다.(이 도시들은 로마가톨릭 거점 도시들이었다—옮긴이 주) 도비녜는 이렇게 말한다.

몽부송은 스콜라 신학자들이 자신을 둘러싸고 있고 자신을 반박할 사람이 아무도 없을 때는 자신의 논지를 옹호할 수 있을 만큼 충분히 강하다고 느꼈지만, 젊은 비레 앞에서는 얼굴이 창백해졌다. 그는 '아, 나는 아비뇽이나 파리나 돌에서는 당신이 제안하는 것을 기꺼이 하겠다. 그러나 로잔에는 그 사안에 관해 판단을 내릴 수 있는 사람이 아무도 없다.'[34]라고 말하였다.

33 1536년 4월 13일 로잔 시의회 앞에서의 연설. Ibid., 30-31.

34 Merle D'Aubigné, *History of the Reformation in Europe*, volume three, book XI, 230.

이 책략에 대해 비레는 시의회에 다음과 같이 대답하였다. "그가 오직 자신이 제시한 장소에서만 자기 교리를 옹호하고자 한다면, 그는 또한 오직 그곳에서만 설교하고 속여야 할 것입니다. 그런데 그가 로잔에서 거짓말을 하고 사람들에게 손해를 끼친 것을 볼 때, 그는 그에 대한 배상을 여기서도 해야만 정당한 일일 것입니다."[35] 이러한 논리에 직면한 몽부송은 더는 아무런 말도 하지 않고 조용히 도시를 빠져나가는 것이 최선이라고 생각하였다.

이 도미니크회 수도사와의 충돌 직후 비레는 제네바 목회자들을 돕기 위해 다시 제네바로 돌아갔다.[36] 비레는 언제나 "[제네바를 위해] 자기 생명과 피를 바칠"[37] 준비가 되어 있었지만, 복음을 전할 설교자가 없는 로잔을 떠난 것이 마음에 걸렸다. 그래서 1536년 7월 제네바 시의회에 로잔으로 돌아갈 수 있도록 허락해달라고 요청하였다. 그러나 제네바는 비레와 헤어질 준비가 되어 있지 않았기에 "아직은 거기보다 여기에 당신이 더 필요합니다."[38]라고 말하면서 제네바에 얼마간 더 머물러주기를 청하였다. 제네바 시의회는 여기서 한 걸음 더 나아가 파렐에게 사람을 보내 제네바로 돌아오라고 요청하면서 비레를 설득해 제네바에 머물게 해달라는 부탁까지 하였다. 곧 파렐이 합류하였고, 두 동역자는 종교개혁을 위해 다시 동고동락하며 사역하였다.

파렐이 제네바로 돌아오고 며칠 지나지 않아 장 칼뱅이라는 이름의 청

35 Henri Jaquemot, "Viret: Réformateur de Lausanne," *Thèse présentée à la Faculté de Théologie de Strasbourg* (Strasbourg, August, 1836), 21.

36 Herminjard, *Correspondance des Réformateurs*, tome IV, 79, note 3.

37 비레가 1536년 2월 18일 제네바 시의회에 보낸 편지. Ibid., tome III, 391.

38 제네바 시의회가 1536년 7월 10일 파렐에게 보낸 편지. Ibid., tome IV, 74.

년이 스트라스부르로 가는 길에 새롭게 종교개혁 진영에 합류한 이 도시에 순전히 하룻밤 묵을 계획으로 왔다. 그러나 칼뱅의 제네바 도착 소식을 들은 파렐은 이 젊은 개혁자를 위한 다른 계획을 갖고 비레와 함께 칼뱅의 숙소를 방문하였다.[39]

후일 이 역사적인 저녁을 회상하면서 칼뱅은 세 개혁자의 만남을 다음과 같이 기술하였다.

> 나는 제네바에 하루 이상 머물지 않고 슬쩍 떠날 생각이었다. 위에서 언급한 [파렐]과 피에르 비레 같은 훌륭한 사람들 덕분에 교황주의는 얼마 전 제네바에서 축출되었다. …그러므로 복음의 진보를 위한 열정에 불타고 있던 파렐은 나를 [제네바에] 붙잡아두려고 온갖 노력을 하였다. 나는 자유롭게 하고 싶은 특별한 공부가 있다고 말하였다. 이 말을 들은 파렐은 간청만으로는 아무것도 얻을 수 없다는 것을 알고서는 저주를 퍼붓기까지 하였다. 만일 내가 이토록 절실한 상황에서 물러서고 돕기를 거부한다면, 하나님께서 나의 안식과 내가 추구하는 공부를 위한 평온함을 저주하실 것이라고까지 말하였다. 나는 이 말이 너무 두렵고 충격적이어서 계획했던 여행을 포기하였다.[40]

파렐의 우레와 같은 충고에 제압당한 칼뱅은 마침내 제네바에 잔류하는 데 동의하였다. 이렇게 칼뱅의 유명한 제네바 사역이 시작되었다. 그리하여 보 지역을 관통하는 종교개혁 역사에 세 사람의 개혁자 중 마지막으

---

39 Théodore De Bèze, *L'Histoire de la Vie et Mort de Feu M. Jean Calvin, Fidèle Serviteur de Jésus Christ* (Genève, 1657), 19.

40 Cadier, *The Man God Mastered*, 74-75.

로 칼뱅이 합류하였다.

하나님은 종종 삼총사라 불리던 파렐, 비레, 칼뱅, 이 세 사람을 프랑스어권 스위스에서 그분의 일을 진척시키기 위한 도구로 강력하게 사용하셨다.

제6장

•

로잔 논쟁

내가 너희의 모든 대적이 능히 대항하거나 변박할 수 없는
구변과 지혜를 너희에게 주리라 (눅 21:15)

내글리의 군대가 보 지역을 정복하자 베른은 새로 획득한 영토가 복음에 충실한 지역이 되기를 원했기에 신앙의 주요 원리를 공개적으로 논의하고 토론하게 될 공개 토론회를 개최한다고 선포하였다. 뷔유미에는 이렇게 말한다.

> [종교개혁을 위해] 주민을 준비시키려면 모든 강단에서 복음 설교가 이루어질 수 있도록 개방하는 것만으로는 충분하지 않았다. 이와 더불어 지역의 중심부에서 총회를 열어 당시의 중요한 문제들을 성직자뿐만 아니라 마을의 대표자들이 모두 참석한 가운데 공개적으로, 그리고 자유롭게 논의하도록 할 필요가 있었다.[41]

베른은 지역민에 대한 로마가톨릭 성직자들의 미신적인 지배를 깨부숴야 한다는 것을 잘 알고 있었다. 대중의 무지는 깨어져야 하고, 그 어둠은 복음의 빛으로 일소해야 한다. 그렇게 해야만 종교개혁이 교황주의의 본거지를 차지하게 될 것이다. 그러나 이것은 무력이나 공식 법령으로 이룰 수 있는 일이 아니었다. 물리적 힘과 권력은 국가의 칼이지 성령의 검이 아니며, 아무리 노련하고 지혜로운 통치자라 할지라도 그것으로는 결코 백성을 복음의 진리로 회심시킬 수 없다는 사실을 베른은 잘 알고 있었다. 이 승리를 위해서는 영적인 무기가 필요하였다. 미신과 무지를 정복할 수 있는 무기는 양날의 검보다 더 예리한 하나님의 말씀뿐이었다. 오직 성서만이 교황제도의 계략과 음모를 이길 수 있었다. 다른 어떤 무력으로도 이 전쟁에서 이길 수 없을 것이다. 그것은 죽음까지 각오해야 하는 전투였지만 반드시 그리스도의 방식으로 치러야 하는 싸움이었다. 그렇지 않으면 모든 것이 헛될 것이다.

베른의 행정관들은 새로 획득한 지역의 사람들을 그리스도께로 인도하기에는 자신들이 너무 부족하다는 것을 겸허하게 인정하고 공개 토론회를 준비하였다. 토론회는 보 지역에서 가장 큰 도시인 로잔에서 개최되고, 거기서 로마가톨릭과 프로테스탄트 진영 모두 그리스도교 신앙의 주요 요점을 토의하고 논쟁하고 구체화할 예정이었다. 행정관들은 각지로 특사를 파견해서 다가오는 토론회를 공포하고 이 대회를 위해 모두 로잔으로 모일 것을 촉구하였다. 모든 마을의 교회 문에는 토론해야 할 요점을 자세히 설명하는 공지가 게시되었다. 그들은 모든 로마가톨릭 성직자를 비롯하여 모든 사람이 이 엄숙한 토론회에 참석할 것을 명하였다.

---

41 Vuilleumier, *L'Église Réformée*, tome I, 148.

다가오는 토론회에 관한 소식은 곧 보 지역 전체를 달구었다. 이 소식을 들을 때마다 로마가톨릭 대중은 놀랐고, 곧이어 분노와 공포가 뒤따랐다. 공고문이 낭독되자 수도사와 사제 모두 분노와 불안으로 얼굴이 창백해졌다. 공개 토론회? 신앙을 논의하기 위한 총회를 소집하고 대중을 거기에 초대한다고? 그 전망에 경악한 성직자들은 예정된 토론회를 비난하고, 급히 로마가톨릭 칸톤인 프리부르로 편지와 사절을 보내 개입을 청하였다. 주교와 황제에게도 서신을 발송하였다.[42] 어찌 아무도 베른과 그들의 미친 선언으로부터 가련한 성직자들을 구출하려고 개입하지 않는단 말인가? 보 지역의 사방에서 고뇌에 찬 외침이 터져나왔다.

예정된 총회를 방해하거나 막기 위해 온갖 조치가 필사적으로 동원되었다. 가공할 논쟁을 비방하고 무효화하려고 사제들은 두려운 대적인 개혁자들에 대한 모욕적인 소문을 퍼뜨렸다. 수도사들은 자신들에게 속한 '가련하고 무지한 사람들'에 대한 걱정으로 꽉 찬 설교를 하면서 프로테스탄트와 그들의 방식을 비난하고, 이런 식으로 자신들의 대적자들이 어떠한 신뢰도 얻지 못하게 하려고 하였다. 경쟁자들에 맞서 그들이 늘어놓는 주장은 바보 같고 터무니없었다. "목사들은 예배에 수많은 마귀를 동원해서 청중들을 미혹시키는 마술사들이다."[43]

프리부르는 베른이 작정하고 절차대로 진행해나가자 크게 근심하면서 "그것을 막기 위해 하늘과 땅을 움직였다."[44] 그들은 베른에 사절단을 보내 프로테스탄트 칸톤인 베른의 계획에 전적인 반대를 표명하고 모든

---

42 Vulliemin, *Le Chroniqueur*, 314.

43 Merle D'Aubigné, *History of the Reformation in Europe*, volume three, book XI, 233.

44 Vuilleumier, *L'Élise Réormé, tome* I, 149.

절차의 중단을 요청하였다. 주교인 세바스티앙 드 몽포콩(Sébastien de Montfaucon)도 충성스러운 가톨릭 신자들은 제안된 토론회에 참석하지 말라는 금지 명령을 내렸다. 황제 카를 5세는 베른과 로잔에 편지를 보내 토론회 개최를 금지한다는 내용을 선포하였다.

> 로잔에서 열릴 예정인 종교적 논쟁은 그의 명령에 반하는 것이었다. 그는 종교 문제에서 모든 혁신은 다음 공의회까지 연기하라고 명하였다. …결과적으로 그는 그들에게 이 토론회와 다른 모든 혁신을 거부하고 중지하며, 공의회가 개최될 때까지 모든 것을 원래 상태로 재설정하고 그의 칙령에 어긋나는 일은 어떤 것도 일어나지 않도록 주의하라고 명하였다.[45]

프리부르, 주교, 황제, 교황 모두가 예정된 토론회에 격렬하게 항의하였지만 그 모든 것은 헛수고였다. 베른은 절대 굽히지 않았다. 보 지역에 성서의 진리가 밝히 드러날 것이다. 1536년 7월 16일, 베른 시의회는 그 모든 반대를 무릅쓰고 자신들의 취지를 분명히 선언하는 칙령을 발표하였다.

> 우리는 우리 영토(하나님의 은혜로 우리가 정당하게 정복해 획득한)의 백성이 전심으로 우리 주님께서 명하신 길을 걷기를 원한다. …이 모든 혼란한 일을 질서정연하게 정리할 수 있도록 우리는 모든 사제, 수도사, 그리고 설교자가 다가오는 10월 1일 로잔 토론회에 참석해 성서에 근거한 주

45 Abraham Ruchat, *Histoire de la Réformation de la Suisse,* tome quatrième (Marc Ducloux, Lausanne, 1836), 176.

장을 통해 자신들이 믿는 바를 자유롭고 솔직하게 논증해주기를 요구한다. 우리는 우리 영토 안에 있는 사람들뿐만 아니라 오가는 모든 사람에게 국적에 상관없이 이 호소를 전한다. 우리는 그들의 안전을 약속한다. 우리는 또한 사제들과 설교자들이 빠짐없이 이 대회에 참석해서 처음부터 끝까지 자리를 지키기를 명하는 바이며, 이를 행하지 않을 때는 우리의 분노가 그들에게 향할 것이다.[46]

토론회에서는 신앙에서 중요한 10개 항목을 토론할 예정이었다. 이와 관련, 파렐이 작성한 '10개의 결정'(The Ten Conclusions)이 토론회가 시작되기 전에 널리 공개되었다.

10개의 결정[47]

1. 성서는 오직 예수 그리스도에 의해 단번에 주어진 칭의의 길 이외에 다른 길을 가르치지 않는다.
2. 하늘에 오르사 아버지 우편에 앉으신 그리스도만이 주님이요, 제사장이요, 중보자요, 그의 교회의 중재자이시다.
3. 하나님의 교회는 오직 그리스도의 공로만으로 구원받고 구속받는다고 믿는 사람들로 구성된다.
4. 이 교회는 오직 하나님께만 알려진 존재이지만, 그것을 식별할 수 있게 해주는 외적인 예전, 즉 세례와 성만찬을 받았다.

---

46 Merle D'Aubigné, *History of the Reformation in Europe*, volume three, book XI, 234.

47 Vuilleumier, *L'Église Réformée*, tome I, 155, note 1.

5. 교회는 말씀과 성례를 주관하는 사람만을 목회자로 인정한다.
6. 교회는, 용서를 얻기 위한 죄의 고백은 오직 하나님께 행하는 것만 인정하며, 하나님으로부터 받는 사죄 외에는 다른 어떤 것도 인정하지 않는다.
7. 교회는 하나님의 말씀이 명한 영적인 예배 이외에 다른 어떤 예배도 거부한다.
8. 교회는 시민 행정관이 하나님의 임명을 받은 자들로, 나라의 평화를 지키는 데 필요하다고 인정한다.
9. 교회는 결혼이 하나님께서 모두를 위해 제정하신 것이며, 특정 신분에 속한 사람의 거룩함에 반(反)하지 않는다고 확인한다.
10. 마지막으로 비본질적인 문제들, 예를 들면 육식, 음주, 특정 날을 준수하는 것과 같은 문제에서 믿는 자는 온전히 자유를 행사할 수 있지만 신중함과 사랑으로 행해야 한다.

10월 1일이 다가오자 로잔으로 가는 길은 여행자들로 꽉 막혔다. 보 지역과 인근 사방에서 사제와 수도사, 설교자와 개혁자, 공무원과 행정관이 대성당이 있는 도시 가까이로 모여들었다. 어떤 사람들은 그리스도의 대의를 변호하기 위해, 또 다른 사람들은 호기심으로 왔으며, 참석하지 않았다가 베른의 노여움을 살까 봐 두려워서 온 사람들도 많았다.

토론회는 대성당에서 열렸다.(예방 차원에서 도시의 사제들은 토론이 시작되기 전에 교회를 장식하고 있는 많은 형상과 유물을 조용히 치웠다.)[48] 로마가톨릭 측 입장을 대변하는 변호는 이 토론회 때문에 돌아온 도미니

48 Vuilleumier, *Notre Pierre Viret*, 59.

크회 수도사 몽부송을 포함한 몇몇 사제들과 프랑스 의사 클로드 블랑슈로즈(Claude Blancherose)가 맡았다. 개혁자 진영에는 파렐, 비레, 토농(Thonon)에서 온 파브리, 뇌샤텔의 목회자 앙투안 마르쿠르(Antoine Marcourt)가 있었다. 소르본 대학 박사 출신인 피에르 카롤리(Pierre Caroli)도 개혁파 측에 합류하였다. 카롤리는 오만하고 이기적인 인물로, 1535년에 벌어진 제네바 논쟁에서 개혁자들에게 혐오스러운 존재가 되었지만, 이때는 반(反)가톨릭 진영과 동맹을 맺는 것이 적절하다고 보았다.

제네바에서 온 한 젊은이가 이미 이름을 날리고 있던 파렐과 동행했는데, 사람들은 그를 파렐의 조수쯤으로 여겼다. 그의 이름은 칼뱅이었다. 그는 그저 토론회를 참관할 작정이었지만, 토론회가 끝나기 전 그가 거룩한 신앙을 공개적으로 옹호하는 모습을 보게 될 것이다.

토론 방식은 다음과 같았다. 먼저 파렐이나 비레가 일어나서 토론할 '10개의 결정 항목' 중 하나를 읽는다. 그런 다음 그들이 성서에 근거하여 그 주제를 명확하게 정의하고 옹호한다. 그러고 나면 그 주제에 관해 토론하고자 하는 모든 사람에게 발언 기회가 주어진다. 모든 토론이 끝나면 파렐이나 비레가 다시 결정문을 읽고 그 내용을 요약한다. 그런 후 총회는 다음 항목으로 넘어간다.

총회는 1536년 10월 1일 일요일에 열렸다. 파렐은 진리에 대한 권고로 절차를 시작함으로써 그 한 주간의 분위기를 잘 형성하려 하였다.

> 사탄이 양들을 멸하기 위해 길을 잃게 만드는 반면, 우리 주님은 그들을 구원하시기 위해 그분의 거룩한 무리로 돌아오게 하십니다. 우리는 진리를 통하지 않고서는 결코 진정한 일치를 이루지 못할 것입니다. 진리가 숨겨져서는 안 되기 때문에 모든 사람은 마음 내키는 대로 가고 오고 말

하고 들을 수 있는 일종의 안전 통행권을 부여받았습니다. 진리가 승리하기를! 비록 나 자신이 완전히 패하여 혼란에 빠진다 하더라도 진리가 승리한다면 나는 그것을 가장 큰 성취이자 최고의 승리로 여길 것입니다. 그러니 사제이든 설교자이든 우리 모두 가련한 사람들을 위해 몸과 피를 주신 위대한 목자 예수 그리스도에게 주목합시다. 길을 잃고 헤매는 가련한 양들이 올바른 길을 찾아 예수께 나아와 하나님께 자신을 바칠 수 있게 되기만 한다면, 우리는 기꺼이 아무것도 아닌 사람이 되는 것을 택합시다.[49]

월요일 아침 본격적인 토론이 시작되었다. 파렐이 첫 번째 결정 항목을 읽고 설명한 다음, 로잔의 부(副)행정관이 누구든 발언하고자 하는 사람은 발언해달라고 청하였다. 그러나 파렐의 설명이 끝나자마자 로마가톨릭 신자들은 논쟁에 참여하기를 거부하였다. 이번에는 도미니크회 수도사 몽부송이 일어나 '거룩한 어머니 교회'의 동의 없이 진행되는 모든 토론은 불법이라고 선언하였다. 그는 '오직 성서'라는 토론의 기본 원리를 거부하고 공격하면서 교회 전통 또한 고려되어야 한다며 열띤 주장을 펼쳤다. 사람의 말에도 하나님의 말씀과 동등한 지위를 부여해야 한다는 것이었다. 그는 "교회가 성서보다 앞서고 위에 있으며, 교회의 승인 없이는 성서는 어떤 권위도 가질 수 없다."[50]라고 선언하였다. 이 말을 듣고 비레가 일어나 엄숙하게 대답하였다.

---

49 Merle D'Aubigné, *History of the Reformation in Europe*, volume three, book XI, 238.

50 Piaget, *Les Actes*, 43.

당신은 하나님을 심각하게 모독하고 능욕하고 있습니다. 당신의 말은 만일 하나님이 사람의 승인을 받지 못하면 그분은 참되지 않고 거짓말쟁이라고 말하는 것과 다름없고, 사람이 하나님의 말씀 위에 있고 그보다 더 위대하다고 말하는 것과 진배없기 때문입니다.[51]

몽부송은 다음과 같이 응수하였다.

나는 사람이 하나님이나 그분의 말씀 위에 있다고 말하는 것이 아니라 교회가 성서를 승인한다고 말하는 것입니다. …즉 교회가 성서보다 앞서고 더 큰 권위를 가지고 있다는 말입니다. …이것이 우리가 예수 그리스도의 사도이자 제자였던 거룩한 바돌로매의 복음서를 중시하지 않고 외경으로 거부하는 이유이며, 니고데모의 복음서도 마찬가지 이유로 거부하는 것입니다. 반면 우리는 마가와 누가의 복음서를 성서로 받아들이는데, 그들은 사도가 아니었을 뿐만 아니라 복음서 서두에서 누가가 말한 것처럼 예수 그리스도의 말씀을 직접 들은 것도 아닙니다. 단지 그분의 제자들의 말을 들었을 뿐입니다. 교회의 권위로 복음서들을 승인하거나 거부하는 것이 아니라면, 우리는 도대체 무슨 근거로 어떤 것은 거부하고, 또 다른 것은 받아들이는 것입니까?[52]

비레는 이렇게 답하였다.

51 Ibid., 43.

52 Ibid.

당신이 교회가 성서보다 위대하다고 말하고, 당신 말에 따르면 성서의 권위가 교회에서 나오고, 교회는 사람들로 이루어진 모임이라는 점에서 볼 때, 당신의 진술과 주장에 따르면 확실히 사람이 하나님의 말씀보다 위에 있다는 결론이 나옵니다.

나는 당신의 논거가 잘못되었다는 것을 보여주기 위해 먼저 당신에게 묻습니다. 교회란 무엇입니까? 교회는 신실하게 믿는 자들의 모임이라는 사실을 당신도 부정하지 않을 것입니다. …이 예수 그리스도의 회중은 믿음으로 말미암아 하나님의 자녀가 된 사람들입니다.(요 1:12-13)

먼저 신자가 있어야 교회가 있을 수 있고, 신자가 되기 위해서 우리는 예수를 믿어야 합니다. 그런데 누군가가 그분에 대해 알고 전하지 않는다면 우리가 어떻게 믿을 수 있겠습니까? 그분이 전파되고 선포되지 않는다면 그들이 어떻게 들을 수 있겠습니까? 사도 바울은 믿음은 하나님의 말씀을 들음에서 나온다고 정확하게 말했습니다.(롬 10:17) …그러므로 성서가 교회보다 앞서며, 교회는 썩지 않는 말씀의 씨로 태어났기에(벧전 1:23) 항상 이 말씀으로 양육되고 인도되고 다스려져야 한다는 것은 너무나 자명합니다. 이로부터 말씀이 교회보다 앞설 뿐만 아니라 교회 위에 있다는 결론이 나옵니다. 교회는 성서가 부여해준 것 이외에 어떤 권위도 없습니다.[53]

비레는 다음과 같이 끝맺었다.

그런데 당신은 [교회]가 성서를 인가하고 성서보다 위에 있다고 말함으로

53 Ibid., 43-44.

써 결론을 잘못 내렸습니다. 우리가 가진 누가복음, 마가복음, 그리고 다른 책들이 좋은 것은 교회가 그 책들을 받아들이고 승인해서가 아니며, 또 다른 책들이 좋지 않은 것도 교회가 그것들을 거부해서가 아닙니다. …불이 뜨겁거나 태양이 빛나는 것은 모두가 처음부터 그렇게 말하고 증명해서가 아니라 본래 그렇고, 아무도 그것을 반박할 수 없기 때문입니다. 마찬가지로 성서는 교회가 승인했기 때문에 참되거나 진실한 것이 아니라 그것이 본래 참되고 순전하기에 그런 것입니다.[54]

비레가 성서의 권위를 탁월하게 옹호하자 또 다른 로마가톨릭 의사 블랑슈로즈는 자신이 토론자 명단에 들어가는 것이 좋겠다고 생각하였다. 그는 자신의 동료가 반대파와 싸우기에 부적합하다고 판단하고 토론자로 나서 '옛 종교'의 근거를 제시하였다. 옛 신앙을 옹호하는 이 낯선 자에 대해 로마가톨릭 신자 피에르플뢰르(Pierrefleur)는 "미치광이에 극도로 변덕스러운 블랑슈로즈라는 의사가 있었는데, 그는 논쟁 과정에서 신학에 의학을 섞었고 어김없이 모든 사람의 폭소를 유발했다."[55] 라고 언급하였다. 블랑슈로즈가 일어나 신앙을 변호하려고 시도했지만 우스꽝스러운 유추와 공허한 억측으로 가득 찬 그의 발언은 대의에 득이 되기보다 해가 되었다. 실제로 그런 사람이 대표로 나서는 지경에 처한 불쌍한 로마가톨릭 신자들은 오히려 변호인이 전혀 없는 것이 더 낫겠다고 생각하고 곧 그에게 떠날 것을 요구하였다.[56]

그렇게 불길하게 시작한 이후, 로마 진영은 마침내 자신들의 세력을 정

---

54 Ibid., 45.

55 Pierrefleur, *Mémoires*, 124.

56 Vuilleumier, *Notre Pierre Viret*, 61.

비하여 몇몇 사람들을 설득해 방어에 나서도록 하였다. 그러나 이 방어는 파렐, 비레, 그리고 그들의 동료들이 휘두르는 하나님의 말씀이라는 날카로운 검에 필적하지 못하였으며, 오래지 않아 진리는 모든 적을 쉽게 물리쳤다. 논쟁이 계속되자 로마가톨릭 신자들은 곧 자신들의 주장에 희망이 없다는 것을 알게 되었다. 모르주(Morges)의 로마가톨릭 대리인인 자크 드로지(Jacques Drogy)는 패배를 시인하면서도, 그들의 변론에 힘이 없었던 것은 그들이 무지했기 때문이라고 변명하였다.

> 기욤 파렐 선생과 피에르 비레 선생은 사제들을 일컬어 너무 무지해서 그와 같은 것을 결코 알지 못한다고 했습니다. 그 불쌍한 사제들을 위해 변명하자면… 단언하건대 그들이 너무 무지하므로 당신들은 그들을 불쌍히 여겨야 하며, 자신의 주장을 어떻게 변호하고 또 응수해야 하는지 알 수 있도록 그들에게 공부할 공간과 시간을 주어야 하지 않겠습니까.[57]

이 요청에 대해 개혁자 마르쿠르는 다음과 같이 반박하였다.

> 물론 그 불쌍한 사제들은 동정받을 만하지만, 가련한 백성들이 더 딱한 형편입니다. 아무도 눈멀고 말 못하는 목자에게 양 떼를 맡기지는 않을 것입니다. 그렇다면 어째서 교회는 눈멀어 하나님의 말씀을 해석하지도 못하는 지도자 아래 놓이게 되었습니까?[58]

---

57 Piaget, *Les Actes*, 383.

58 Merle D'Aubigné, *History of the Reformation in Europe*, volume three, book XI, 255.

비레는 사제들의 무지에 대한 자신의 선언이 잘못 받아들여진 것에 대해 염려하였기에 개혁자들의 거친 언어에 대한 드로지의 불평에 초점을 맞추어 답변하였다.

> 우리가 사제들에 대하여 말하는 것을 모욕으로 여기지 마십시오.…우리는 아무에게도 해를 끼치고 싶지 않으며, 도리어 당신들의 구원을 위해 피를 흘릴 수 있다면 속히 그렇게 할 것이니 안심하십시오.[59]

비레의 말은 그의 온화하고 불쌍히 여기는 마음을 잘 보여주며, "나에게 큰 근심이 있는 것과 마음에 그치지 않는 고통이 있는 것을 내 양심이 성령 안에서 나와 더불어 증언하노니 나의 형제 곧 골육의 친척을 위하여 내 자신이 저주를 받아 그리스도에게서 끊어질지라도 원하는 바로라"(롬 9:2-3)라는 사도 바울의 말을 떠오르게 한다. 이 젊은 개혁자는 최고 대적자들에게조차 온유함과 친절함을 보여주었고 이는 토론회 회의록 전체에서 명백하게 드러난다. 그의 탁월한 학식과 성서에 대한 필적할 수 없는 지식은 분명 눈에 띄지만, 그의 지혜와 이해를 훨씬 뛰어넘는 것은 무지와 죄로 길을 잃은 채 그의 음성을 듣고 앉아 있는 사람들에 대한 사랑스럽고 사려 깊은 돌봄과 관심이었다.

> 비레는 기회를 충분히 활용하여 자신의 놀라운 학문의 보화, 하나님의 말씀과 인간의 마음에 관한 심오한 지식을 펼치고 대중 연설가로서의 뛰어난 재능을 드러냈다. 그러나 그는 반대자들에게 대답하는 동안에도 교회

---

59 Piaget, *Les Actes*, 385.

의 층계와 높은 발코니를 꽉 채운 청중에게서 결코 눈을 떼지 않았다. 무엇보다 그가 붙들고, 흔들고, 가능하다면 설득하기 위해 애써야 할 대상이 바로 여기에 모여 있는 청중이 아니었던가?[60]

비레는 토론이 진행되는 내내 자주 발언하였다. 그는 신학박사 및 교회학자들과 논쟁하면서도 배우지 못한 대부분의 청중이 자신의 주장을 이해할 수 있도록 신중하게 용어를 선택해서 말하였다. 그의 임무는 단지 신앙을 방어하는 것뿐만 아니라 헛된 신학적 수수께끼나 이해할 수 없는 용어를 사용하지 않고서 평범한 사람들에게 신앙을 제시하는 것이었다. 그리스도를 위한 논쟁에서 이기는 것도 중요한 일이겠지만, 대중을 영혼의 무지와 흑암에서 건져내는 것보다 더 큰 승리가 어디 있겠는가.

죽어가는 영혼에게 성서의 치료법으로 다가가는 것, 이것이 비레의 목표였다. 지혜로운 자의 지혜를 부끄럽게 하고 용사의 무지를 수치스럽게 만드는 임무는 이 젊은이의 언변으로 참으로 성취되었지만, 긍휼의 마음을 지닌 목회자에게 더 중요한 것은 흑암에 거하는 자들을 구원하는 일이었다. 큰 빛이 세상에 나타났고, 이 빛을 밝히기 위해 비레가 얼마나 애썼던가! 주님께서 눈먼 자의 눈을 뜨게 하시고 죽은 자를 살려주시며, 타락하고 노예가 된 백성의 마음에 말씀의 진리를 불어넣어 주시기를 얼마나 기도했던가!

하나님께서는 신자들의 모임인 교회에 많은 은사를 주셨다. 예언, 기적, 치유, 방언은 그분이 원하시는 대로 그분의 뜻에 따라 주신다. 이 은사들은 참으로 위대하며 간절히 구해야 할 것이다. 하나님은 참으로 그것들

60 Vuilleumier, *Notre Pierre Viret*, 64.

을 통해 강력하게 역사하신다. 그러나 이러한 은사를 소유하는 것은 바울이 "가장 좋은 길"(고전 12:31)로 간주하는 또 다른 놀라운 하나님의 축복에는 훨씬 못 미치는 것이다.

하나님은 많은 사람을 선택하고 각 사람에게 자신이 선택한 은사를 주시지만, 비레에게는 가장 큰 선물인 '사랑'을 주셨다. "너희가 서로 사랑하면 이로써 모든 사람이 너희가 내 제자인 줄 알리라."(요 13:35) 그리스도의 이 말씀은 그분의 종 비레의 성품과 삶에 고스란히 담겨 있었다. 하나님은 이 청년을 크게 사랑하사 교황주의라는 어둠의 죄에서 불러내어 그분의 보좌에서 예배하게 하셨다. 비레는 아버지의 이 사랑을 그가 만난 모든 사람에게 널리 전파하였다. 파렐을 프랑스어권 종교개혁의 베드로로, 칼뱅을 바울로 부를 수 있다면, 확실히 비레는 요한이었다. "우리가 이 계명을 주께 받았나니 하나님을 사랑하는 자는 또한 그 형제를 사랑할지니라."(요일 4:21)

제7장

종교개혁의 승리

여호와의 인자하심과 인생에게 행하신 기적으로 말미암아
그를 찬송할지로다 (시 107:8)

꼬박 일주일 동안 매일 아침 7시에 시작된 논쟁은 정오에 짧은 휴식 시간만 할애하고 저녁 시간까지 계속되었다. 일주일 내내 소규모의 개혁자들이 꾸준하고 끈질기게 그리스도의 대의를 훌륭하게 옹호하였다. 비록 그 수는 적었지만 그들의 지칠 줄 모르는 수고와 하나님이 주신 지혜는 그들과 맞붙은 많은 수의 성직자 무리의 노력을 훨씬 능가하였다. 멸시당하던 설교자들은 그리스도의 영광을 그들의 목표로 삼고 성서라는 견고한 기반 위에 서서 천천히, 그러나 확실하게 반대자들을 설득하거나 잠잠하게 만들었다.

파렐과 비레가 "주요 발언자"[61]로 논쟁의 가장 큰 부담을 짊어졌지만, 칼뱅도 두 차례에 걸쳐 발언해 이들을 도왔다. 아직 잘 알려지지 않은 인물이던 칼뱅이 마침내 일어서서 입을 열었을 때, 곧 그가 주목할 가치가 있는 개혁자이자 상대방을 두렵게 만들 적수임이 분명해졌다. 칼뱅의 계승자인 베즈는 이렇게 선언하였다. "그가 너무나 하나님의 영으로 가득 찬 사람이어서 죄인들은 떨지 않고서는 결코 그의 말을 들을 수 없었고, 선한 사람들도 사랑과 존경의 마음 없이는 그의 말을 들을 수 없었다."[62] 칼뱅은 파렐과 비레와 동료들의 강연을 듣기 위해 토론회에 참석했지만, 대적자들이 아우구스티누스, 암브로시우스, 히에로니무스와 같은 교회 교부들을 자신들의 입장을 옹호하는 근거로 내세우자 더는 침묵할 수 없었다. 칼뱅은 일어서서 구경꾼의 역할을 벗어던지고 투쟁의 열기 속으로 뛰어들어 다음과 같이 선언하였다.

> 나는 지금까지 말을 삼가 왔으며, 내 형제인 파렐과 비레가 충분히 대답했기 때문에 내 말이 불필요하다고 생각하여 끝까지 자제할 생각이었습니다. 그러나 고대 박사들에게 책임을 전가하는 것을 보고 나는 당신들이 이 점에 대해 우리를 비난하는 것이 얼마나 큰 잘못인지 다시 한번 간략하게 보여주지 않을 수 없습니다.
>
> 당신들은 우리가 [교부들]을 멸시하고 거부한다고 말합니다. 교부들이 우리 대의에 반대하고 있다고 말합니다. 만일 우리가 그 하나님의 종들을 조롱한다면, 진실로 온 세상은 우리를 경솔할 뿐만 아니라 말할 수 없을 정도로 오만한 자들이라고 여길 것이라는 점을 인정합니다.
>
> …교부들이 우리 편이 아니기 때문에 우리가 그들을 경멸한다는 당신

61 Philip Schaff, *History of the Christian Church*, volume three (Hendrickson Publishers, n. d.), 115.

62 Théodore de Bèze, *The Life of John Calvin* (Evangelical Press, Wales, 1997), 120.

> 들의 주장에 대해서는 우리가 지금 논쟁하고 있는 문제가 무엇이든 간에, 그 주장도 당신들의 책임 전가와 마찬가지로 전혀 사실이 아니라고 밝히는 것은 식은 죽 먹기일 것입니다. 그러나 우리 앞에 놓인 주제에 국한하기 위해 나는 당신들이 일절 응수할 수 없는 그런 성격의 몇몇 구절만을 당신들 앞에 제시할 것입니다.[63]

칼뱅은 이 일을 위해 준비된 끝을 가늠할 수 없는 기억력으로 교회 교부들의 글을 연이어 인용함으로써 프로테스탄트의 입장을 유능하고 탁월하게 옹호하였다. 교회 교부들에 대한 그의 놀라운 지식과 엄청난 기억력에 청중들은 말문이 막혔고 반대자들은 두려움에 떨었다. 토론회 회의록에 따르면 칼뱅의 발언 이후 "미마르(Mimard)와 블랑슈로즈 모두 아무런 답을 하지 못하였다."[64] 라고 한다.

칼뱅의 발언이 끝난 후 토론회장에 침묵이 계속되자 마음에 찔림을 받은 수도사 장 탄디(Jean Tandy)가 일어나 청중 앞에서 다음과 같이 선언하였다.

> 성서는 성령을 거스르는 죄는 용서받을 수 없다고 가르칩니다. 이 죄는 불신앙으로 말미암아 가장 분명한 진리에 대항하여 싸우려 하고, 하나님 앞에서 낮추고 복종하기보다 하나님과 말씀을 거슬러 스스로를 높이는 사람들의 죄입니다. 나는 이제 진리에 저항하지 않고 진리를 받아들이고 공개적으로 고백하기를 원하기에 내가 오랫동안 잘못 알고 있었음을 여

---

63 Merle D'Aubigné, *History of the Reformation in Europe*, volume three, book XI, 247-48.

64 Piaget, *Les Actes*, 230.

러분 앞에서 인정합니다. …나는 진리를 들었습니다. 나는 오직 예수님만 을 굳게 붙들어야 하고, 그분의 말씀에 서야 하며, 자신을 희생함으로 우리를 아버지께 받아들여지게 하신 그분 외에 다른 머리나 지도자나 구원자를 두어서는 안 된다는 것을 알았습니다. 이후로 나는 그분의 복음대로 살고 죽을 것입니다.[65]

그리하여 탄디는 수도복을 벗고 로마가톨릭 진영을 떠나 종교개혁 진영에 동참하였다. 토론회가 끝날 무렵에는 셀 수 없이 많은 사람이 그의 뒤를 따랐다.

한 주 내내 양 측은 제안된 10개 항목을 각각 개별적으로 다루고 논의하여 모든 의문과 견해 차이가 답변되고 설명될 때까지 논쟁을 벌였다. 그 주가 끝나갈 무렵 마침내 행정관의 역할과 정당성을 다루는 여덟 번째 항목에 이르렀다. 비레가 논지를 읽고 의견을 개진하였다. 교회는 국가의 권한을 찬탈하고자 하고 국가는 교회를 통치하려고 한 시대였기에 이것은 매우 어렵고 골치 아픈 주제였다. 비레는 성서에 나타난 행정관의 권위와 합법성에 대해 사려 깊고 간결하며 명확하게 분석하였다. 그는 말씀의 사역자와 칼의 사역자를 구별하는 것으로 설명을 시작하였고, 시민 '사역자'의 필요성과 역할에 대해 언급하며 설명을 이어갔다.

시민 행정관들은 그들의 직책이 영혼과 양심보다는 신체와 재산에 관한 세속적 문제와 관련되기 때문에… 복음의 사역자가 하듯이 훈계하고 권

65 Merle D'Aubigné, *History of the Reformation in Europe*, volume three, book XI, 251.

면하고 책망하고 교정하기 위해 말씀을 사용할 뿐만 아니라 또한 하나님의 말씀에 불순종하려는 완고한 반역자들의 방종과 폭력을 억제하기 위해 무기와 칼도 사용해야 합니다. 그들이 지닌 칼은 허세가 아니라 의인을 보호하고 지키며 악인을 벌하고 정죄하라고 하나님이 주신 것이기 때문입니다. 이 권세는 하나님께서 정하신 것이므로 누구든 이를 거역하는 자는 하나님의 명을 거스르는 것이며 "심판을 자취"(롬 13:2)할 것입니다.

이러한 이유로 하나님께서는 성서에서 행정관들에게 당신의 이름을 부여하여 그들을 '신들'(gods)이라고 부르십니다.(출 22:28, 시 82:1, 6) 죽음과 생명의 권세를 주신 하나님을 대신하는 것처럼 또한 그들은 하나님의 판단과 공의를 나타내는 자들로서 정당하게 판결해야만 하고 누구에게도 호감과 편애와 증오와 탐욕을 보여서는 안 되며 그들 가운데 계신 통치자 하나님만을 바라보아야 한다는 사실을 기억해야만 합니다. 하나님은 악인과 의인을 보고 계시며 그들이 행한 대로 각자에게 보응하실 것입니다. 만일 하나님의 이름을 이용하여 불의와 불법을 조장하는 자들이 있다면, 하나님께서는 그들을 헐고 파멸시킬 것입니다.(시 82:1-8)[66]

그런 다음 비레는 시민 행정관이 선하든 악하든 그리스도인에게는 그들에 대한 의무가 있음을 선언하면서 믿지 않는 통치자에게 불복종을 가르친 자들을 질책하였다.

그러므로 우리가 또한 알아야 할 것은 우리가 결코 하나님을 시험해서는 안 되며, 행정관들을 하나님의 영광을 위해 일하는 하나님의 사역자로 여

66 Piaget, *Les Actes*, 298-99.

기고 하나님을 따라 그들에게 복종해야만 한다는 것입니다. 왜냐하면 하나님이 모든 영혼은 "위에 있는 권세들에게 복종하라"라고 명하셨기 때문입니다.(롬 13:1-2, 딛 3:1) 사도 베드로도 "인간의 모든 제도를 주를 위하여 순종하되 혹은 위에 있는 왕이나 혹은 그가 악행하는 자를 징벌하고 선행하는 자를 포상하기 위하여 보낸 총독에게 하라"(벧전 2:13-14)라고 선언하면서 우리에게 왕을 공경하고 영주들에게 복종하라고 명합니다. 선하고 정의로운 통치자뿐만 아니라 난폭한 통치자에게도 그렇게 해야 합니다.

…만일 그들이 불신자라 할지라도 우리는 그리스도인의 자유라는 구실로 우리의 반역과 사악함을 숨겨서는 안 되며, 그들에게 복종해야 합니다. 그럼으로써 복음의 가르침이 모독당하지 않게 될 것이며, 우리가 대적자들에게 일절 기회를 주지 않고 "선행으로 어리석은 사람들의 무식한 말을 막게" 될 것입니다.(벧전 2:13-18, 딤전 6:1-5)

통치자의 사악함과 불신앙이 우리에게 해를 끼칠 수 있는데, 그것은 아버지의 불신앙이 자식에게 해를 끼치는 것과 비슷합니다. 만일 그 자녀가 믿는 신자라면, 아버지를 하나님의 대리인으로 여기고 하나님을 좇아 그의 명령을 존중하고 복종해야 마땅합니다. 아버지의 불신앙이 자녀에게 미치는 해로움은 남편의 불신앙이 신실한 아내에게 해를 끼치는 것보다 크지 않습니다.(고전 7:13-14) 아버지가 자녀를 가혹하게 대한다면, 자녀는 온갖 앙갚음을 하나님께 맡기고 모든 것을 참고 견뎌야 합니다. 아버지가 자식을 다스리는 권한이 자식이 아버지에게 갖는 권한보다 더 크기 때문에 자식이 아버지에 대해 참고 견디는 것이 그 반대의 경우보다 훨씬 합리적입니다. 아버지가 그 직무를 다하지 못하더라도 자녀가 아버지를 대적해 손을 들어 징계하는 것은 옳지 않습니다. 아버지가 하나님이

금하신 일을 하라고 강요하기 전까지는, 자녀는 여전히 그를 아버지로 섬기고 공경해야만 합니다.[67]

비레는 그리스도인이 스스로 법이 될 수 있으며, 따라서 시민 정부가 필요하지 않다고 하는 신념을 반박함으로써 말을 맺었다.

그러므로 교회가 하나님의 말씀으로 교훈과 가르침을 받은 대로 행정관은 하나님이 임명한 사람이며 현재까지의 결론이 말하는 바와 같이 나라의 평화와 안정을 위해 필요한 존재입니다. 따라서 우리는 행정관을 하나님의 대리인으로 인정해야 하며, 우리에게 행정관이 필요하다는 사실을 부인하거나 혹은 그가 반드시 그리스도인이어야 한다고 주장함으로써 교회를 혼란에 빠뜨리려는 자들을 하나님의 거짓 선지자로 배척해야 합니다.

…우리가 죄인이고 늑대들이 여전히 예수 그리스도의 양들 가운데 섞여 있는 동안, 우리의 완고함과 사악함 때문에 하나님은 양들을 지키도록 칼을 휘두르는 사역자들을 세워서 늑대들을 위협하고 죽일 뿐 아니라 두려움을 주고 악한 자들을 벌하십니다. 그렇지 않으면 세상은 도살장, 도둑의 소굴에 지나지 않을 것이고 끔찍한 혼란과 황폐로 가득할 것입니다. 참으로 하나님의 말씀 설교를 어기려는 자들, 만연한 방탕으로 선한 것을 망치고 교란하고 파멸시키려는 자들을 바로잡도록 이 칼이 제정되지 않는다면, 차라리 야만적인 짐승들 가운데 사는 것이 더 나을 것입니다.[68]

67 Ibid., 300-301.
68 Ibid., 302-303.

10개의 결정 항목을 모두 설명하고 주장하고 해설함으로써 토론회는 종결되었다. 꼬박 일주일 동안 계속된 이 토론회는 10월 8일 주일에 하나님의 말씀을 받아들이고 그에 따라 살아가라는 파렐의 마지막 호소로 끝을 맺었다.

> 그런즉 예수께로, 우리의 슬픔을 짊어지신 예수께로 오십시오. 그리고 그분 안에서 여러분이 구원받게 될 것을 전적으로 믿으십시오. 교황과 그의 종들이 가르치는 잘못된 교리, 미사, 고해성사, 사면, 면벌부, 평생 대사(大赦)를 포기하십시오. 더는 터진 물웅덩이 여기저기로 뛰어다니지 마십시오. 더는 그렇게 무능하고 잔인한 사람들을 신뢰하지 마십시오. 교황도, 무함마드도, 자기 자신의 법령으로 여러분을 다스린다고 생각하는 그 어떤 사람도 받아들이지 마십시오. 유일한 머리이신 예수를 붙잡으십시오. 그분이 지성소에 들어가서 아버지께 자기 피를 드림으로 하나님과 우리 사이에 화평을 이루셨습니다. …이제 여러분 앞에 제시된 예수 그리스도의 거룩한 가르침을 받아들이고 오직 그분으로만 만족하십시오. 우리는 더 나은, 더 지혜로운, 더 강력한 것을 찾을 수 없습니다. 이제 더는 교황주의자가 아닌 그리스도인이 되시기 바랍니다.[69]

파렐의 권면이 끝나자 행정관 장 자크 드 바트빌(Jean-Jacques de Watteville)이 일어나 베른 영주들의 이름으로 토론회를 해산하였다.

---

69 Merle D'Aubigné, *History of the Reformation in Europe*, volume three, book XI, 257, 259.

우리는 고뇌에 찬 최고 통치자들을 대신하여 모두에게 명하노니, 아무도 소동이나 소란, 난동을 일으키지 말고 서로 평화롭고 화목하게 살면서 머지않아 공포될 행정관의 명령과 요청을 기다리라. 그러는 동안 모두 각자의 집으로 돌아가라.[70]

이렇게 해서 개혁파가 그토록 훌륭하게 활약한 토론회가 끝났다. 그 토론회장에는 "하나님과 함께 살았고, 지치지 않고 자기 일에 임하였으며, 자신들이 선포한 진리를 위해서라면 언제라도 목숨을 바칠 준비가 된 그 시대의 영웅적인 인물들"이 있었다.[71]

파렐, 칼뱅, 비레는 각자 자신의 방식으로 경기장에 들어가 주님의 영광과 보 지역 주민들의 구원을 위해 싸웠다. 노령의 파렐, 불과 25세의 비레, 이제 막 싸움터에 뛰어든 칼뱅, 세 사람 모두 부르심에 응답해 싸울 준비를 하였으며, 빛이 없어 죽어가는 백성과 성직자에게 주님이 주시는 힘으로 진리와 지혜를 선포하였다.

이 중요한 싸움터에서 세 사람은 각각 믿음과 신비를 위해 싸웠다. 그 비밀은 만세와 만대로부터 감추어졌던 것인데 이제 성도들에게 밝혀지게 되었다.(골 1:26) 그리고 이 전투에서 이 빛나는 개혁자들은 저마다의 방식으로 주목받았다. 사람들은 파렐의 천둥소리에 전율했고, 젊은 칼뱅의 기억력과 명석함에 놀랐으며, 비레의 놀라운 지혜와 기분 좋은 온화함에 경탄하였다. 신학자 앙리 자크모(Henri Jaquemot)는 이렇게 말한다.

---

70 Piaget, *Les Actes*, 424

71 Merle D'Aubigné, *History of the Reformation in Europe*, volume three, book XI, 235–36.

> 특별히 비레는 고대 언어에 대한 탁월한 지식으로 주목받았다. 그는 모든 응답에서 예리하고 활기찬 기질을 보여주었다. 그러나 무엇보다도 그를 돋보이게 한 것은 온화함과 인내하는 성품이었다.[72]

자크모는 그 토론회의 강력한 연사 중 특히 한 사람이 청중의 마음을 얻고 주목받았다고 말한다. 논쟁이 진행되는 동안 그의 설득력 있는 언변과 온화한 목소리가 두드러졌다. "과도한 언어, 매도하는 욕설, 인신공격"[73] 등 당시 난무하던 방식이 아닌, 비레의 부드러우면서도 예리한 태도는 적들조차 주목해 서로 말할 정도였다. 독실한 로마가톨릭 신자인 피에르플뢰르도 주저하지 않고 자신의 적대자 비레가 "무엇보다도 대단한 명성과 권위를 지니고 있었기에… 그는 자기 진영 대표자들 가운데 가장 사랑받고 두드러진 사람"이었다고 인정하였다.[74] 바르노는 논쟁에서 비레가 한 연설에 대해 언급하면서 이 젊은이의 언변의 다음과 같은 특징에 주목한다.

> 분명한 구분, 다소 장황한 풍부함, 광범위한 연구, 건전한 지식, 유머까지 갖춘 준비된 대답, 그리고 무엇보다 성서에 대한 심오한 지식 등을 통해 탁월한 명료성을 드러내었다.[75]

역사가 올리비에는 "[논쟁에서] 세 사람의 연설가 중 가장 성공적이고

---

72 Jaquemot, "Viret: Réformateur de Lausanne," 22–23.

73 Vuilleumier, *Notre Pierre Viret*, 65.

74 Pierrefleur, *Mémoires*, 28–29.

75 Barnaud, *Pierre Viret*, 148.

대중적인 비레의 굳건한 온화함과 감동적인 어조"에 대해 언급한다.[76] 또 다른 사람은 "비레의 태도는 온화하고 세련되었으며, 무엇보다도 감탄할 만한 웅변으로 신앙에 대해 거의 관심이 없는 사람들조차 즐겁게 그의 말을 들을 수 있을 만큼 박학다식한 사람이었다."라고 평가한다.[77] 뷔유미에는 "무엇보다 이 (때로는) 활발한 토론회에서 그의 연설을 특징짓는 것은 그가 항상 지니고 있던 절제였다. …이 친절한 품행은 효과가 없지 않았다."[78] 라고 말한다.

이것이 파렐, 칼뱅, 비레 삼인조의 공식적인 첫 등장이었다. 이들은 곧 프랑스어권 스위스 지역 종교개혁의 세 기둥, 즉 스위스 삼총사로 명성을 얻고 사람들에게 회자될 것이다. 이들은 이 땅에서 하나님 나라의 일을 확장하기 위해 하나님이 택하신 사람들이며, 프랑스어권 세계 곳곳에 종교개혁을 전파하고 선포하도록 임명되었다. 세 사람은 로잔 논쟁에서 처음 공개적으로 연합했지만, 이것이 마지막은 아니었다.

---

76 Olivier, *Le Canton de Vaud*, volume II, 814.

77 Melchior Adam, Ibid., 814.

78 Vuilleumier, *Notre Pierre Viret*, 64–65.

제8장

•

로잔의 목사

새 노래로 여호와께 찬송하라 그는 기이한 일을 행하사
그의 오른손과 거룩한 팔로 자기를 위하여 구원을 베푸셨음이로다
여호와께서 그의 구원을 알게 하시며 그의 공의를 뭇 나라의 목전에서
명백히 나타내셨도다 그가 이스라엘의 집에 베푸신 인자와 성실을 기억하셨으므로
땅 끝까지 이르는 모든 것이 우리 하나님의 구원을 보았도다 (시 98:1-3)

토론회의 논쟁은 이미 끝났지만, 끝난 것처럼 느껴지지 않았다. 성직자, 목회자, 평신도들이 각자의 도시와 마을로 돌아가면서 전국 각지에서 지난주의 논쟁이 재개되었다. 집에서, 길에서, 시청에서, 마을 여관에서 사람들은 토론회에서의 논거와 결정문을 계속해서 재고하고 되풀이하였다.

개혁자들의 설득력 있는 연설과 담론이 고향으로 돌아가는 모든 사람에게서 계속 논의되었다. 파렐의 강력한 천둥소리, 칼뱅의 치밀한 논리, 비레의 부드러운 선포가 각 사람의 지적 호기심을 채워주었다. 어둠 속에 빠져 있던 나라 전역으로 복음의 빛이 퍼져나갔고, 보 지역 구석구석에서 빛을 발하였다. 말씀이 선포되었고, 하나님의 영이 말씀을 베른의 새로운 소유지 구석구석까지 전하였다.

곳곳에서 개종한 수도사들의 소식이 거리를 가득 채웠다. 로마가톨릭

신앙을 버린 성직자들은 그리스도의 영광스러운 복음으로 돌아왔다. 파렐과 비레가 사제직을 비판한 데 대해 얼마 전까지 비난하던 로마가톨릭 대리인인 드로지조차 이제 새로운 신앙의 열렬한 지지자가 되었다. 그는 토론회가 끝날 즈음에 "나는 파문될 것을 알지만, 그럼에도 불구하고 진리를 발견하기에 이르렀습니다."[79] 라고 대담하게 선언하였다. 종교개혁자들은 피 흘리는 수고와 고된 노력 끝에 그들의 대적자들을 이제 형제로, 혈육으로 맞이하게 된 것을 기뻐하였다. "너 예루살렘의 황폐한 곳들아 기쁜 소리를 내어 함께 노래할지어다 이는 여호와께서 그의 백성을 위로하셨고 예루살렘을 구속하셨음이라 여호와께서 열방의 목전에서 그의 거룩한 팔을 나타내셨으므로 땅 끝까지도 모두 우리 하나님의 구원을 보았도다!"(사 52:9-10)

보 지역 어디서나 양들은 그리스도의 우리 안으로 받아들여졌다. 많은 수도사가 토론회장을 떠나자마자 로마가톨릭을 버렸고, 이제 종교개혁의 빛을 자신들의 도시와 마을에 전하였다. 작은 교구 빌레트(Villette)는 클라벨(J. Clavel)과 에메 소르데(Aimé Sordet)를 토론회에 대표로 보냈다. 그러나 토론회에서 들은 내용에 압도당한 두 사람은 토론회가 끝날 무렵 비레에게 다가가 자기들과 함께 고향 퀴이(Cully)로 가서 복음을 전해달라고 간청하였다.[80]

점점 커지는 복음의 빛이, 베른이 새로 획득한 땅 전체로 퍼져나가자 베른의 영주들은 최선을 다해 그 일을 도왔다. 1536년 10월 19일에는 토론회에 대한 공식적인 입장을 발표하여 "로잔 논쟁을 따르고자 하는 자신

79 Barnaud, *Pierre Viret*, 150.

80 Vulliemin, *Le Chroniqueur*, 337.

들의 의지를 드러냈다."[81] 여기에서 그들은 이후로 자신들이 모든 문제를 어떻게 처리할지 그 의중을 밝혔다.

> 하나님의 뜻에 따라 선행의 열매를 맺는 진실하고 살아 있는 믿음 안에서… 로잔에서 논의된 10가지 결정이 성서에 근거한 것임을 고려하여 그들은 모든 사람에게 교황주의의 온갖 의식, 희생 제사 및 관습을 삼가고, 모든 형상과 우상을 버리고… 하나님의 말씀을 듣고, 설교자들을 환대하고, 그들을 괴롭히거나 근심하지 않게 하여 모든 사람이 참된 평화와 형제애와 연합 가운데 함께 거하라고 명하였다.[82]

베른은 미사와 교황이 반포한 모든 법령을 폐지할 것을 선언하면서 새로운 신앙을 받아들인 로마가톨릭 성직자들은 이 땅에 남아 성직을 유지하는 것이 허용될 것이라고 명시하였다. 그러나 그렇지 않은 사람들은 모두 떠날 것을 명하였다.

> 우리는 그 누구에게도 양심에 반하여 강제로 종교개혁을 받아들이라고 강요하지 않는다. 그러나 우리는 더는 우리 땅에서 로마 종교의 관행으로 고통을 겪지 않을 것이다. 따라서 우리는 새로운 신앙과 화해할 수 없는 사람들에게 고국을 떠날 것을 권한다. 그들은 그렇게 할 자유가 있다.[83]

---

81 Ruchat, *Histoire de la Réformation*, tome quatrième, 519.

82 Merle D'Aubigné, *History of the Reformation in Europe*, volume three, book XI, 263.

83 Barnaud, *Pierre Viret*, 153.

이 선언문에 따라서 무수한 수도사, 사제, 로마가톨릭 숭배자들이 성직과 고향을 버리고 아무런 제약 없이 자신들의 신앙을 실천할 수 있는 땅으로의 망명을 요청하였다. 종교적 계층에 속한 많은 사람이 로마가톨릭 신앙에 호의적인 이웃 칸톤 프리부르와 다른 지역으로 떠나버리는 바람에 수도원과 수녀원은 텅 비었다. 로잔에 있던 상당수 로마가톨릭 동조자들은 제네바 호수를 건너 남쪽 기슭에 접한 로마가톨릭 땅으로 피신하였다. 성 클라라 수녀원의 수녀들은 그곳 도시 에비앙(Evian)에 거처를 마련하고 "주님께서 그들의 수녀원을 회복시켜 주실"[84] 때를 기다렸다.

보 지역 주민들이 프로테스탄트가 되거나 거주지를 떠나라는 칙령을 받았을 때, 많은 로마가톨릭 성직자들과 신자들은 그곳을 떠나기보다는 표면적으로 종교개혁을 받아들이는 쪽을 택하였다. 이렇게 해서 그들은 개혁에 동조를 표하면서 새 신앙을 지지함으로써 얻게 되는 자유를 누리며 비밀리에 계속 옛 신앙을 충실히 지켜나갔다.

베른 통치자들은 일단 선언문을 통해 자신들이 바라는 바를 널리 공포하고 난 다음 이를 실행하는 데 필요한 여러 조치를 재빠르게 취하였다. 보 지역의 주요 도시 로잔은 이제 공식적으로 개혁신앙의 도시가 되어 목사가 필요했는데, 그것도 비중 있는 인물이어야 했다. 베른의 행정관들은 최고의 프로테스탄트 설교자가 그 일을 맡아야 한다고 생각했고, 그런 사람을 임명하고자 하였다. 얼마간의 심의 끝에 결론에 도달한 베른 시의회는 자신들의 선택을 알리기 위해 행정관 바트빌을 로잔으로 보냈다. 바트빌은 1536년 11월 5일 베른의 훈령을 가지고 로잔의 200인 의회에 모습을 드러냈다. 소르본 출신의 저명한 박사 카롤리가 로잔의 담임목사로 임

84 Pierrefleur, *Mémoires*, 125.

명되었다. 카롤리는 이전에 로마가톨릭 신자였으나 이제는 공개적으로 종교개혁을 옹호하고 있었다. 그러나 그를 잘 아는 프로테스탄트들은 그의 개종을 의심하였다. 도비녜는 카롤리를 이렇게 묘사한다.

> 허영심이 많고, 교만하고, 비굴하고, 일관성이 없는 그는 프랑스에서 종교개혁이 사람들의 관심을 끌자 수도사들을 공격하는 사람으로 등장하였다. 그런 다음 박해의 시대가 시작되자 그는 제네바로 도피하였다. 그가 꿈꾸는 목표는 주교에 해당하는 자리에 올라 프랑스어권 스위스의 개혁교회를 다스리는 것이었다. 그는 복음과 교황주의 사이 중간쯤 자리할 만한 교리를 수립하자는 제안을 하였다.[85]

이중적인 성격에 파렴치하고 오직 영광과 명성을 추구하는 데만 몰두하던 카롤리는 이제 거만한 모습으로 개혁파 편에 섰다. 뷔유미에는 카롤리가 취한 입장에 대해 이렇게 설명한다.

> 사실 이 어려운 시대에는 흔히 생각하는 것보다 훨씬 많은 사람이 카롤리와 같은 부류에 속하였다. 특정한 신앙고백 혹은 다른 신앙고백을 단호하게 취하는 사람들과 더불어 로마가톨릭교회 내에는—개혁교회 안에도 마찬가지로—여전히 두 입장 사이에서 동요하는 많은 성직자와 평신도가 존재하였다. 그들은 중간자라고 불렸다.[86]

---

85 Merle D'Aubigné, *History of the Reformation in Europe*, volume three, book XI, 304.

86 Vuilleumier, *Notre Pierre Viret*, 77.

카롤리는 한쪽에서 다른 쪽으로 흔들릴 때마다 자신의 필요에 맞추어 신념을 바꾸는 사람이었다. 올리비에의 말에 따르면, 그는 항상 "자신의 번영과 허영심 충족에 가장 도움이 되는 진영"[87]을 선택하였다.

로잔 시의회는 카롤리의 진면목을 전혀 의심하지 않고 베른의 명령에 따라 즉시 그를 내정된 직책에 임명하고 연간 500플로린의 급여를 배당하였다. 멋진 정원을 갖춘 참사회원 퐁타루즈(Pontareuse)의 넓은 저택도 주어졌다. 그는 만족감과 자부심으로 이 새로운 거주지를 차지하였다.[88]

베른의 다음 임무는 그 도시에 두 번째 설교자를 임명하는 것이었다. 그들은 지역 상황을 돌보는 일이 너무 막중해서 한 사람이 짊어지기에는 그 짐이 너무 무겁다는 것을 잘 알고 있었기 때문에 비레를 임명해 카롤리를 돕도록 하였다. 그에게는 30플로린의 봉급을 지급하고 성 프란체스코 수도원에 기거하도록 하였다. 비레의 월급이 너무 적었기에 시의회는 그의 방에 가구를 제공하지 않을 수 없었다. 가구를 살 여력이 안 되었기 때문이다.[89]

베른은 카롤리를 로잔 교회의 담임목사로 임명하긴 했지만, 그가 자신이 맡은 사람들에 대해 거의 모른다는 사실을 잘 알고 있었다. 동시에 비레가 로잔에 대해 충분한 지식과 경험을 지녔다는 것도 알고 있었다. 베른은 비레의 '널리 알려진 친절'에 호소하면서 '초보자' 카롤리를 돕기 위해 할 수 있는 모든 것을 해달라고 요청하였다.[90] 바르노는 이렇게 말한다.

---

87 Olivier, *Le Canton de Vaud*, volume II, 812.

88 Herminjard, *Correspondance des Réformateurs*, tome IV, 109, note 3.

89 Barnaud, *Pierre Viret*, 157.

90 Vulliemin, *Le Chroniqueur*, 75.

> 베른의 영주들이 '경험이 많은' 사람을 가까이 두고 있었기 때문에 그런 '초보자'가 이렇게 중요한 자리를 차지하고 그토록 민감하고 어려운 임무를 수행하도록 선택되었다는 것은 놀라운 일이다. 비레에게 보낸 편지에 나타나는 난처한 어조에서 알 수 있듯이, 그들 스스로 자신들이 부당한 행동을 저지른 것은 아닌지 참으로 미심쩍은 마음이 들었다.[91]

그러나 『연대기』는 "행정관 바트빌은 젊은 목회자[비레]에게 그의 동료[카롤리]의 나이와 장점에 적절한 존경과 배려를 요청하였다."[92] 라고 기록한다.

역사가 아브라함 루샤(Abraham Ruchat)는 카롤리를 담임목사직에 임명한 베른의 생각을 다음과 같이 훌륭하게 요약하고 있다.

> 로잔의 종교개혁에 가장 큰 공헌을 한 피에르 비레(그는 3월부터 설교와 분명한 가르침으로 섬겼고, 무엇보다 로잔 논쟁에서 학식 있고 온건한 방식으로 응답하였다.)가 당연히 이 교회의 첫 번째 목사가 되어야 했다. 로잔 교회는 그의 돌봄과 관심으로 형성되었기 때문이다. 그러나 카롤리보다 훨씬 어린 그의 나이를 고려해야 했다. 카롤리는 나이 지긋한 소르본의 신학박사인 반면, 비레는 1511년에 태어난 25세의 청년에 불과했던 것이다.[93]

베른은 카롤리를 고려하면서 그의 "세련된 행동거지… 신앙을 지키기

---

91 Barnaud, *Pierre Viret*, 156-57.

92 Vulliemin, *Le Chroniqueur*, 345.

93 Ruchat, *Histoire de la Réformation*, tome quatrième, 380.

위한 망명, [그리고] 파리대학의 신학박사이자 나바라 여왕의 전직 궁정목사라는 명성"[94]에 주목하였다. 그러나 개혁파 공동체는 카롤리에 대해 다르게 평가하고 있었고 그의 진정성을 걱정스러운 마음으로 바라보았다. 베른의 법령이 공포되었을 때 담임목사 임명 내용에 대한 반응은 거의 공개적인 적대감에 가까운 것으로, 보 지역의 목사들은 베른 영주들의 편파적이고 불공정한 지명에 대해 악담을 퍼부었다. 파렐은 자신만의 독특한 문체로 한 친구에게 편지를 쓰면서 흥분하여 다음과 같이 말하였다. "가면을 쓰고 허풍을 떠는 자들을 하늘에까지 높이려고 가장 유능하고 그리스도의 영으로 충만한 사람들을 무시하였다."[95]

이 임명 소식이 제네바에 전해지자 제네바 목사들은 분노하였다. 그들의 동료 비레가 끊임없이 힘든 수고를 해왔는데 보상이 이런 식이라니! 비레는 말 그대로 죽을 지경까지 고생하였다. 그의 칼 맞은 등과 망가진 건강이 이를 증명하지 않는가? 그런데도 이것이 베른의 영주들로부터 받아야 할 합당한 대우란 말인가? 파리대학 출신의 저명하고 연륜 있는 신학박사 카롤리가 참으로 당당한 모습을 보여주었지만, 제네바 사람들은 이 학식 있는 사람의 내면에 어떤 교만과 이기심이 숨어 있는지 잘 알고 있었다. 비레에 대한 부당한 대우에 심한 모욕을 느낀 제네바 목사들은 로잔 노회에 편지를 보내 비레의 '부목사' 임명을 철회하고 그의 가치를 잘 아는 사람들에게 그를 보내라고 요청하였다. "우리는 비레가 우리에게 돌아오기를 간절히 원합니다. …그의 수고와 신실함은 모든 사람에게 알려져 있습니다."[96]

---

94 Vuilleumier, *Notre Pierre Viret*, 75-76.

95 파렐이 1536년 11월 21일 파브리에게 보낸 편지. Ibid., 75.

친구들의 분노에도 불구하고 비레는 평소의 겸허함과 겸손함으로 로잔의 새로운 직책을 수락하였으며, 도시를 개혁하고 담임목사 카롤리를 돕기 위해 할 수 있는 모든 일을 하려고 노력하였다. 그러나 비레의 유화적인 노력에도 불구하고 도무지 화목한 관계로 지낼 수 없는 사람과 평화를 유지하기에는 역부족이었다. 로잔과 베른 사람들 모두가 담임목사의 진면목을 분명히 파악하기도 전에 이 상황이 오래 지속될 수 없다는 사실이 금방 드러났다.

카롤리는 자신의 목적을 달성하기 위해 종교개혁을 이용하긴 했지만, 개혁파의 친구는 아니었다. 그는 존경받는 목사들, 특히 칼뱅, 파렐, 비레를 시기하였다. 느슨한 도덕성으로 타락한 생활을 하는 사람의 어두운 양심에는 그들의 존재와 가르침이 불쾌하고 혐오스러웠다.

> 그는 언젠가 자기 앞에서 순수하지 못함에 대해 설교한 적이 있는 비레를 몹시 싫어하였다. 양심에 찔린 카롤리는 그 설교가 자신을 향한 것이라 여겼다. 비레는 모두를 위한 설교였다고 그를 설득했지만 허사였고, 카롤리는 비레를 결코 용서하지 않았다.[97]

학식 있는 신학자 카롤리가 그 도시에 거처하게 되자마자 그는 달갑지 않은 화제의 주인공이 되었다. 그의 아내는 불미스러운 사치로 곧 마을 사람들을 경악시켰고, 이후 부부는 의심과 불신의 눈초리를 받았다. 이

---

96 제네바 목사회가 1536년 11월 21일 로잔 시의회에 보낸 편지. Herminjard, *Correspondance des Réformateurs*, tome IV, 104.

97 Merle D'Aubigné, *History of the Reformation in Europe*, volume three, book XI, 304.

일이 있고 얼마 지나지 않아 1537년 첫 주에 비레는 몇 주 동안 제네바에서 사역하기 위해 로잔을 떠났다. 카롤리는 비레가 없는 틈을 이용해 자기 방식대로 종교개혁을 소개하였다. 죽은 자를 위한 기도의 효능에 대해 설교한 것이다. 비레는 카롤리의 가르침을 전해 듣고 서둘러 로잔으로 돌아와서 그와 대면하였다. 카롤리는 배움이 짧은 청년이 자신의 뛰어난 신학에 의문을 제기하는 것에 분개하였다. 그리고 비레의 권면에 대해 고압적으로 대응하면서 그의 조언을 듣거나 유념하기를 거부하였다. 비레는 자신이 그렇게 할 수밖에 없는 이유를 설명하면서 카롤리의 분노를 가라앉히려고 노력했지만 허사였다.

> 만일 당신이 어떤 새로운 빛을 얻었거나 새로운 신비를 발견했다면, 그것을 나에게 알려주십시오. 당신은 내가 순종적이라는 사실을 알고 있습니다. 당신이 내가 지금까지 배운 것보다 더 진실한 것을 보여준다면, 나는 그것을 기쁘게 받아들일 것입니다. 그러나 만일 당신이 어떤 잘못된 교리를 설교했다면, 내가 당신의 친구이자 동료로서 권면하도록 허락해주시기 바랍니다.[98]

비레의 온화한 대답에도 불구하고 카롤리는 그에게 분노했고, 화해하거나 입장 바꾸기를 거부하였다. 비레의 개입과 질책에 몹시 분개한 카롤리는 시의원 몇몇을 매수해 이 젊은 사역자를 반란 혐의로 고발함으로써 자신의 분노를 표출하였다.

이 절차가 끝난 직후 카롤리는 로잔과 베른 사람들이 그의 동료를 완

98 Ruchat, *Histoire de la Réformation*, tome cinquième, 21.

전히 불신하고 인품을 폄하하게 하려고 비레가 삼위일체를 받아들이지 않는다며 그를 아리우스주의의 추종자라고 공개적으로 비난하였다. 이 소식을 들은 제네바의 목회자들은 공포에 질려 즉시 칼뱅을 로잔으로 파견해서 카롤리의 비난에 맞서도록 하였다. 3명의 사역자가 시의회에 출석했고, 이때 비레는 카롤리의 거짓 비난에 맞서 단호하고 명백하게 자신을 변호하였다. 이에 대해 응수하라는 요청을 받은 카롤리는 비레의 명백한 결백을 비난하려는 시도가 헛수고임을 알고는 거만하게도 시의회 앞에서 자신을 변호하기를 거부하면서, 이런 청문회는 베른 행정관들 앞에서 열려야 한다고 주장하였다. 그런 다음 칼뱅에게 눈을 돌려 그 역시 아리우스주의자라고 비난하였다.

이런 일련의 과정에 대한 소식이 제네바에 전해지자 목회자들은 즉시 베른에 편지를 보내 비레와 칼뱅이 공개적으로 카롤리의 악랄한 비난에 대해 해명할 수 있도록 대회(synod)를 소집해줄 것을 요구하였다. 두 개혁자에게 가해진 비난은 더할 나위 없이 터무니없었지만, 제네바의 목회자들은 거짓되기 짝이 없는 비난일지라도 그것을 둘러싼 위험을 잘 알고 있었다. “남의 말하기를 좋아하는 자의 말은 상처[개역개정에서는 별식(別食)으로 번역한다—옮긴이 주]와 같아서 뱃속 깊은 곳으로 내려가느니라.”(잠 18:8) 그러한 공공연한 비난이 아무리 거짓일지라도 거기서 비롯되는 해악은 막 움트고 있는 보 지역 교회의 생존을 위협하였다. 제네바 사람들은 그 해악이 더 자라 번성하기 전에 뿌리째 뽑아야 한다는 것을 알았기 때문에 긴급히 베른에 공개 대회를 요청하는 편지를 쓴 것이다.

> 여러분은 [카롤리의 행동에 대한] 우리의 설명을 통해 이 대회가 얼마나 필요한지 잘 아실 것입니다. 그러니 우리 자신을 변호할 수 있는 대회 소

집 시기를 앞당겨주실 것을 간청합니다. 카롤리가 지어낸 교리는 어디서나 커다란 문제를 일으켰습니다. 악은 날로 증가하고 있으며, 목회자들은 대부분 그 악과 싸우는 데 거의 열의를 보이지 않습니다. 이미 불화의 씨가 싹텄습니다.[99]

칼뱅은 베른에 있는 메간데르에게 일의 전후 사정을 써 보내면서 다른 목회자들에게 다음과 같이 간청하는 말을 덧붙였다.

여러분은 분명히 카롤리의 비열한 행위에서 어떤 악랄한 속임수가 나왔는지 알고 있을 것입니다. 그는 죽은 사람의 부활을 앞당기기 위해 죽은 사람을 위해 기도해야 한다는 생각을 떠올렸습니다. 비록 오래전부터 있었던 것이지만 이런 기발한 발상을 통해 이 야심 찬 사람은 사람들에게 자신에 대한 인상을 남기려 애썼습니다. …더군다나 그는 동료인 비레가 부재중일 때 무리하게 서둘러 그것을 선언하는 과오를 범했습니다. …비레가 로잔으로 돌아와 그에게 권고했지만 아무 소용도 없었기 때문에 저는 형제들의 요청을 받고 서둘러 그곳으로 갔습니다. 베른 대표단 앞에서 우리가 카롤리와 벌인 논쟁에 대해서는, 우리가 여러분이 속한 베른 컨시스토리에 보낸 편지를 보면 알 수 있을 것입니다. 베른 대표단은 대회를 열어 그 사안을 조사하도록 했습니다.

간절히 바라건대 약속된 대회가 개최될 수 있도록 여러분과 컨시스토리의 동료들께서 도움을 주십시오. 이 일로 인해 우리 교회가 얼마나 혼

---

99 제네바 목사회가 1537년 2월 베른 목사회에 보낸 편지의 요약. Herminjard, *Correspondance des Réformateurs*, tome IV, 183-87.

들리고 있는지 여러분은 믿지 못할 것입니다. 죽은 자를 위한 기도를 가르치지 않았다는 이유로 우리는 이미 사기꾼으로 낙인찍혔습니다.[100]

칼뱅, 비레, 그리고 카롤리는 베른으로 소환되어 1537년 2월 28일 시의회에 출석하였다.[101] 이곳에서도 카롤리는 다시 비난을 반복하였지만, 칼뱅과 비레가 카롤리의 터무니없는 주장을 너무나 탁월하게 반박하였기 때문에 결국 그는 자신의 비난을 철회할 수밖에 없었다. 그러나 카롤리는 명예와 자존심을 지키려고 이번에는 그곳에 참석하지도 않은 파렐과 몇몇 다른 목회자들을 아리우스주의자라고 비난하였다. 카롤리의 뿌리 깊은 완고함과 분파주의 기질에 격분한 칼뱅은 베른의 영주들에게 카롤리의 사기와 거짓 비난에서 공개적으로 벗어날 수 있도록 대회를 개최해달라고 요청하였다.

베른의 영주들은 대회를 여는 데는 동의하면서도 목회자들의 조속한 대회 소집 요구에는 별로 주의를 기울이지 않았다. 그들은 두 달이나 지난 1537년 5월 14일 로잔에서 대회를 개최하도록 결정하였다. 칼뱅과 목회자들은 카롤리의 거짓이 더 많은 해악을 양산하는 것을 막기 위해서라도 보다 신속한 판결이 이루어져야 한다고 간청하였지만 아무 소용이 없었다. 베른의 영주들은 그들의 요청을 거절하고, 그저 정해진 날까지 모두 흥분을 가라앉히고 진정해달라고 요구할 뿐이었다.

마침내 5월이 되었고, 로잔의 성 프란체스코 교회에서 대회가 열렸다. 여기에는 100명이 넘는 목회자들이 참석하였다. 절차를 시작하면서 메간

---

100 칼뱅이 1537년 2월 20일 베른에 있는 메간데르에게 보낸 편지의 요약. Ibid., 187-91.

101 Ibid., 199, note 7.

데르는 개혁자들에 대해 카롤리가 제기한 혐의를 분명하게 언급하고, 그런 다음 비레에게 삼위일체에 대한 견해를 설명함으로써 대회를 시작하라고 청하였다. 비레는 다음과 같이 말하였다.

> 우리가 오직 한 분이신 하나님을 고백할 때 우리는 동일한 신적 본질 안에서 그분의 영원하신 말씀과 그분의 영과 함께 아버지를 이해합니다. 하나님을 아버지라고 부를 때 우리는 그분의 아들과 성령이 그분과 함께 참되고 영원하신 하나님이심을 이해합니다. 그렇다고 해도 우리는 아버지를 말씀이나 성령과 혼동하지는 않습니다. 우리는 참으로 아버지가 아들과 구별되고 아들이 성령과 구별되나, 그들이 오직 하나의 본질임을 믿습니다. 이것이 우리가 아버지나 성령이 육신이 되셨다고 말하지 않고, 오직 말씀이 육신이 되셨다고 말하는 이유입니다. 따라서 그리스도만이 참 하나님이신 동시에 참 사람입니다. 우리를 구속하기 위해 정하신 때에 그분이 우리의 육신을 입고 인성에 참여하셨으니, 그분의 두 본성이 혼합된 것이 아니라 하나로 연합하신 것입니다.[102]

비레가 삼위일체를 정의한 다음 칼뱅이 나섰다. 칼뱅은 카롤리가 내뱉은 말들을 반박하면서 자신과 다른 목사들의 믿음이 정통 신앙에 기초하고 있음을 분명히 보여주었다.

판결을 맡은 자들은 대회를 끝마치면서 목회자들이 결백하고 모든 이단의 혐의에서 벗어났다고 공개적으로 선언하였다. 그런 다음 그들은 카롤리의 중상모략을 비난하고 최종적으로 그의 추방을 확정하였다.(딘

---

102 Barnaud, *Pierre Viret*, 160.

3:10)[103] 마침내 베른은 자신들이 로잔 교회의 담임목사로 앉힌 사람의 실체를 알아차렸다. 베른은 6월 7일 시의회에 다음과 같이 썼다.

> [카롤리가] 어떤 사람인지 알게 되자 그가 로잔 교회 같은 좋은 교회의 담임목사로 있는 것이 너무나 이상해 보였습니다. …그래서 우리는 그 목사를 해임하고 우리의 관할 아래 있는 영토 어디서도 설교하지 못하게 했습니다. 더는 그가 청중에게 설교하지 못하도록 하고, 알려졌듯이 자신의 직무를 충실히 수행해온 피에르 비레를 추천하니 유념해주시기 바랍니다.[104]

베른은 카롤리 대신 비레를 로잔 교회의 담임목사로 임명하고, 이 젊은 목회자의 사례비를 인상하라고 지시하였다.[105]

대회에서 추방 결정을 내리자 카롤리는 스위스를 떠나 프랑스로 피신해 투르농(Tournon) 추기경의 저택에 거처를 마련하였으며, 추기경은 곧 교황에게서 카롤리의 사면을 받아냈다. 하지만 로마가톨릭으로 돌아갔음에도 불구하고 그는 자신이 그토록 소중하게 여기던 인정과 명예를 얻지는 못하였으며, 베즈에 따르면 끝까지 "가난하고 비참한" 상태로 지내다 몇 년 후 어딘가에서 쓸쓸한 죽음을 맞이하였다.[106]

이렇게 해서 카롤리의 임명으로 야기한 재앙은 끝이 났다. 베른 사람들

---

103 Ruchat, *Histoire de la Réformation*, tome cinquième, 39-40.

104 베른 시의회가 1537년 6월 7일 로잔 시의회에 보낸 편지. Herminjard, *Correspondance des Réformateurs*, tome IV, 238.

105 Ibid., 290.

106 Théodore de Bèze, *Histoire ecclésiastique des églises réformées au royaume de France*, tome troisième (Lille, 1842), 277.

은 "사람은 외모를 보거니와 나 여호와는 중심을 보느니라"(삼상 16:7)라는 말씀을 경험으로 배웠다. 비록 어려움과 고난과 마음의 고통으로 가득 차 있고 시련의 여파가 쉬이 사라지지도 않았지만, 개혁자들의 이 험난한 시간 속에서도 주님의 손길은 분명하였다. 카롤리의 악의적인 비난과 고소로 많은 해악이 발생했으나, 그가 일으킨 바로 그 어려움이 오히려 축복을 가져왔다. 상처 입고 지친 개혁자들이 처음에는 그것을 거의 알아차리지 못했지만 말이다. 사람이 악이라 생각하는 것을 하나님은 선으로 바꾸셨다. 역사가 마이클 브루닝(Michael Bruening)이 탁월하게 포착한 것처럼, 하나님은 교회에서 가장 암울한 이 시기를 사용하여 하나님이 택한 두 사람, 비레와 칼뱅을 평생의 우정으로 묶어주셨다.

> 비레가 소르본 출신 박사인 피에르 카롤리 밑에서 로잔 사역을 시작했지만, 카롤리와 벌인 논쟁은… 칼뱅과 비레를 하나로 묶는 주요 요인이 되었다. 두 사람이 아리우스주의자라는 비난에 맞서 자신들을 변호하고 죽은 자를 위한 기도의 효능에 대한 카롤리의 가르침을 논박한 일은 오늘날 어조로 표현하면 일종의 '결속 경험'이었다.[107]

칼뱅과 비레, 2년 전까지만 해도 두 사람은 만난 적도 없었다. 이제 그들은 로잔 논쟁에서, 제네바에서, 카롤리와의 논쟁에 맞서 공동의 적을 상대로 함께 싸웠다. 나이도 비슷하고 주님을 향한 열정과 경외심도 닮은 두 사람 사이에는 참된 우정이 싹트기 시작하였다. 하나님은 프랑스에서

---

107 Michael W. Bruening, *Calvinism's First Battleground: Conflict and Reform in the Pays de Vaud, 1528-1559* (Springer, Dordrecht, The Netherlands, 2005), 176-77.

한 사람을, 스위스 보 지역에서 또 다른 한 사람을 데리고 와서 이곳에서 공동의 대의, 즉 그리스도의 대의에 따라 두 사람을 하나님 나라 사역에 함께 동참하게 하셨다. 해를 거듭할수록 성장하고 충실하게 꽃 피우는 이 형제 관계는 그 어렵고 격동적인 시기에 하나님께서 그분의 교회를 축복하신 가장 아름다운 그림 중 하나라고 할 수 있다.

제9장

로잔 아카데미 설립

너는 진리의 말씀을 옳게 분별하며
부끄러울 것이 없는 일꾼으로 인정된 자로
자신을 하나님 앞에 드리기를 힘쓰라 (딤후 2:15)

새로 획득한 베른의 영토는 이제 공식적으로 개혁파 도시가 되었다. 미사는 폐지되었고, 성상은 제거되었으며, 성모는 더 이상 공개적으로 숭배되지 않았다. 그리고 모든 마을에서 도덕적이고 그리스도인다운 삶을 요구하는 법령이 낭독되었다. 하지만 이것으로 충분했을까? 시민법으로 백성을 개혁할 수 있겠는가? 베른은 이것으로는 부족하다는 사실을 인식할 만큼 지혜로웠다. 사람이 변화되지 않는다면 금령과 규례와 법령도 모두 허사일 것이다. 보 지역이 종교개혁을 받아들이긴 했지만, 종교개혁을 기꺼이 믿지는 않았다. 베른의 정복에는 절대적으로 중요한 요소, 즉 인간의 마음이 빠져 있었다.

하지만 누가 이 싸움터를 정복할 수 있겠는가? 누가 이 군기를 획득할 수 있겠는가? "만군의 여호와께서 말씀하시되 이는 힘으로 되지 아니하며 능력으로 되지 아니하고 오직 나의 영으로 되느니라."(슥 4:6) 싸움은 주님께 속한 것이었다. 어떤 인간의 노력으로도 이 싸움에서 승리할 수 없다. 인간의 어떤 책략으로도 이 적을 이길 수 없다. 오직 하나님만이 이 싸움의 결과를 정하실 것이다. 하나님만이 사람의 마음을 움직이실 수 있다. 그런데 하나님은 어떻게 이것을 성취하시는가? 그분은 어떤 도구를 사용하셨는가?

> 그런즉 그들이 믿지 아니하는 이를 어찌 부르리요 듣지도 못한 이를 어찌 믿으리요 전파하는 자가 없이 어찌 들으리요 보내심을 받지 아니하였으면 어찌 전파하리요(롬 10:14-15)

그 싸움은 주님의 것이었지만, 주님은 이를 위해 병사들을 임명하셨다. 베른의 행정관들은 이것을 깨닫고 그에 따라 행동하였다. 그들의 영토는 명목상 개혁되었다. 이제 그들의 마음이 개혁되어야 한다. 이 목적을 달성하기 위해서는 설교자가 필요하였다. 벌써 많은 사람이 이 일에 착수했지만, 애석하게도 보 지역 전체에 걸쳐 목회자 수가 턱없이 부족한 것이 현실이었다. 보 지역의 무려 80%에 달하는 교구에 프로테스탄트 목회자가 없었다.[108] 이 일에 참여한 사람들은 밀은 무르익었는데 일꾼은 없는 광활한 들판을 바라보면서 이 일이 거의 불가능에 가깝다는 것을 알게 되었다. 그리스도를 위해 새 땅을 얻으려면 더 많은 목회자가 있어야만 한다. 그러나 그들이 어디에서 나올 것인가?

이것은 로잔 논쟁 직후부터 베른이 고심한 문제였다. 보 지역을 목회하

---

108 Bruening, *Calvinism's First Battleground*, 169.

는 데 필요한 사람들을 어떻게 제공할 것인가? 1536년 말에 결론이 나왔다. 목회 사역에 헌신할 젊은이를 훈련시키기 위해 아카데미를 설립한다는 것이었다. 이 학교는 프랑스어권 최초의 프로테스탄트 아카데미가 될 것이다.[109] 베른의 영토 내에 고등교육 기관이 없던 상황에서 이것은 어렵지만 기념비적인 과업이 될 것이다.

1537년이 되자마자 베른은 자신들의 의도를 로잔 시의회에 알렸다. 학교는 그 도시에 세워질 것이고, 로잔의 목회자들이 새로 설립된 아카데미의 첫 교수진이 될 것이다. 로잔 아카데미의 시작은 미약하여 겨우 2개의 수업만 개설될 정도였다. 카롤리는 구약을, 비레는 신약을 맡았다.[110] 하지만 (카롤리가 첫 강의를 하기도 전에) 담임목사직에서 추방됨으로써 교수진은 반토막이 났고, 결국 비레 혼자 부담을 떠안게 되었다. 역사가 뷔유미에가 언급했듯이 이 학교의 시작은 참으로 불길하였다.

> 로잔 아카데미의 첫 시작보다 더 미미하고 모호한 것도 없을 것이다. 정확한 설립 날짜를 보존한 공식 문서도 없다. …우리가 아는 것이라고는 1537년에 이 도시의 목사 중 한 명인 오르브 출신의 종교개혁자 피에르 비레—감동적인 언변을 갖춘 학식 있는 사람이었지만 아직은 청년인—가 신학 과목을 가르쳤다는 사실뿐이다.[111]

---

109 Henri Vuilleumier, *L'Académie de Lausanne: 1537-1890* (Édition de l'Université, Lausanne, 1891), VIII.

110 Henri Meylan, *La Haute École de Lausanne, 1537-1937* (Universite de Lausanne, Lausanne, 1986), 17.

111 Vuilleumier, *L'Académie*, IV.

미약한 시작에도 불구하고 아카데미는 빠르게 성장하였고, 그해가 지나기 전에 그리스어와 히브리어 강좌가 신학 강의에 추가되었다. 이것은 설립자의 우선적 관심이 어디에 있는지 잘 보여준다. 로잔 아카데미는 단순한 고등교육 기관이 아니었다. 그곳은 무엇보다도 종교교육을 담당하는 아카데미였다. 역사가 베르톨트 반 뮈덴(Berthold van Muyden)은 이러한 의도를 잘 파악하고 있다.

> 설립자들의 생각에 따르면 로잔 아카데미는 고급 교양을 가르치는 시설이기보다는 성직자를 양성하기 위한 신학교였다. …그리스어, 정치학과 윤리학을 가르치는 교수가 있었고, 수사학, 철학, 수학, 지리학, 물리학, 자연사를 다루는 교양과목 교수, 히브리어와 성서 주석을 가르치는 신학 교수가 있었으며, 이 도시의 목사 중 한 명은 조직신학을 가르쳤다.[112]

비레는 새로운 학교의 틀을 세우는 일에 엄청난 노력을 기울였다. 비록 이런 교육 기관을 조직하고 관장하는 일에 자신이 적임자가 아니라고 생각했음에도 불구하고 비레는 자신에게 주어진 일을 완수하기 위해 담대하고 용감하게 분투하며 일을 추진하였다. 반 뮈덴이 언급했듯이 "비레는 로잔 아카데미와 보 지역 교회의 영혼이었다."[113]

아카데미 초창기에는 새로 설립된 아카데미를 위해 어떠한 교육 시설도 지어지지 않았다. 베른의 영주들이 로잔 대성당을 가르침과 교육을 위한 장소로 제공해달라고 요청했을 뿐이다. 강의는 그곳과 수업을 위한

---

112 B. Van Muyden, *Histoire de la Nation Suisse,* tome second (Lausanne, 1898), 153.

113 Ibid., 154.

충분한 공간을 지닌 인접 건물에서 이루어졌다. 역사가 앙드레 진드로즈(André Gindroz)는 다음과 같이 썼다.

> 철학 교수는 저지대 도시의 동편에 있는 성직자 주택 가운데 한 집의 현관에서 가르쳤다. 도서관과 교양학부는 쿠발루(Couvalou)에 있는 망통(Menthon)의 성에 있었는데, 이 성은 1587년 화재로 거의 완전히 소실되었다. 그러나 신학 분야의 가장 중요한 강의는 대성당 성가대석에서 이루어졌다. 그 경탄할 만한 돔 아래, 교황의 관에서 멀지 않은 곳에서, 스테인드글라스 창문을 통해 쏟아지는 다채로운 빛의 향연 가운데 2명의 저명한 개혁자, 능변의 베즈와 온화하고 용기 있는 비레가 종교개혁의 핵심 교리를 부드러우면서도 확신에 찬 목소리로 가르쳤다. 이런 장소! 이런 인물! 이런 가르침! …경건한 개혁자들이 기쁨으로 가득 찬 마음에서 끌어낸 이런 가르침이라니! 감동과 믿음으로 떨리는 그들의 가슴에서 나온 그런 울림이라니! 장엄한 대성당을 로마의 손에서 빼앗아 그리스도께 돌려드렸을 때, 대성당의 차가운 돌무덤 아래에서 고대 주교들의 뼈가 요동치는 소리가 들리는 듯했다![114]

아카데미가 시작될 때 등록한 학생 대부분은 개종한 로마가톨릭 사제와 수도사였다. 그들은 성서와 학문의 기초에 놀랄 정도로 무지하였다. 비레는 낙심하여 "그들은 성서보다 옆에 있는 1파인트의 음료를 더 좋아한다."[115] 라고 지적하였다. 베른은 이 부족함을 바로잡기 위해 노력했고,

---

114 Henry Martin, *Les Cinq Études de L'Académie de Lausanne* (Georges Bridel, Éditeur, Lausanne, 1863), 9-10.

이 젊은 설교자 역시 무지한 성직자들을 돕기 위해 자신이 할 수 있는 모든 일을 하였다. 비레는 교수진을 보강하고 배우지 못하고 무지한 학생들에게 가능한 한 최고의 교육을 제공하기 위해 학식이 높은 정통파 교사들을 아카데미로 불러오고자 열심히 노력하였다.

비레와 다른 여러 사람의 고된 수고 덕분에 학교는 곧 스위스뿐만 아니라 이탈리아, 독일, 프랑스 등 여러 인접 국가에서 온 현명하고 경건한 학자들로 채워졌다. 실제로 반 뮈덴이 언급한 것처럼 아카데미의 교수진은 빠르게 증원되었다.

> 제네바 아카데미의 선배 격인 로잔 아카데미는… 설립 초기 몇 년 동안 프랑스어권의 유일한 신학교였다. 결과적으로 그 명성은 머지않아 널리 퍼졌고, 프랑스인, 독일인, 영국인이 로잔으로 오는 것을 볼 수 있었다.[116]

아카데미의 명성이 널리 퍼짐에 따라 로잔은 유럽 여러 나라 출신 교수들의 박식한 담론과 열렬한 가르침 아래 번성하면서 빠르게 성장하였다. 학교의 명성은 많은 사람을 이 도시로 이끌었는데, 타지역에서 박해가 심해지면서 이곳으로 오는 사람은 더욱 늘어났으며 고국에서 쫓겨난 저명한 프로테스탄트 학자들도 많은 수가 로잔에 정착하였다. 폭력적으로 추방을 당한 후에도 교육과 강의를 계속하고자 하는 사람들에게 로잔은 고마운 피난처였다. 비레는 1549년 8월에 이렇게 기록하였다. "매일 많은 사람이 이곳으로 몰려들면서 학교는 하루가 다르게 성장하고 그만큼 풍

---

115 Michel Campiche, *La Reforme en Pays de Vaud* (Éditions de L'Aire, Lausanne, 1985), 194.

116 Van Muyden, *Histoire*, tome second, 153.

성한 열매를 맺고 있으며, 멀리 그리고 널리 뻗어나가고 있다. 우리는 모든 것에 대해 주님께 감사해야 한다."[117]

실제로 비레의 교수진 가운데는 유명한 사람이 많았다. 풍부한 교수진 중에는 콘라트 게스너(Conrad Gessner) 같은 저명인사도 포함되어 있었는데, 그는 로잔 아카데미에서 가르치기 위해 취리히를 떠난 인물로, 1537년 불과 21세의 나이에 그리스어 교수직을 맡았다. 장 리비(Jean Ribit)와 프랑수아 베롤(Chevalier François Berauld)이 그를 이었다. 다른 교수로는 클로드 프레보(Claude Prévôt), 피에르 팡도르(Pierre Pandor), 클로드 몰리니에(Claude Molinier), 수학과 철학을 가르친 장 타고(Jean Tagaut), 히브리어 강사 앙투안 슈발리에(Antoine Chevalier), 교장 장 랑동(Jean Randon), 히브리어 교수 장 메르랭(Jean Merlin), 개혁파 순교자의 의연한 용기를 목격한 후 프로테스탄트로 개종한 법학 교수 프랑수아 오트망(François Hotman)이 있었다.[118] 수 세기 동안 초급 라틴어 수업의 표준으로 자리매김한 라틴어 문답 책의 저자 마튀랭 코르디에(Mathurin Cordier)도 교수진에 포함되었다. 프랑스 난민 앵베르 파콜레(Imbert Paccolet)는 1538년 8월 아카데미에 도착해 10년 동안 히브리어를 가르쳤다. 연로한 사제 자크 발리에(Jacques Valier)도 아카데미에서 강의하고 로잔 교회 설교자로 비레를 도왔다.

비레는 이런 사람들을 아카데미 교수진에 둘 수 있어 기뻤지만, 여전히 더 많은 개혁자가 이같이 가치 있는 일에 참여하기를 기다렸다. 1549년 그는 또 다른 저명한 학자인 베즈를 교수로 맞이하는 큰 기쁨을 누렸다.

---

117 비레가 1549년 8월 3일 할러에게 보낸 편지. Meylan, *La Haute École*, 22.

118 Martin, *Les Cinq Étudiants*, 6.

헨리 베어드(Henry Baird)는 이 놀라운 사건을 다음과 같이 전한다.

> 베즈는 제네바로 돌아가는 길에 자연스럽게 당시 보 칸톤에 속한 가장 중요한 도시 로잔을 지나가게 되었다. …그는 로잔에서 이 지역 오르브 출신 비레를 만났다. 비레는 제네바 종교개혁을 위해 중요한 역할을 한 이후 최근에는 고향 지역에서 동일한 대의를 위해 일하고 있었다. 비레는 베즈가 최근 로잔에 설립된 '아카데미', 즉 대학에 동료로 꼭 필요한 적임자임을 알아보고는, 그에게 이 학교의 교수직을 수락해달라고 간청하였다. …베즈는 처음에 이 제안을 거절할 생각이었다. …그러나 비레가 칼뱅에게 편지하고, 칼뱅과 다른 친구들이 베즈의 내키지 않는 마음을 돌리려 애썼다. 베른 칸톤 당국자들은 로잔 아카데미의 결정을 승인하여 공식적이면서도 간곡하게 초청의 뜻을 전하였다. 베즈는 이제 더는 귀를 막고 있을 자유가 자신에게 없다는 것을 알았다.[119]

베즈는 비레와 칼뱅, 베른 영주들의 요청을 받아들였고, 1549년 11월 9일 '설교자 명단'에 서명함으로써 로잔의 개혁 아카데미 교수직을 맡게 되었다. 후일 베즈는 제네바에서 칼뱅의 후계자가 되고 제네바 아카데미의 교장이 된다.

로잔은 로잔 아카데미가 유익하다는 것을 분명히 인식했고, 로잔에 도착하는 저명한 선생들을 후하게 대우하려고 애썼다. 1540년에 히브리어와 그리스어 교수의 봉급은 200플로린, 밀 2뮈(고대 프랑스의 측량 단위로

---

119 Henry Martyn Baird, *Theodore Beza, the Counsellor of the French Reformation* (The Knickerbocker Press, New York, 1899), 39, 46.

곡물의 경우 1뮈는 약 1,872리터에 해당한다—옮긴이 주), 포도주 2통이었다.[120] 교수들은 대성당 근처에 있는 성직자 숙소에 묵었다.

아카데미는 이내 현명하고 박식한 교수들로 잘 갖춰졌지만, 베른의 영주들은 아카데미에 입학하기에 충분한 교육을 받은 학생이 부족하다는 사실에 실망했다. 이 상황을 해결하기 위해 기숙학교 운영이 시작되었고, 이곳에서 어린 학생들이 아카데미 입학에 필요한 적절한 훈련을 받았다. 제네바 사람 앙투안 소니에(Antoine Saunier)가 이 기숙학교를 조직하고 설립하기 위해 1년 동안 로잔에 파견되었다.[121] 이 학교는 1540년 10월 30일 완공되었다. 학교에는 12명의 어린 남학생이 기숙했기 때문에, 곧 '12명의 남학생 학교'(Les Douze Escholiers de Messieurs)라는 이름을 얻었다. 이 학교에서는 '신앙생활, 프랑스어, 라틴어, 그리스어, 문학, 성서, 산수, 시편 찬양' 등을 가르쳤다.[122] 베른의 영주가 정한 일일 급식은 "고기 1파운드와 빵 2파운드, 그리고 아침저녁으로 제공하는 수프였다. 고기가 없을 때는 생선 또는 그에 상당하는 다른 요리가 제공되었다."[123]

이 기숙학교에는 함께 머물면서 가르칠 지도교사가 필요했다. 베른은 유능하고 신뢰할 수 있는 사람을 찾는 일에 착수했고, 그 도시의 목사 중 하나인 비트 콩떼(Beat Comte)에게 그 일이 맡겨졌다. 당시 비레는 곤경에 처한 제네바를 몇 달간 돕기 위해 로잔을 떠난 터였다. 하지만 콩떼가 이 역할을 감당한 기간은 아주 짧았다. 1542년 로잔은 콩떼를 대신할

---

120 Ibid., 17.

121 André Gindroz, *Histoire de l'instruction publique dans le canton de Vaud* (Georges Bridel Éditeur, Lausanne, 1863), 31.

122 Ibid.

123 Henri Vuilleumier, *Les Douze escholiers de Messieurs* (Lausanne, 1886), 15.

기숙학교 교사로 이탈리아 피에몬테 출신 난민 첼리오 세콘도 쿠리오네(Celio Secondo Curione)를 맞는 기쁨을 누렸다.[124] 쿠리오네는 1546년까지 이 직책(아카데미의 교양과목 교수직과 함께)을 유지하였다. 이후 프랑스 보르도(Bordeaux)의 콜레주 드 기옌(Collège de Guyenne)에서 가르치던 앙드레 제베데(André Zébédée)가 그 자리를 이어받았다.[125]

아카데미에 교수와 학생이 잘 갖추어지자 베른은 학교에 또 다른 혜택을 주었는데, 이는 아마도 베른 사람들이 아카데미에 준 가장 큰 혜택이었을 것이다. 1548년 행정관들은 아카데미에 도서관 설립을 제안하고 이 목적을 위해 3,000리브르를 로잔에 제공하였다.[126] 책이 귀하고 비싸던 시대에 도서관은 아카데미 학생과 교수 모두에게 귀중한 자원이었다. 특히 다방면으로 세뇌당한 로마가톨릭주의의 굴레에서 벗어나고자 하는 사람들에게 꼭 필요한 개혁주의의 가르침을 새로 만들어진 도서관으로부터 풍부하게 얻을 수 있었기 때문에 학생들은 이 도서관이 매우 귀중한 도구라는 사실을 깨달았다. 1553년에는 도서관을 위한 도서비로 연간 100플로린의 보조금이 지급되었다.

프랑스, 독일, 잉글랜드, 폴란드를 포함한 유럽 전역에서 수천 명의 젊은 프로테스탄트 학생들이 몰려오면서 로잔 아카데미는 매년 성장하고 번성하였다. 이 학교의 성공과 명성이 너무 널리 퍼져 아들을 이곳에 입학시키는 데 어려움을 겪는 아버지도 있었다. 뷔유미에는 그의 독특한 필체로 다음과 같은 재미있는 이야기를 들려준다.

---

124 Martin, *Les Cinq Étudiants*, 6-7.

125 Meylan, *La Haute École*, 16-17.

126 Doumergue, *Lausanne au temps de la Réformation*, 40.

[아카데미의] 이러한 노력이 단기간에 결실로 이룬 성공을 증명하기 위해 달리 무슨 특별한 검증이 필요하겠는가? 이전에는 교양(bonae artes)을 함양시키는 데 대단히 저항하는 것처럼 보이던 바로 이 로잔 시민들의 성향이 갑작스럽게 변화한 것보다 더 설득력 있는 것은 없다고 생각한다. 이것을 분명하게 보여주는 예가 있다. 바젤 교회의 감독 오스왈드 미코니우스(Oswald Myconius)는 로잔의 담임목사에게 두 도시 간에 각각 청년 한 사람씩 교환학생으로 교류할 수 있도록 주선해달라고 요청하였다. 비레는 로잔 시민 가운데서 이 일에 동참할 가족을 찾아야 했지만, 시간 낭비였다! 숙박업을 하는 의원 한 명을 제외하고는 비레와 이야기를 나눈 부모들이 모두 같은 대답을 하였다. "우리 아들을 우리 대학이 아닌 다른 도시의 대학에 보낼 생각은 꿈에도 없습니다. 설령 아들이 다른 곳에 있더라도 우리는 아들을 불러들일 거예요." 상황이 이러했기에 비레는 바젤의 동료에게 제네바에 교환학생 교류를 제안해보라고 조언하였다. "여기만큼 인기가 있지는 않지만, 거기에도 괜찮은 학교들이 있습니다."[127]

실제로 1559년 제네바에 칼뱅의 아카데미가 설립되기 이전에 보 지역에서 공부하기 가장 좋은 곳은 의심의 여지없이 로잔이었다.[128] 로잔 아카데미는 개혁신앙을 위한 수많은 목회자를 배출하였다. 아카데미를 떠나 선교사로서 주변의 로마가톨릭 국가로 간 설교자들 외에도 세계적 명성을 지닌 믿음의 사람들 가운데 비레의 학교에서 훈련받은 이들이 많았다.

---

127 Henri Vuilleumier, "Professeurs et Étudiants de Lausanne au Temps de la Réformation," *Revue de Théologie et de Philosophie*, tome V (Lausanne, 1917), 181–82.

128 Bruening, *Calvinism's First Battleground*, 174.

1562년 『하이델베르크 교리문답』을 함께 저술한 자카리아스 우르시누스(Zacharias Ursinus)와 카스파르 올레비아누스(Caspar Olevianus), 1561년 『벨기에 신앙고백』을 저술한 귀도 드 브레(Guido de Bres) 같은 사람들이 이에 해당한다.[129]

이 유명 인사들보다는 덜 알려졌을지 모르지만, 여전히 주목할 만한 5명의 아카데미 출신 젊은이가 있다. 프랑스 출신의 다섯 젊은이, 마르티알 알바(Martial Alba), 피에르 에스크리뱅(Pierre Escrivain), 베르나르 세갱(Bernard Seguin), 샤를 포레(Charles Faure), 그리고 피에르 나비에르(Pierre Navihères)는 이 시기에 목회 사역에 대해 배우러 로잔으로 왔다. 프랑스에서 잔인한 박해가 일어나 수많은 신자가 고국에서 쫓겨났지만, 이 5명은 다른 목적을 가지고 고국을 떠났다. 그들은 복음의 진리를 선포할 준비를 마치고 나서 고국으로 돌아가 여전히 로마가톨릭의 수렁에 빠져 있는 사람들에게 기쁜 소식을 전하고자 하였다. 그들은 공부를 시작하면서 이렇게 선언하였다.

> …우리는 하나님의 영예와 영광을 위해 섬기고 하나님께서 특별히 우리 각자에게 주신 얼마간의 재능을 그분의 백성에게 사용하여 우리가 그분의 아들 예수 그리스도에 관하여 알게 된 내용을 그대로 그들에게 전하고자 애쓸 것이며, 또한 우리의 좋으신 하나님께서 우리를 통해 하나님의 진리에 대한 믿음과 지식으로 기꺼이 초청하시려는 모든 사람에게 그렇게 할 것입니다.[130]

---

129 Meylan, *La Haute École*, 25.

130 Jean Crespin, *Des Cinq Escoliers Sortis de Lausanne, Bruslez à Lyon* (Imprimerie Jules-Guillaume Fick, Genève, 1878), 2.

이 다섯 학생은 아카데미에 등록하여 신학공부를 시작하였다. 나비에르는 비레의 집에 머물며 목회 비서로 일했고, 또 다른 학생은 베즈의 목회 비서 역할을 하였다. 성실하게 공부한 이들은 곧 성서를 지혜롭고 거룩하게 다루는 것으로 주목받았다.[131]

1552년 초엽 이 다섯 학생은 이제 설교자가 부족해 말씀에 굶주리고 있는 고국 프랑스로 돌아갈 때가 되었다고 생각하였다. 그들은 그 뜻을 아카데미 교수진에 알리고 기꺼운 승인을 받았다. 비레가 직접 그들을 위해 추천서를 작성하고 축복한 뒤 파송하였다. 젊은이들은 로잔을 떠나 제네바에 잠시 들러 거기서 칼뱅의 추천서도 받았는데, 칼뱅은 비레의 요청에 기꺼이 추천에 응하였다. 그리하여 보 지역 동지들의 승인과 축복을 받은 다섯 사람은 프랑스를 관통하여 고향으로 가는 여정을 시작하였다.

그들은 모두 프랑스인이었지만 서로 다른 도시에서 왔기 때문에 리옹까지 동행하고 거기서 흩어져 각자 고향으로 돌아가기로 하였다. 제네바를 떠난 직후 그들은 도중에 리옹 출신의 한 남자를 만나 그의 제안에 따라 그를 자신들의 여정에 합류시켰다. 함께 길을 걸으며 이 동행자는 다섯 청년에게 리옹을 떠나기 전에 그의 집을 방문하겠다는 약속을 받아냈다. 1552년 4월 30일 리옹에 도착한 다섯 젊은이는 여관에 숙소를 정한 후 약속대로 저녁 식사에 초대한 남자의 집을 찾아갔다. 그러나 그들이 식탁에 앉자마자 행정관 풀레(Poullet)가 이끄는 한 무리의 관리들이 들이닥쳤다. 길에서 만난 그 남자가 배신한 것이다. 이 밀정이 그들을 이단자로 시 당국에 고발하였고, 이를 통보받은 풀레는 재빨리 이들의 이름을 확보해 수색하고 결박하여 감옥으로 호송하였다. 그들은 각기 독방에 배치되어 종

131 Barnaud, *Pierre Viret*, 380.

교적 신념에 대해 심문받았다.

그 후 며칠 동안 젊은이들은 매일 그 도시의 수도사들로부터 그들의 신념과 신앙고백에 대한 질문을 받았다. 수감자들은 주님께 힘과 지혜를 달라고 기도하면서 자신들이 배운 신앙을 담대하고 지혜롭게 변호하였다. 도미니크회 수도사, 카르멜회 수도사, 프란체스코회 수도사의 계속되는 심문에도 다섯 청년의 대답은 항상 똑같았다. "나는 이미 진술한 내용 그대로를 유지할 것이며, 내가 고백한 것을 위해 살고 죽을 것입니다."[132] 수도사들은 젊은 수감자들의 완고함과 강인함을 바로 알아차리고 5월 13일 그들을 교회 재판관 앞에 데려갔다. 그곳에서 그들은 모두 이단자로 정죄되었다.

이 판결은 곧 베른에 전해졌다. 베른 행정관들은 즉시 리옹으로 전언을 보내 수감자들에 대한 관대한 조치를 요청하였으며, 그들을 보다 인도적으로 처우해달라고 요구하면서 이를 위해 베른이 비용을 대겠다고 말하였다. 로잔 역시 젊은 학생들을 위해 계속 끈질기게 요구하였다. 비레는 그들을 구하기 위해 힘닿는 대로 모든 일을 하였다. 베른에 몇 번이고 편지를 썼고, 심지어 학생들을 위해 리옹 관리들에게 중재를 간청하려고 그 도시로 직접 찾아가기까지 하였다.

이 5명의 젊은 프랑스인들은 1년 동안 리옹에 수감되었다. 그동안 비레와 그의 동료 칼뱅은 젊은이들에게 여러 차례 편지를 써서 격려하였는데, 시련 속에서 인내할 것과 성도들에게 단번에 주어진 믿음 안에 굳건히 설 것을 당부하였다. 비레의 아버지 같은 마음은 이 젊은이들에게 쓴 글에 분명히 나타나 있다. 이 글에서 비레는 이 세상에서 모든 것이 올바르게

132 Martin, *Les Cinq Étudiants*, 19-20.

되리라는 거짓 확신에 만족하지 않고 학생들이 처한 암울한 현실에 대해, 그리고 하나님께서 인간의 삶에서든 죽음에서든 그분의 뜻을 성취함으로써 영광을 받으실 것에 대해 충분히 다루고 있다. 비레는 나비에르에게 보낸 편지에서 다음과 같이 쓰고 있다.

> 나의 친애하는 지극히 사랑하는 형제여, 주님께서 당신과 당신의 친구들을 참된 그리스도의 기사로 불러 그분의 거룩한 이름을 위한 이 신성한 전투에 임하게 하셨기에, 나는 당신에게 여러 번 편지를 썼습니다. 그렇지만 당신이 내 편지를 받았는지는 알지 못합니다.
>
> …나뿐만 아니라 우리 형제들이 모두 날마다 기도하노니, 선하신 아버지 곧 모든 자비와 위로의 아버지께서 예수 그리스도 우리 주 안에서 항상 그분의 거룩한 이름을 믿는 믿음과 위로 가운데 당신을 더욱 굳게 서게 해주시기를 원합니다. 또한 당신에게 하나님의 은사와 은혜를 더해주셔서 그분이 스데반에서 허락하셨듯이, 그리고 그분의 종들에게 약속하셨듯이 당신의 모든 대적이 능히 대항하거나 반박할 수 없는 구변과 지혜를 부어주시기를 간구합니다.(눅 21:12-15)
>
> …당신은 [당신을 체포한 자들이] 당신에게 행사하는 힘이 어떤 것인지 알고 있습니다. 당신은 당신의 주인이자 목자이신 예수 그리스도로부터 가르침을 받고 확신을 얻었습니다. 그러므로 당신에게 임하게 될 모든 것을 아버지 손에서 온 것 같이 받아들이고 항상 욥과 같이 "여호와의 이름이 찬송을 받으실지니이다"(욥 1:21)라고 고백하십시오. 이렇게 해서 당신은 단지 사람들의 통제 가운데 있는 것이 아니라 당신 아버지의 통치 가운데 있는 것이니, 기뻐하십시오. 왜냐하면 그분께서는 장차 그 아들 예수 그리스도로 말미암아 당신의 재판관들의 재판관이 되실 것이고,

언젠가 그분 앞에 모든 사람이 출두해야 하기 때문입니다. …그들은 단지 당신을 물리적인 불로 정죄할 뿐이며, 지옥의 수준에 비하면 그것은 거의 아무것도 아닙니다. 이곳의 불은 일시적이지만, 지옥 불은 영원합니다. … 그러므로 당신의 대적들이 당신보다 훨씬 더 두려워해야 합니다.

…주님께서는 당신을 통해 이루고자 하시는 그분의 뜻, 그분이 기뻐하시는 일을 행하십니다. 하나님께서 당신의 삶을 통해 영광을 받기 원하신다면, 그분은 당신의 모든 원수에도 불구하고 그것을 이루실 만큼 충분히 강하십니다. 만일 그분이 당신의 죽음으로 영광을 받기 원하신다면, 당신의 죽음은 죽음이 아니라 참된 생명이 될 것입니다. 그리고 당신이 섬기는 주님은 그러한 전투와 공격에 필요한 능력과 힘과 위로를 당신에게 주실 것입니다. 주님께 소망을 두고 기다리는 자들을 결코 실망시키지 않겠다고 약속하셨기 때문입니다. 그러므로 그분이 당신 안에서 시작하신 일을 온전히 이루실 것을 의심할 필요가 없습니다.(빌 1:6) …당신의 죽음이 그분을 기쁘시게 한다면, 당신의 죽음은 하나님의 교회에 당신의 믿음의 굳건함과 승리를 증언하게 될 것입니다.[133]

그런 다음 비레는 젊은이들이 앞선 편지에서 요청한 몇 가지 교리 문제에 대해 매우 자세하게 설명하였다. 이 작업을 끝내고 비레는 편지가 너무 길어졌음을 사과하면서 다음과 같은 말로 마무리한다.

내가 당신을 잊지 않았고, 아무리 다른 일이 있을지라도 당신을 위해 아무것도 아끼지 않고 있음을 보여주기 위해 [이렇게 길게 썼습니다.] 당신

---

133 Crespin, *Des Cinq Escoliers*, 145–48.

과 당신의 동료들을 위해서라면 다른 어떤 일도 옆으로 쉽게 제쳐놓을 수 있습니다. 당신이 참여하고 있는 전투를 통해 주님께서는 그분의 은혜로 당신을 강하게 하고자 하시기 때문입니다. 나는 주님께 당신을 위탁합니다. …우리 공동체의 모든 식구와 이곳의 온 교회가 사랑의 문안을 드리며 애정을 담아 기도합니다. 하나님께서 은혜로 당신을 도우시고 확증하시고 보호하시기를, 그리고 그분이 당신 안에서 시작한 그 일을 홀로 존귀와 영광을 세세토록 받으실 우리 주 예수 그리스도의 날까지 온전히 이루시기를 간구합니다. 아멘.[134]

청년들을 위한 로잔과 베른의 강력하고 열렬한 중보와 탄원에도 불구하고 그들의 운명은 프랑스 당국에 의해 결정되었고, 1553년 5월 16일 다섯 사람은 화형대로 끌려갔다. 화염이 그들을 휘감고 점점 더 높이 치솟았고, 마지막으로 서로를 격려하는 그들의 목소리가 들렸다. "담대하게, 형제여, 담대하게!"[135]

---

134 Ibid., 158.

135 Vuilleumier, *Notre Pierre Viret*, 187.

제3부

개혁자의 인품

P i e r r e   V i r e t

제10장

●

다시 제네바로

> 친구를 많이 둔 사람은 해를 입기도 하지만
> 동기간보다 더 가까운 친구도 있다.(잠 18:24)*

하나님은 일하고 계셨다. 로잔의 개혁주의 아카데미 설립에서도, 유럽 전역에서 이루어진 말씀 선포에서도, 순교자들의 복된 죽음에서도 역사하고 계셨다. 비록 사람들은 인식하지 못했지만, 그분의 손은 이 세 가지 사건 모두에 깊이 영향을 미쳐 모든 일을 지극히 거룩한 그분의 이름을 영화롭게 하는 방향으로 인도하고 이끌고 방향을 바꾸셨다. 크든지 작든지, 모든 일은 그분이 뜻하신 섭리에 따라 그분의 영광을 찬송하기 위해 이루어진다.

1538년에 주님은 또 다른 일을 작정하셨다. 세상의 눈에는 작은 일일지 모르지만, 한 젊은 개혁자에게는 참으로 주목할 가치가 있는 경사스

* 이 구절은 정확한 의미 전달을 위해 '새번역'을 따랐다—옮긴이 주

러운 일이었다. 10월 6일 일요일, 하나님은 비레에게 '주님이 주시는 선물'(잠 19:14), 즉 경건한 아내를 주셨다. 그날 오르브에서 27세의 피에르 비레와 오르브 출신의 엘리자베스 투르타즈(Elisabeth Turtaz)가 기욤 파렐의 주례로 결혼하였다. 아내는 비레에게 신성한 축복이었다. 비레는 그녀를 참으로 하나님께 속한 여인이라고 불렀고, "그녀의 신앙, 경건, 성실, 그리고 하나님께서 그녀에게 주신 보기 드문 다른 미덕"[1]에 대해 말하였다.

비레가 이 기쁜 일을 진행하느라 분주한 동안, 그의 동료 개혁자 칼뱅은 제네바 사역 중 가장 힘든 시기를 보내고 있었다. 제네바의 적대적인 파벌들 사이에 악의와 적의가 증가함에 따라 격동의 도시 내에 분쟁이 만연하였고, 곧 설교자들과 그들이 선포한 진리에 대해 공개적인 적대감이 표출되었다. 한편 다가오는 부활절에는 성만찬 예식이 예정되어 있었다. 칼뱅, 파렐, 그리고 그들의 동료 중 시각장애인인 오귀스탱 쿠롤(Augustin Courault)은 이런 격변의 시기에 도시 내의 많은 사람이 주의 만찬에 합당하지 않게 참여함으로써 죄를 자초하게 될 것이라 생각하고 예정된 날에 성만찬을 거행하지 않기로 결정하였다. 이 결정은 규정에 따라 평소대로 성만찬을 거행해야 한다는 제네바 시의회의 칙령에 위배되는 것이었다. 시의회는 명령을 노골적으로 무시한 데 격분하여 1538년 4월 23일 칼뱅과 그의 두 동료를 도시에서 추방하였다.

비레와 다른 보 지역 목회자들은 제네바 교회가 당한 타격과 그 설교자들에게 내려진 부당한 추방 선고에 경악을 금치 못하였다. 칼뱅, 파렐, 쿠

---

1 비레가 1546년 3월 8일 바트빌에게 보낸 편지. Doumergue, *Lausanne au temps de la Réformation*, 46.

롤은 즉시 베른으로 갔고, 베른 시의회는 즉시 제네바가 성급하고 불합리한 판결을 철회하도록 설득하려 하였다. 베른은 추방된 목회자들을 위해 대표단을 제네바로 보내면서 로잔에 있는 비레를 불러 사절단과 동행하도록 하였다. 그들은 비레를 화해자로 임명하면서 비레의 중재와 설득을 통해 양쪽을 화해시키고 추방된 사람들의 귀환을 이루어낼 수 있으리라는 큰 희망을 품었다. 이 대표단은 5월 23일 제네바에 도착해 시의회와 회의를 하며 며칠을 보냈다. 한동안 비레의 중재는 평화를 회복하고 칼뱅과 그 동료들을 원위치로 복귀시키는 데 실제로 성공할 것처럼 보였다. 희망에 찬 칼뱅은 이렇게 썼다. "다수가 정의 쪽으로 기운 것 같다."[2] 그러나 비레의 노력에도 불구하고 몇몇 시의원들의 격앙된 흥분과 분노가 사람들에게 부정적인 영향을 미쳤고, 따라서 시의회의 추방 판결은 번복되지 않았다. 결국 비레의 모든 노력은 허사가 되었다.

이 판결이 재확인된 후 칼뱅, 파렐, 쿠롤은 자신들의 망명이 영구적임을 깨닫고 그 지역을 떠났다. 칼뱅은 스트라스부르로, 파렐은 뇌샤텔로, 시각장애인 쿠롤은 셋 중에서 가장 멋진 목적지로 향했다. 쿠롤은 처음에 토농으로 갔다가 곧 오르브로 가서 그곳에서 10월 4일 영광의 자리에 올랐다.(숨을 거두었다는 의미이다—옮긴이 주) 도비네가 언급한 것처럼, "제네바에서 추방된 3명의 목회자들은 각자 자신의 자리를 찾았다. 그 가운데 노년의 시각장애인 목사의 자리가 으뜸이었다."[3](빌 1:21, 도비네가 말하는 으뜸 자리는 천국을 의미한다—옮긴이 주)

---

2 칼뱅과 파렐이 1538년 6월 불링거에게 보낸 편지. Barnaud, *Pierre Viret*, 199. 편지 전문은 Herminjard, *Correspondance des Réformateurs,* tome V, 21-30을 보라.

3 Merle D'Aubigné, *History of the Reformation*, volume three, book XI, 449.

완강한 제네바 사람들을 진정시키려던 비레의 첫 번째 시도는 실패했지만, 그는 제네바와 추방당한 목사들을 화합시킬 수 있다는 희망을 버리지 않았다. 그는 제네바로 가서 시의회에 탄원하고 사람들에게 화해를 설교하는 등 양측 사이에 평화를 회복하기 위해 온갖 노력을 기울였다. 그는 또한 동료 개혁자 칼뱅에게 찾아가 그를 위로하고자 했지만, 칼뱅은 형제의 방문을 간절히 원하면서도 여정의 어려움을 이유로 비레의 방문 계획에 반대를 표하면서 다음과 같이 썼다.

> 이와 같은 때에 당신과 짧은 시간이나마 대화하는 것보다 더 큰 행복은 없다는 것을 당신은 잘 알고 있습니다. 그러나 여정 중에 당신에게 닥칠 수 있는 위험이 우리의 소망을 가로막습니다. 당신은 이 여행에서 우리가 얻을 기쁨보다 더 많은 증오를 받게 될 것입니다.[4]

칼뱅이 스트라스부르에 머무는 동안 비레는 칼뱅과 제네바 교회 사이를 중재하려고 노력했으며, 종종 편지로 칼뱅에게 그가 절실히 필요한 그 도시로 돌아가라고 촉구하였다. 화해가 이루어질 수 있다는 것을 알았기에, 비레는 칼뱅에게 제네바에 있는 그의 자리로 돌아가라고 간청하였다. 그러나 칼뱅은 제네바에서 그를 기다리고 있는 시련과 분쟁을 다시 겪고 싶지 않았다. 칼뱅이 그 도시에서 보낸 시간은 그리 좋은 기억이 아니었다. 이제 소란스럽고 분쟁을 벌이는 대중에 대한 책임에서 벗어난 칼뱅은 1540년 5월 9일 제네바로 돌아가라는 비레의 제안을 거부하는 내용의 편지를 보냈다.

---

4 Ibid., 443.

> 나는 편지에서 당신이 내 건강에 대해 그토록 걱정하는 부분에서 웃을 수 밖에 없었습니다. 내가 (모든 장소 가운데) 제네바에서 성공할 수 있을까요? 차라리 지금 당장 십자가에 못 박히는 것이 낫지 않을까요? 그곳에서 한 번 죽은 것만으로도 충분합니다. 내가 왜 그 고문을 또 당하고 싶겠습니까? 그러니 나의 비레여, 내게 최선이 되는 쪽을 원한다면 그 생각은 잊어버리기 바라오.[5]

그러나 비레는 자신의 임무를 단념하지 않았으며, 계속해서 칼뱅과 그를 부당하게 학대하고 해고한 도시 사이에 화해를 이루고자 애를 썼다. 비레가 이렇게 노력하는 동안 하나님도 일하고 계셨고, 얼마 지나지 않아 제네바에서는 칼뱅과 그의 동료들에게 우호적인 분파가 정치적이고 종교적인 혼란을 겪고 마침내 주도권을 잡았다. 그들은 추방된 개혁자들의 자리를 차지하고 있던 설교자들을 해임하고 그 자리에 신실한 말씀의 설교자들을 임명하기로 하였다. 제네바 시의회는 이 임무를 수행할 수 있다고 여겨지는 사람들을 검토하였다. 8월 10일, 그들은 비어 있는 자리를 채우기 위해 로잔으로 사람을 보내 비레에게 와달라고 요청하였다. 제네바 초기 개혁자 중 한 사람인 비레는 여전히 제네바의 목사로 여겨졌고, 이 도시는 그에게 다시 한번 목사의 역할을 맡아달라고 청한 것이다.

비레는 제네바 사람들을 분명하게 파악하고 있었고, 특히 그들이 가장 필요로 하는 이 시기에 말씀 설교자가 없다면 도시가 얼마나 깊은 나락으로 빠질지 잘 알고 있었다. 그러나 제네바에 대한 그의 강한 사랑과 연민

---

5 칼뱅이 1540년 5월 19일 비레에게 보낸 편지. Michael W. Bruening, "Pierre Viret and Genève," *Archive for Reformation History*, volume 99 (2008): 180.

에도 불구하고 그는 로잔을 버릴 수 없었고, 그래서 결국 1540년 8월 시의회에 다음과 같이 답변을 보냈다.

> 은혜와 평강이 함께하기를! 존경하는 의원 여러분, 나는 여러분과 여러분의 백성이 나에게 호의를 갖고 있고, 내가 목사직을 맡아 섬겨주기를 얼마나 간절히 원하는지를 기쁜 마음으로 표현한 편지를 받았습니다. 이와 관련하여 여러분을 향한 강한 애정을 보여줄 기회가 없다는 것이 매우 슬픕니다. …내가 여러분의 강권을 따를 수 없는 이유는, 한편으로는 내가 이와 같은 짐을 짊어질 만한 강한 어깨를 지니고 있지 못하거나 이런 일에 필요한 것을 만족시킬 수 없기 때문이고, 다른 한편으로는 주님께서 부르셔서 나에게 맡기신 [로잔의] 교회에 내가 묶여 있기 때문입니다.[6]

비레의 답장을 받은 제네바 사람들은 공석을 채울 다른 목회자를 찾았고, 시의회는 10월에 추방된 칼뱅을 다시 청빙하기 위해 스트라스부르에 편지를 보냈다. 칼뱅은 부도덕하고 격분한 대중의 손에 당한 모든 고통을 기억했기에 그런 제안을 받아들일 생각이 전혀 없었다. 따라서 현재 맡은 책무가 있어 그 일을 감당하기 어렵다고 말하면서 제네바로 돌아가기를 정중하게 거절하였다.

> 내가 하나님 앞에서 증언할 수 있는 것은 여러분의 교회가 도움이 필요할 때 내가 할 수 있는 모든 일을 결코 부족함 없이 감당할 것이라는 사실입

---

6 비레가 1540년 8월 14일 제네바 시의회에 보낸 편지. Herminjard, *Correspondance des Réformateurs,* tome VI, 271-72.

> 니다. 더욱이 아마 교회는 매우 황폐해졌을 것이고, 또한 아직 그렇게 되지 않았더라도 분열되고 흩어질 위험에 처해 있을 것입니다. 이 때문에 여러분의 요청에 응하고 싶고, 하나님이 내게 주신 모든 은혜로 교회를 더 나은 상태로 되돌리기 위해 씨름하고 싶습니다. 그렇지만 다른 한편으로 주님께서 나를 불러 맡겨주신 책무를 대수롭지 않게 포기하거나 가볍게 내려놓을 수 없다는 점에서 나는 참으로 당혹스럽습니다.[7]

칼뱅은 제네바에 보내는 편지를 옆으로 치워두고 펜을 들어 파렐에게 편지를 썼는데, 이 편지에서 그는 제네바의 요청을 받아들일 수 없게 만드는 두려움에 대해 솔직하게 설명하였다.

> 그곳에서 내가 겪은 비참한 일을 떠올리면, 돌아와달라는 제의에 내 영혼이 몸서리치는 것 외에 달리 무슨 도리가 있겠습니까? …그때 내 양심이 얼마나 괴로웠는지, 그리고 얼마나 많은 불안이 계속해서 끓어올랐는지 내가 기억하는 동안에는 그곳을 어느 정도 치명적인 곳으로 두려워하더라도 용서해주시기 바랍니다. 당신은 하나님과 함께 내 최고의 증인입니다. 나를 속박하는 무거운 짐이 조금 덜했더라면 나를 그렇게 오래 거기 붙잡아두지 못했을 것입니다. 그러나 그렇지 않았기에 주님께서 나에게 맡기신 내 소명의 멍에를 차마 벗어버리지 못했습니다. 그래서 내 손발이 그렇게 묶여 있는 동안에 나는 다른 곳으로 옮겨가는 게 어떨까 모색할 수도 있었지만 잠시라도 그런 마음을 품기보다는 극도로 고통당하는

---

7 칼뱅이 1540년 10월 23일 제네바의 관료들에게 보낸 편지. Jules Bonnet, ed., *Letters of John Calvin,* volume one (Presbyterian Board of Publication, Philadelphia, 1858), 209.

> 쪽을 택하였습니다. 그러나 이제 내가 하나님의 은총으로 건지심을 받았으니, 이전에 경험한 그토록 위험하고 파괴적인 심연과 소용돌이 속으로 다시 빠지고 싶지는 않다고 한들 누가 나를 용서하지 않겠습니까?[8]

제네바로 돌아가기를 거절했음에도 불구하고 칼뱅은 자신이 떠나야만 했던 그 교회를 진심으로 걱정하였기에 제네바 사람들에게 편지를 보내 자기 대신 비레를 초청하라고 조언하였다. 그는 자기 동료가 자신의 부재로 비어 있는 자리를 잘 메꾸어줄 것임을 알고 있었다.

> …여러분의 교회가 황폐한 채로 있지 않도록 우리 형제 피에르 비레를 청하십시오. 그는 여러분에게 완전히 이방인 같은 존재는 아닐 것이고, 처음부터 여러분의 덕을 함양하는 일을 계속해서 해온 사람처럼 여러분에게 애정을 쏟을 것입니다.[9]

칼뱅에게서 거절하는 답신을 받은 제네바는 다시금 비레를 청빙하면서 그곳으로 와 자신들을 돕고 비어 있는 설교자의 자리를 맡아달라고 간청하였다. 이번에는 비레도 절박한 간청을 거절할 수 없었기에 베른에 요청하여 로잔 사역에서 6개월 휴가를 얻어내고, 제네바 시의회에 이렇게 편지하였다. "나 자신을 바치고 아무것도 거부하지 않겠습니다. 나의 혼과 몸과 피와 하나님께서 내게 주신 모든 은사를 기꺼이 여러분의 구원과 덕을 세우는 일에 사용할 것입니다."[10]

---

8 칼뱅이 1540년 10월 27일 파렐에게 보낸 편지. Ibid., 211-12.

9 칼뱅이 1540년 10월 23일 제네바 관료들에게 보낸 편지. Ibid., 210.

비레는 1541년 1월 제네바에 도착하였다. 그의 존재는 즉시 혼란스러운 대중에게 유익한 영향을 미쳤으며, 바르노가 말하듯이 그는 "무너진 곳을 재건하고, 상처를 치료하며, 대립적인 요소를 화해시키기 위해 애썼다. 호의적이고 평화로운 성품을 지닌 비레는 이 과업에 적임자였고, 더욱이 성공적으로 수행해냈다."[11] 파렐의 말에 따르면 "이토록 환영받은 사람은 없었다. 하나님의 말씀을 듣기 위해 교회가 이처럼 열렬히 서두른 적은 없었다."[12] 도비녜는 다음과 같이 썼다.

> [비레는] 즉시 하나님의 말씀을 설교하는 일에 전념했는데, 그는 이 일에 매우 적합했으며, 기록이 말하듯이 그의 설교는 많은 열매를 맺었다. 여러 갈등과 폭풍의 현장이던 이 도시에 비레는 확실히 필요한 사람이었다. 그의 설교를 들은 로제(Roset)는 "그는 성서를 능숙하게 다루었으며, 사람들을 매료시키는 화술을 타고났다."라고 증언한다. 그는 반대 의견을 가진 사람들을 온순하게 가르쳤다. …도시의 행정관은 그의 권면으로 가장 먼저 유익을 얻은 사람들 가운데 한 사람이었다. 그리하여 1월 중순에 다음과 같은 법령이 공포되었다. "주 하나님께서 제네바에 많은 선을 행하셨으므로 그의 거룩한 이름이 시의회 개회식에서 높여져야 하고, 분별 있는 법령이 통과되어 모든 사람이 각자 어떻게 행동해야 할지 알도록 해야 한다."[13]

---

10 비레가 1540년 11월 26일 제네바 시의회에 보낸 편지. Barnaud, *Pierre Viret*, 203-204.

11 Ibid., 205.

12 Ibid., 204.

13 Merle D'Aubigné, *History of the Reformation in Europe*, volume four, book XI, 12-13.

잠시 제네바에서 사역을 감당하게 되었지만, 비레는 칼뱅이 제네바로 복귀하는 것을 보고자 하는 자신의 열망을 누그러뜨리지 못했고, 그래서 추방된 개혁자를 다시 부르라고 여러 차례 시의회에 촉구하였다. 그는 바젤에 있는 미코니우스와 시몬 그리네우스(Simon Grynaeus)에게 편지를 써서 칼뱅의 복귀에 도움을 달라고 간청하였다.[14] 또한 1541년 2월 6일 칼뱅에게 직접 편지를 써서 추방당한 동료가 제네바의 자기 자리로 돌아오도록 설득하기 위해 온 힘을 다하였다.

> 사람들이 얼마나 기꺼운 마음으로 설교를 받아들이고 있는지, 그들이 어떤 지지를 보내고 있는지, 이 지역이 얼마나 안정을 찾고 평안을 누리고 있는지 당신은 믿기 힘들 것입니다. 이 도시는 완전히 달라졌고 전혀 다른 모습이 되었습니다. 모든 사람은 선동가들의 끊임없는 음모에 지쳤고, 단지 그들이 언급되는 것만으로 공포에 질릴 정도로 넌더리를 내고 있습니다. 그래서 이것이 주님의 손길이라는 것과 그분이 복음과 사역자들을 경멸하고 거부하는 자들을 엄중하게 벌하신다는 사실을 모두가 인정하고 고백하지 않을 수 없습니다. 소동의 소식이 들리지 않고, 아무도 감히 오만하게 거들먹거리지 않으며, 모든 일이 질서정연하게 유지되고 있습니다. 행정관들은 하나님의 말씀을 존중하며 사역자들을 높이 평가해 주님의 일에 관해서라면 그들과 상의 없이는 어떤 사소한 일도 시행하지 않고 있습니다. 그들은 자신들에게 조언해주는 사람에게 기꺼이 순종하고 주의를 기울입니다.[15]

---

14 Michael Bruening, *Epistolae Vireti* (Librairie Droz, Genève), epistle 1.

15 비레가 1541년 2월 6일 칼뱅에게 보낸 편지. Schnetzler et al., *Pierre Viret*, 45-46.

비레는 계속해서 프로테스탄트의 대의를 위한 제네바의 중요성을 예견하면서 칼뱅에게 하나님이 주신 책무를 다시 시작하라고 엄중히 촉구하였다.

> 주님은 우리에게 가장 좋은 기회를 제공하고 계십니다. 칼뱅, 만일 당신이 그것을 소홀히 한다면, 주님은 틀림없이 교회를 소홀히 여긴 당신을, 당신만 아니라 당신을 방해하는 자들 또한 책망하실 것입니다. 만약 우리가 이 기회를 놓치면, 나는 우리가 지금 당장만이 아니라 오랫동안 후회하게 될까 두렵습니다. 지금이야말로 우리가 이 교회의 상태를 바로잡기 위해 경계하고 이 일에 진지하게 몰두해야 할 중요한 순간이며, 갈등과 폭동의 재발을 막기 위한 조치를 서두를 때입니다. 우리는 밀랍이 부드럽고 말랑말랑할 때 틀을 잡아야 하며, 어린나무가 유연할 때, 곧 단단하고 뻣뻣해지기 전에 우리가 원하는 방향으로 자랄 수 있도록 구부려야 합니다. 나중에는 그것들을 곧게 펴기보다는 부러뜨리게 될 것이기 때문입니다. 행정관들은 설교자들에 대한 존중을 배웠고, 백성들은 순종하는 법을 배웠습니다. 그들은 마치 굶주린 사람처럼 하나님의 영광을 위해 행하는 모든 일에 투신하고 있습니다. 이 일은 지체할 수 없는 일입니다.[16]

이렇게 권고한 다음 비레는 칼뱅에게 제네바의 짐을 혼자 감당하기에는 자신의 힘이 모자란다고 겸손하게 고백하였으며, 또한 베른이 곧 자신을 로잔으로 불러들이게 되면 남겨진 제네바 교회가 무너질까 두렵다고 털어놓았다.

---

16 Ibid., 46.

이 무거운 짐을 지려는 사람은 극히 적습니다. 나는 매일 능력의 한계를 경험합니다. 나는 당신이 올 것이라는 희망을 지닌 채 이곳에 왔습니다. 그리고 로잔 교회가 다른 조치를 하지 않는 한, 그곳을 오래 비워 둘 수가 없습니다. 당신이 여기 계셨더라면 너무나 기쁨이 되었을 많은 것들을 마음속 깊이 꾹 묻어두어야 했습니다. 베른 사람들은 편지에서 내가 여기에 오도록 명하지도 금하지도 않았고, 내가 자유롭게 선택하도록 맡겼습니다. …그들은 내가 이 교회에 올 수 있게 허락해주었지만, 그것은 단지 6개월뿐이고 그 이상은 안심하고 머물 수 없습니다. …우리는 우리가 할 수 있는 일을 하는 것입니다. 우리가 많은 성과를 내고 있지만, 도움의 손길이 필요한 일이 너무 많아서 많은 교사뿐만 아니라 경험 있고 훈련된 사람들도 필요합니다. 당신이 우리와 함께한다면, 우리의 모든 일이 잘될 것이라고 확신합니다.[17]

칼뱅은 비레의 어깨에 얹힌 무거운 짐과 제네바 교회의 다급한 상황을 잘 알고 있었지만, 여전히 동지의 부름에 응하기를 주저하였다. 그는 펜을 들고 가까운 동료이자 가장 친한 친구인 비레에게 자신의 마음을 드러내며 이렇게 답하였다.

먼저 당신은 내가 제네바 교회를 포기해서는 안 된다고 지적했습니다. 다른 한편으로는 혹시라도 우리가 더 오래 머물러야 할 때 사탄이 방해하지 않도록 하기 위해서 내가 귀환을 서둘러야 한다고 강력하게 주장합니다. 전자에 대해서는 늘 해온 대답 외에 달리 답할 말이 없습니다. 나에게는

17 Ibid., 46-47.

> 하늘 아래 거기보다 더 두려운 곳은 결코 없습니다. 그곳을 미워해서가 아니라 거기서 맞닥뜨린 많은 어려움이 내가 극복할 수 있는 것과는 거리가 멀다는 것을 알기 때문입니다. 예전의 기억이 떠오를 때마다 나는 이런 종류의 싸움에 다시 한번 노출되어야 할지도 모른다는 생각에 정말이지 공포감에 몸서리치지 않을 수 없습니다.[18]

그런 다음 칼뱅은 비레에게 제네바로 돌아갈 수 없는 상황에 대해 설명했지만, 결론적으로 주님이 그의 복귀를 합당하다고 여기신다면 순종하는 데 주저하지 않을 것이라고 말하였다. 그리고 용기를 북돋우는 말로 편지를 끝내면서 동료에게 낙담하지 말라고 당부하였다.

> 사랑하는 형제여, 제발 절망하거나 용기를 잃지 않기를 바랍니다. 우리가 여기에 얼마나 오래 있게 될지 불확실하면 할수록, 그 때문에 더욱 지체될지 모른다는 생각으로 당신을 애타게 하거나 괴롭게 할 필요가 없습니다. 당신에게 많은 근심과 걱정을 불러일으킬 수밖에 없는 성가신 일들이 아주 많다는 것을 잘 알고 있습니다. 그러나 주님께서 당신에게 교회를 섬기고 돌보는 책임을 맡기셨음을 생각하고, 우리가 도착할 때까지 교회의 안녕을 지키는 데 집중해주시길 바랍니다.[19]

칼뱅은 제네바에서 겪은 참을 수 없는 혼란과 쉴 틈 없는 고달픈 생활로 돌아가기를 꺼렸지만, 그럼에도 불구하고 자신의 안위보다 주님의 영

---

18 칼뱅이 1541년 3월 1일 비레에게 보낸 편지. Bonnet, ed., *Letters*, volume one, 230–31.

19 Ibid., 233.

광에 더 마음을 쏟았다. 주님께서 그에게 가기를 바라시는 길을 보여주신다면, 그 개혁자는 꾸물거리지 않고 따를 것이다. 칼뱅의 친구들은 이것을 잘 알고 있었기에 더 강력하게 간청하였다. 제네바 시의회는 취리히 시의회와 바젤 시의회에 사람을 보내어 칼뱅을 제네바에 있는 그의 자리로 돌려보내달라고 간청하였다. 그들은 교회의 비참한 형국에 대해 다음과 같이 털어놓았다.

> 개혁자들이 추방된 때부터 지금까지 제네바에는 불화, 적의, 투쟁, 다툼, 사회적 결속의 해체, 폭동, 파벌, 살인 외에는 아무것도 없었습니다. 만약 주님께서 제네바를 크신 긍휼과 사랑으로 바라보시고 비례를 보내 불쌍한 양 떼를 모으지 않으셨다면, 결과적으로 이 도시는 거의 완전히 파괴되었을 것입니다. …우리는 그리스도의 이름으로 여러분께 탄원합니다. …우리 형제 칼뱅을 우리에게 돌려줄 뿐만 아니라… 그가 가능한 한 빨리 제네바로 오도록 그를 설득해주시기 바랍니다.[20]

1541년 4월 4일, 취리히 교회의 교수와 목사들 역시 그리스도 안에서 그들의 형제인 칼뱅에게 편지하여 주님께서 그에게 부여하신 직분을 다시 맡아달라고 촉구하였다.

> …이 편지로 우리는 당신에게 간청합니다.(그리고 우리의 간청이 어느 정도 영향력을 행사하기를 기대합니다.) 하나님의 소명을 무시하거나 얕보지 마

---

20 Merle D'Aubigné, *History of the Reformation in Europe*, volume four, book XI, 44–45.

십시오. 우리는 어떤 장애물이 당신의 육신을 가로막고 있는지, 어떤 어려움이 당신을 방해해 이 일을 맡지 못하게 하는지 모르지 않습니다. 정말이지 당신은 "뭐라고요! 내가 비열하고, 변덕스럽고, 교만한 자들, 곧 아무런 이유도 없이 나를 추방한 자들에게 돌아가야 합니까?"라고 말할 수도 있을 것이고 또 다른 해묵은 감정도 많이 있을 것입니다. 그러나 그리스도의 병사라면 머릿속에 떠오르는 이런 생각들에는 그것이 참이든 거짓이든 귀를 닫고 하나님의 부르심을 향해 기꺼이 귀를 열 의무가 있습니다.

…지금 제네바 교회에는 비레를 제외하고는 학식 있는 목사가 없어서 비레 홀로 목회직의 모든 무게를 짊어지고 있습니다. 그런데 비레마저도 조만간 로잔에 있는 자기 양 떼에게 돌아갈 수밖에 없습니다. 자리를 비운 동안 로잔의 교회가 큰 위기에 처했기 때문입니다. 우리의 영원한 목자께서는 아흔아홉 마리 양을 두고서도 한 마리의 길 잃고 방황하는 양을 찾아 헤매셨을진대, 양들이 자진해서 자신들의 목자를 소환하고 자신들에게서 물러가는 목자에게 열정적으로 매달리는데 그가 어찌 그들에게 아무것도 하지 않을 수 있겠습니까? 그리스도께서는 은혜 받을 만하지 못하고 강퍅한 멸시를 일삼는 자들에게도 기꺼이 은혜를 베푸시니, 우리는 모든 행동에서 그분의 모범을 따라야 하지 않겠습니까![21]

많은 지인과 진실한 동지들이 이렇게 호소해대자 칼뱅은 마침내 그들의 요구를 받아들여 제네바 목사직으로 돌아가기로 결심하였다. 이렇게

---

21 취리히 교수와 목사들이 1541년 4월 4일 칼뱅에게 보낸 편지. Elijah Waterman, *Memoirs of the Life and Writings of John Calvin* (Hale & Hosmer, Hartford, 1813), 29-30. 철자와 구두점은 현대에 맞게 고쳤다.

해서 칼뱅은 3년 이상의 공백기를 거쳐 1541년 9월에 제네바로 다시 돌아왔다. 비레는 동료 개혁자의 귀환을 기쁘게 맞이하였다. 칼뱅은 불안과 걱정으로 새로운 발걸음을 내디뎠다. 그러나 두렵기만 했던 도시의 분위기가 변화되었음을 알리는 긍정적인 소문이 사방에서 들려오자 칼뱅의 두려운 마음은 조금이나 누그러질 수 있었다. 실제로 칼뱅의 예감과는 달리 그가 돌아와서 목격한 제네바는 그가 떠날 때의 그 도시가 아니었다. 한 목격자가 언급했듯이, "비레 선생의 헌신으로 되살아난 새로운 제네바"였다.[22] 비레는 특유의 겸손으로 그 공(功)을 다른 데 돌렸다. "모든 것이 주님께서 하신 일임을 우리 모두 인정할 수밖에 없습니다."[23]

비레는 칼뱅이 마침내 제네바에 다시 자리 잡은 것을 기뻐하면서 돌봄이 절실히 필요한 로잔으로 즉시 돌아가 목회직을 수행하고자 하였다. 그렇지만 칼뱅의 강권에 못 이겨 제네바에 몇 달간 더 머물며 그를 도왔다. 파렐은 취리히의 목회자들에게 편지하면서 이 결정적인 시기에 비레의 존재가 제네바에서 얼마나 중요했는지 언급하였다. "만약 비레가 [로잔으로] 돌아갔다면, 칼뱅과 제네바 교회는 분명 다시금 파국으로 치달았을 것입니다!"[24] 칼뱅 역시 자신이 제네바로 돌아온 것에 대해 파렐에게 쓰면서 이와 같은 의견을 나누었다.

> 당신이 바라던 대로 나는 여기에 정착했습니다. 주님께서 이 일을 선하게 다스려주시기를 원합니다. 당분간은 비레도 붙잡아두겠습니다. 어떤 이유에서든 그를 나에게서 떼어놓아서는 안 됩니다. 또한 당신과 형제들 모

---

22 베르나르가 1541년 2월 6일 칼뱅에게 보낸 편지. Ibid., 268.

23 비레가 1541년 2월 8일 칼뱅에게 보낸 편지. Vuilleumier, *Notre Pierre Viret*, 86.

24 Ibid., 87.

두가 이곳에 있는 나를 최대한 도와야 합니다. 당신이 아무런 목적도 없이 나를 괴롭히려 했거나, 이 일을 통해 아무런 유익도 얻어내지 못하고 나만 완전히 비참하게 만들고자 한 게 아니라면 말입니다.[25]

칼뱅은 비레가 자신을 제네바의 목회직으로 귀환시키기 위해 쏟은 열정에 결코 뒤지지 않는 열정으로 비레를 곁에 두려고 애썼다. 그해 11월 파렐에게 다시 편지하면서 칼뱅은 다음과 같이 고백하였다.

…비레가 사라진다면 나는 완전히 망할 것이고 제네바 교회는 회복되지 못할 것입니다. 이런 까닭에 그가 내게서 떨어져나가는 것을 막기 위해 온갖 수단을 다 동원한다고 할지라도 당신과 다른 사람들이 나를 용서하는 것이 합당할 것입니다. 그러는 동안 우리는 로잔 교회에 보낼 사람을 찾아야 하는데, 당신의 조언에 따라 경건한 형제들이 그 사람을 임명해야 할 것입니다. 오직 바라는 것은 비레가 내 곁에 남는 것입니다.[26]

칼뱅은 무슨 수를 써서라도 사랑하는 친구를 제네바에 남겨두려고 노력했지만, 비레의 장기간 부재로 로잔 교회는 몹시 고통당하고 있었고, 그 도시의 신자들도 그가 돌아오기만을 초조하게 기다리고 있었다. 정말이지 제네바와 로잔 모두 비레를 절실히 필요로 했다. 비레는 둘 사이에서 갈등을 겪었고, 미코니우스에게 자신의 고민을 다음과 같이 밝혔다.

25 칼뱅이 1541년 9월 16일 파렐에게 보낸 편지. Bonnet, ed., *Letters*, volume one, 284.

26 칼뱅이 1541년 11월 11일 파렐에게 보낸 편지. Ibid., 307.

> 정말이지 내 당혹감이 극도에 이르렀습니다. 내가 제네바를 떠나면 어떤 문제들이 뒤따를지 너무나 뻔히 보입니다. 목회자가 턱없이 부족한 상태이고 칼뱅의 상황과 건강이 좋지 못한 점을 고려할 때, 내가 제네바를 떠나면 칼뱅이 거의 홀로 남겨져 큰 짐을 지게 될 것이기 때문입니다. …다른 한편으로 나는 베른의 허락 없이는 이곳에 더는 머물 수 없습니다. 로잔은 내가 없는 상태로 오래 버틸 수 없기에 베른의 허락을 받기는 어려울 것입니다. …두 친구의 집이 불타고 있는 것을 보면서 양쪽 모두 똑같이 소중해 어느 쪽으로 달려가야 할지 모른 채 갈팡질팡하고 있는 형국입니다.[27]

비레가 다시 로잔을 비우도록 허락받은 기간이 거의 끝나갈 무렵, 칼뱅은 동료와 헤어질 수 없다는 것을 깨닫고 비레의 제네바 체류 갱신을 요청하러 직접 베른으로 떠났다. 베른 시의회 기록을 보면 칼뱅이 통역관 쿤츠를 통해 다음과 같이 요청한 것으로 나온다.

> [칼뱅은] 제네바 교회에 컨시스토리를 통한 교회 치리가 필요하다고 피력하였다. 이 기관이 이제 막 기능하기 시작하는데, 힘이 넘치는 설교가 계속되지 않으면 모든 것이 무너져버릴 것이다. 더욱이 비레가 칼뱅을 떠나게 되면 설교가 활기를 잃게 될 것이 분명하다. 따라서 칼뱅은 비레가 자기 곁에 남을 수 있게 해달라고 요청한다.[28]

---

27 비레가 1542년 5월 16일 미코니우스에게 보낸 편지. Vuilleumier, *Notre Pierre Viret*, 87–88; Schnetzler, Vuilleumier & Schroeder, eds., *Pierre Viret*, 48–50.

베른은 칼뱅의 절박한 간청과, 비레가 없을 경우 제네바 교회가 처할 상황에 대한 설명에 충격을 받아 칼뱅의 요청을 받아들였다. 그 결과 비레는 6개월 더 제네바에 머물게 되었다.

이 당시 칼뱅의 편지와 요청서를 보면 모든 그리스도인에게는 사랑스럽고 경건한 동반자가 필요하다는 것을 잘 알 수 있다. 칼뱅은 아마도 그의 세대에서 가장 탁월한 신학자였겠지만, 그럼에도 불구하고 절박한 시기에 자신에게 신실한 지지와 우정(godly support and friendship)이 필요하다는 사실을 재빠르게 인정하였다. 그에게도 경건한 형제의 도움과 우정에서 비롯된 조언과 위로가 분명 필요하였다. 칼뱅은 제네바 교회의 황량한 풍경을 홀로 바라보며 낙담하곤 하였다. 그는 1542년 3월 미코니우스에게 다음과 같이 고백하였다.

---

28 12월 12일 월요일 베른 시의회 회의록. Herminjard, *Correspondance des Réformateurs*, tome VII, 375, note 22. [제네바 컨시스토리(프랑스어 Consistoire, 영어 Consistory)는 칼뱅이 1541년 가을 스트라스부르에서 제네바로 귀환한 후 설립한 치리 기구로 12명의 평신도와 12명의 목회자로 구성되었고, 행정관이 의장을 맡았다. 컨시스토리는 매주 목요일에 모여 제네바의 가정, 교회, 사회에서 일어나는 제반 윤리적 문제를 다루는 치리 기관이었다. 컨시스토리 문서는 로버트 킹던을 비롯한 몇몇 학자들에 의해 현대 프랑스어로 새롭게 번역되어 출판되고 있다. 2023년 현재 프랑스어로 17권이 출판되었고(1996, 2001, 2004, 2007, 2010, 2012, 2013, 2014, 2015, 2016, 2017, 2018, 2020, 2021, 2023), 영어로도 제1권이 번역 출판되었다(2000). 프랑스어 각 권이 다루고 있는 시기는 I권(1542-44), II권(1545-46), III권(1547-48), IV권(1548-50), V권(1550. 2. 20.-1551. 2. 5.), VI권(1551. 2. 19.-1552. 2. 4.), VII권(1552. 2. 25.-1553. 2. 2.), VIII권(1553. 3. 25.-1554. 2. 1.), IX권(1554. 2. 15.-1555. 1. 31.), X권(1555. 2. 14.-1556. 2. 6.), XI권(1556. 2. 20.-1557. 2. 4.), XII권(1557. 2. 18.-1558. 2. 3.), XIII-XIV권(1558. 2. 17.-1559. 2. 2.), XV-XVI권(1559. 2. 16.-1560. 2. 7.), XVII권(1560. 2. 15.-1561. 2. 20.)이며, 앞으로도 계속 출판될 것이다—옮긴이 주]

> 우리가 헛되이 수고하거나 열매 없이 일하지 않고 있다는 사실이 나를 위로하고 기운을 북돋아줍니다. 사실 우리가 원하는 만큼 열매가 풍성하지는 않습니다. 그렇다고 해도 그 열매가 그리 드물지는 않고, 더 나은 변화의 징후도 있습니다. 비레만 우리 곁에 남는다면, 우리 앞에 더 화창한 미래가 빛날 것입니다.[29]

이때 칼뱅의 말과 행동은 상호의존에 대한 성서적 가르침의 참으로 완벽한 예시이다. 칼뱅은 강했지만, 혼자가 아니라 그리스도 교회의 동료 구성원들과의 교제 속에 존재하였다. 개인주의와 자기 신뢰라는 위험하고 그릇된 이념과는 반대로 그리스도인은 무엇보다도 하나님에 대한 온전한 의지와 신뢰를 고백해야 한다. 더욱이 모든 사람이 하나님께 의지하는 것과 마찬가지로 무익한 신학적 및 도덕적 자만 속에서는 그 누구도 제대로 성장할 수 없으며, 각자는 신자들의 공동체라는 성서적 틀 안에 존재하면서 더불어 그리스도가 모퉁잇돌이 되는 참된 교회를 이루어야 한다. 하나님께서 이 땅 위에 하나님 나라의 일을 진작하시기 위해 칼뱅과 비레가 누린 것과 같은 관계를 교회에 허락하실 때, 참으로 하나님의 복이 그분의 교회에 풍성하게 임할 것이다.

---

29 Merle D'Aubigné, *History of the Reformation in Europe*, volume four, book XI, 111.

제11장

칼뱅과 비레: 형제애 안의 일치

보라 형제가 연합하여 동거함이

어찌 그리 선하고 아름다운고 (시 133:1)

1542년 7월 8일, 비레가 제네바를 돕기 위해 로잔 교회를 떠난 지 18개월 만에 로잔 대표단이 제네바로 와서 오랫동안 빼앗겼던 목사를 찾아 그를 기다리고 있는 교회로 데려다주었다. 비레는 자신의 부재로 인한 피해를 크게 염려하며 칼뱅과 제네바를 떠나 로잔으로 돌아왔다. 돌아오는 길에 그는 그곳에서 마주하게 될 암울한 일들을 예감하였다.

비레의 부재가 실제로 로잔 교회에 해로웠던 것이 명백히 드러났고, 그렇기에 돌아온 그의 눈에 비친 로잔은 끔찍한 상태였다. 비레는 칼뱅에게 보내는 편지에서 자신이 로잔에 다시 들어서면서 이렇게 한탄했다고 말하였다. "왔노라, 보았노라, 말을 잇지 못했노라.(veni, vidi, obstupui) 우리가 이 교회의 상태에 대해 들었던 것이 사실이 아니었다면 좋았을 텐데."[30] 그런 다음 비레는 친구 칼뱅에게 로잔 교회가 얼마나 지독한 곤경에 처해 있는지 말해주었다. 칼뱅은 답장에서 비레가 그 곤경에 짓눌려 무너지지 않을까 우려를 표명하였다. 칼뱅은 비레에게 스스로를 돌보고, 또 그의 건강과 상태를 계속 알려달라고 형제애를 담아 간청하였다.

> 클라우디우스 프랑쿠스(Claudius Francus)는 8일 일요일에 거행될 자신의 결혼식에 당신이 오기를 간절히 원하고 있습니다. 그러나 나는 당신을 괴롭히는 여러 걱정과 슬픔에서 당신이 조금이라도 회복할 수 있도록 당신을 만나는 일을 좀 더 미루고 당신에게 시간을 주고 싶습니다. …정말이지 당신을 생각하면 염려가 많이 됩니다. 당신에게 간청하니 부디 누구라도 당신의 편지나 당신의 안부를 알려줄 뭔가를 이곳에 가져올 수 있게 해주시오.[31]

칼뱅은 다음 달에 비레에게 다시 편지하였다.

> 당신과 여러분 모두를 생각할 때면 거의 죽을 것 같은 느낌이 들 때가 많다는 것을 고백해야겠습니다. 간절히 부탁하건대 누구라도 당신의 편지나 당신의 현재 상태와 사정에 대한 정보를 가지고 이곳에 오게 해주시오.[32]

당시 그의 편지에서 알 수 있듯이 비레가 로잔 교회의 목회자로 돌아가자 칼뱅은 그를 몹시 그리워했고, 진정으로 로잔 교회가 잘 되기를 바라

---

30 Bruening, *Calvinism's First Battleground*, 179.

31 칼뱅이 1542년 8월 비레에게 보낸 편지. Jaquemot, "Viret: Réformateur de Lausanne," 34, note.

32 칼뱅이 1542년 9월 비레에게 보낸 편지. Bonnet, ed., *Letters*, volume one, 353.

면서도 동료 개혁자를 다시 곁에 두고 싶어 하였다. 1544년 봄, 칼뱅은 제네바 시의회에 촉구해 베른의 영주들에게 비레를 제네바에 영구히 머물게 해달라고 요청하는 편지를 보내도록 하였다. 시의회는 기꺼이 동의했고, 베른에 호소하는 편지를 보냈다. 얼마간 칼뱅은 자신의 요구에 대한 아무런 응답도 받지 못했지만, 마침내 5월에 베른에 갔던 대표단이 돌아왔다. 칼뱅은 그들이 가져온 소식을 듣고 매우 흥분하여 파렐에게 편지를 썼다.

> 그러나 우리 대표단이 베른에서 돌아왔을 때, 내 예상을 뛰어넘어 놀랍게도 비레가 이곳에 와서 6개월 동안 우리 동료가 된다는 소식을 들었습니다. 나는 베른 대표들에게 감사를 돌렸는데, 그들이 나의 요청에 따라 그렇게 하기로 했다고 공개적으로 발표했기 때문입니다. 이제 [로잔의] 형제들의 동의가 남았으나 내가 예상하기로는 그것은 그리 어렵지 않을 것입니다.[33]

칼뱅은 비레가 6개월 동안 제네바에 있을 생각에 매우 기뻤지만, 이처럼 짧게 체류하는 데 만족하지 않고 제네바에 영구적으로 머물 수 있게 해달라며 베른에 계속 호소문을 보냈다.[34] 베른의 요청에 따라 비레는 6월 중순 제네바에 모습을 드러냈으나 시의회로 가서 로잔이 목회자 없이 괴로움을 당하는데 자신이 제네바에 머물 수는 없다고 선언하였다. 비레의 선언에도 불구하고 제네바는 그를 붙들어두려는 뜻을 꺾지 않았다. 제네바 의원들은 어떤 대가를 치르더라도 비레를 붙잡고 싶었기 때문에 제네

---

33 칼뱅이 1544년 5월 30일 파렐에게 보낸 편지. Ibid., 420.

34 Barnaud, *Pierre Viret*, 282.

바 목사들 가운데 누군가를 파견해 비레가 없는 동안 로잔 교회를 섬기게 하겠다고 진심으로 제안하였다.[35]

베른이 6개월 휴직 요청을 흔쾌히 허락한 데다, 칼뱅과 제네바가 로잔이 기꺼이 그들의 목사 비레를 이웃 도시에 보내줄 것이라 낙관하면서 비레의 자리에 자신들의 목회자를 보내겠다고 마음을 담아 제안했음에도 불구하고, 그들의 희망에는 정당한 근거가 없었다. 로잔의 정치인들과 목회자들은 제네바가 자신들에게 허락을 구하기 전에 베른에 은밀하게 사람을 보내 비레를 요구했다는 소식을 듣고 분개하여 즉시 베른에 대사를 보내 "비레의 부재가 로잔 교회에 가져올 위험과 위협"[36]을 열거하면서 영주들에게 제네바의 요청을 거부하고 자신들이 사랑하는 목사를 지킬 수 있게 허락해달라고 간청하였다. 로잔의 절박한 호소를 들은 베른은 그들의 간청에 귀를 기울이는 것이 최선이라고 생각하고 비레에게 로잔에 남아 있으라고 명하였다. 그런 다음 베른은 제네바에 편지를 보내 비레를 보내달라는 요청은 승인되지 않을 것이라고 통보하였다.

> … 우리는 여러분에게 피에르 비레를 보내 얼마 동안 거룩한 사역을 위해 봉사하도록 허락했지만, …로잔에 있는 우리의 사랑하고 신실한 이들이 비레의 부재가 로잔 교회에 불러올 위험과 위협에 대해 설명하면서 탄원하고 요청하는 것을 수용하기로 했으니 여러분은 그것을 기분 나쁘게 여기지 말고, 피에르 비레가 현재 그의 교회에 머무르는 것을 받아들여주시기 바랍니다.[37]

---

35 1544년 6월 13일 제네바 시의회 회의록. Herminjard, *Correspondance des Réformateurs*, tome IX, 167, note 24.

36 Barnaud, *Pierre Viret*, 282.

베른의 판결은 로잔에는 참으로 호의적이었지만, 제네바 사람들에게는 가혹한 타격이었다. 베른의 칙령이 어떤 아픔을 가져다주었을지 아는 비레는 제네바에 편지를 보내 그 도시에 대한 자신의 애정을 표현하고, 현재는 비록 떨어져 있지만 자신이 제네바 사람들에게 얼마나 헌신적으로 마음을 쏟고 있는지를 확인시켜 주었다.

> 나로 말하자면, 여러분이 그토록 원한다면 나는 겸손한 종과 같이 여러분과 항상 함께할 것입니다. 비록 육신으로는 떨어져 있지만 영으로는 내가 여러분과 언제나 함께 있는 것처럼 말입니다. 그리고 우리를 부르사 자기의 일을 하게 하시는 이의 기쁘신 뜻을 좇아 가능한 한 빨리, 나는 육신으로도 여러분과 함께할 것입니다.[38]

칼뱅은 힘껏 노력했지만 친애하는 사역자와 함께하는 은총을 누리지 못한 채 제네바 사역을 이어갈 수밖에 없었다. 그러나 종교개혁자들 사이에 놓인 어쩔 수 없는 거리에도 불구하고 이러한 분리가 그들의 동지애와 애정을 결코 약화시키지는 못하였다. 오히려 그들의 두터운 우정은 해가 갈수록 커지고 강해졌다. 오랫동안 사귐의 자리를 갖지 못하는 일이 종종 있었음에도 불구하고, 두 사람은 주로 그들 사이에 끊임없이 오간 많은 편지로 긴밀한 결속을 유지하였다. 떨어져 있는 기간에 두 사람은 정기적으로 편지를 썼는데, 모든 주제에 대해 이야기를 나눴다는 것이 특징적이

---

37 베른 시의회가 1544년 7월 4일 제네바 시의회에 보낸 편지. Herminjard, *Correspondance des Réformateurs*, IX, 297.

38 비레가 1544년 7월 10일 제네바 시의회에 보낸 편지. Schnetzler et al., *Pierre Viret*, 65.

다. 그리고 교회의 불안이 고조되거나, 여행 중이거나, 혹은 다른 문제로 인해 연락이 끊어지고 침묵이 이어졌을 때는 종종 사과를 표하고 신속하게 수습하였다. 비레는 1541년 칼뱅에게 이렇게 편지해 그를 안심시키기도 하였다. "내가 스트라스부르에 있는 당신과 다른 형제들에게 아주 드물게, 그리고 너무 짤막하게 편지했더라도 부디 우리의 우정을 충분히 헤아리지 못하는 우를 범했다고 비난하지는 말아주기 바랍니다."[39]

또 한 번 이런 침묵이 이어졌을 때, 칼뱅은 그의 친구의 무기력함을 질책하는 것이 적절하다고 생각하고 익살스러우면서도 통렬하게 편지를 썼다.

> 나의 간청으로 마침내 몇 달 동안의 그 불친절한 침묵을 어느 정도 깨뜨렸으니 다소나마 얻은 것이 있습니다. 그러나 나는 당신이 명백히 용서를 구했어야 했던 때에 사과는커녕 같은 방식으로 대응하기로 한 것을 그다지 좋게 받아들일 수 없습니다. 당신은 우리 두 사람에게 똑같이 책임이 있다고 생각합니다. 우리 모두 의무를 다하지 못했을 때 내가 기회를 붙잡아 먼저 편지를 썼다는 한 가지 점을 제외하고는 말입니다. 어이없게도 당신은 이런 식으로 곤경에서 벗어날 생각을 하였습니다. 마찬가지로 만약 파렐이 당신과 소통하고자 했다면 나도 그 당시 파렐에게 그렇게 많은 편지를 쓰지는 않았을 것입니다. 그동안 나는 당신에게서 단 한 통의 편지도 받지 못했고, 당신이 마르틴 부처(Martin Bucer)에게 보낸 편지 끝부분에서 한 번 언급한 것 외에는 나에게 인사말조차 전하지 않았습니다. 그래서 정말이지 나는 당신이 앞으로 부지런하게 편지할 것이라고 스스로 입증하기 전까지는, 당신에게 무죄를 선언하지 않을 겁니다. 당신이

39 비레가 1541년 2월 6일 칼뱅에게 보낸 편지. Ibid., 44.

> 늘 그러듯이 편지를 게을리하기 시작하면, 두 배의 벌금을 부과할 겁니다. 그러나 내가 너무 심하게 압박하는 것처럼 보이면 안 되니, 이쯤에서 당신이 어떤 태만 행위를 했다 하더라도 무엇이든 기꺼이 용서합니다. 앞으로는 당신의 의무를 다하고, 또 혹시 내가 너무 태만하게 된다면 용서해주기 바랍니다.[40]

나중에는 칼뱅 자신이 비레에게 책망한 것과 같은 과실을 범하였다. 칼뱅은 비레가 자신의 오랜 침묵을 오해하지나 않을까 걱정되어 자신의 상황을 설명하는 편지를 보내면서, 그에게 편지를 보내지 않은 것은 태만해서가 아니라 편지를 쓸 만한 특별한 일이 없었기 때문이라는 것을 확실히 하였다.

> 내 편지를 믿고 보낼 수 있는 당신에게로 심부름꾼을 여기서 바로 보내지 않는 날이 거의 없었는데, 당신이 우리 일에 대해 알고 싶어 했을 뿐만 아니라 내게 알려달라고 요청하기까지 했는데도 나는 한동안 당신에게 편지를 쓰지 않았습니다. 이것이 나태함 때문에 벌어진 일은 아니라며 변명하느라 시간을 허비하지는 않겠습니다. 그렇지만 내가 잠시 지체한 것을 태만 탓으로 여기지는 말아주십시오. 대표단이 여기 있는 동안 아무 일도 해결되지 않았기 때문에 나는 아무 요점도 없는 편지를 쓰고 싶지 않았던 것입니다.[41]

---

40 칼뱅이 1540년 5월 19일 비레에게 보낸 편지. Bonnet, ed., *Letters*, volume one, 62-63.

41 칼뱅이 1544년 3월 비레에게 보낸 편지. Ibid., 406-407.

서로 다른 도시에서 봉사하는 동안 두 형제 사이에 오간 편지는 실로 무수히 많다. 이 장황한 서신교류를 통해 상상할 수 있는 모든 주제가 다루어지고 논의되었다. 서로에 대한 암묵적인 신뢰는 이들이 솔직하게 글을 쓸 수 있게 해주었다. 이들은 종종 자신들의 존재 깊숙이 묻어둔 비밀과 감정까지 드러냈는데, 이것들은 친밀하지 못한 지인들의 경우에는 전혀 알아채지 못하고 지나칠 법한 것이었다. 여기에는 완전한 신뢰와 뿌리 깊은 사랑에 기반을 둔 우정이 있었다. 칼뱅은 비레에게 보낸 편지에서 이렇게 말한 적이 있다. "나는 다른 사람에게는 쓰지 않는 방식으로 당신에게 나 자신을 표현합니다."[42]

이들이 마음속 가장 깊은 비밀을 주고받을 정도로 서로를 믿고 마음을 터놓았다는 것이 참으로 놀랍다. 그러나 그러한 사적인 고투와 비밀만이 펜을 들 가치가 있다고 여겨진 것은 결코 아니었다. 이들의 편지에서는 교회의 어려움과 신학의 복잡성에 대한 깊은 관심뿐만 아니라 가정 문제, 자녀에 관한 이야기, 친척에 대한 최신 정보, 그리고 다른 '사소한 일들'도 발견된다. 사실 이들의 편지에서 언급되기에 너무 하찮은 것은 하나도 없었다. 한 역사가는 이렇게 말한다.

> 칼뱅이 [제네바로] 돌아왔을 때 비레는 동료로 그와 합류했고, 두 사람은 가장 아름다운 서신교류 관계를 누렸다. 거의 20년 동안 제네바에서 로잔으로 계속해서 메시지가 전달되었다. 이 친근한 서신에는 매일의 뉴스, 교회나 국가와 관련된 사건, 가정 문제, 기억, 계획, 내밀한 일 등 모든 것이 담겨 있으며, 가장 진실한 애정의 간증으로 가득 차 있어 감격과 감동

---

42 칼뱅이 1544년 3월 비레에게 보낸 편지. Ibid., 409.

> 없이 끝나는 법이 없다. 두 친구는 서로를 방문할 때를 제외하고는 펜을 놓지 않았으니, 그들의 모든 만남은 얼마나 멋진 시간이었을까! 칼뱅은 이렇게 썼다. "당신이 제네바에 올 마음을 먹었다는 말을 들었습니다. 나는 당신이 이미 여기에 와 있는 것마냥 들떠서 기대에 부풀었습니다. 진정 당신에게 그럴 의향이 있다면 토요일에 오십시오. 당신이 이보다 더 시기적절하게 도착할 수는 없습니다. 내가 쥐시(Jussy)에서 설교할 수 있도록 이 도시에서 주일 아침에 나를 대신해서 설교하고, 저녁 식사 후에 함께 만납시다. 우리는 팔레(Monsieur de Falais)를 방문하고, 그런 다음 호수 건너에 사는 우리 친구 포미에(Pommier)와 들릴(Delisle)의 집에서 함께 전원 지역의 즐거움을 만끽하다가 목요일에야 돌아올 것입니다. 다음 날 투르네(Tournay)나 벨르리브(Bellerive)에 가고 싶으면 내가 동행하겠습니다. 무엇보다도 가장 따뜻한 환대를 기대하십시오."[43]

이 두 개혁자가 다시 서로의 얼굴을 대하고 만났을 때 참으로 따뜻한 환대가 있었다. 이들이 얼마나 간절히 이 만남을 바랐는지! 칼뱅이 비레에게 보낸 많은 편지에는 비레가 제네바에 와주기를 바라는 요청으로 가득하다. 도시의 대립하는 두 파벌 사이에 화해를 위한 일이든, 소중한 친구와 함께 하루를 쉬고 싶은 단순한 바람에서이든 칼뱅은 형제의 동행을 요청하는 데 주저하지 않았다. 칼뱅은 1542년 8월 편지 말미에 이렇게 썼다. "당신이 [제네바]까지 달려올 수 있다면 얼마나 좋을까요? 나는 당신과 반나절 동안 자유롭게 대화를 나누고 싶습니다."[44] 또 다른 때의 짧은 편

43 "Les Amitiés de Calvin," *Bulletin de la Société de L'Histoire du Protestantisme Français* 13, no. 4 (Paris, 1864), 93.

지에서도 같은 간청을 하고 있다. "안녕히 계십시오. 모든 형제에게 문안을 전해주시고, 언젠가 제네바를 방문해주십시오."[45]

이들의 우정은 그리스도 왕국의 동역자들이 누리는 그리스도인의 사랑의 연대를 인상적으로 보여준다. 그리고 이들의 삶은 다양한 형태로 그것을 잘 드러내 묘사하고 있다. 엄격하고 감정이 결여된 사람이라는 비난을 자주 받은 칼뱅은 비레를 상대할 때면 종종 농담을 하거나 기분 좋은 웃음을 터뜨렸다. 1541년 7월에 칼뱅은 비레와 파렐에게 장문의 편지를 써서 자신이 한 모든 일과 주목할 만한 최근 소식을 알렸다. 편지를 완성한 후 그는 별도의 종이에 비레에게 보내는 짧은 메모를 첨부하였다.

> 오늘 나는 당신과 파렐에게 서둘러 편지를 썼습니다. 그러나 이 청년[배달원]은 당신에게 보내는 글을 따로 짤막하게 써주지 않으면 자기에게 유리하지 않다고 생각하여 당신께 보내는 편지를 써줄 것을 약속해달라고 나에게 부탁했습니다. 그래서 지금 편지를 쓰고 있는데, 특별히 쓸 내용은 없습니다. 그러나 당신은 무언가 중요한 것이라도 받은 척해서 제 농담에 맞장구를 쳐주면 좋겠습니다.[46]

칼뱅이 비레에게 보낸 편지들을 보면 칼뱅이 차갑고 엄격하다는 생각이 사라진다. 앙드레 사이유(André Sayous)는 다음과 같이 훌륭하게 묘사하였다. "역사에서 그토록 간과된 칼뱅의 성격의 단면이 드러나기 시작

---

44 칼뱅이 1542년 8월 19일 비레에게 보낸 편지. Bonnet, ed., *Letters*, volume one, 344.

45 칼뱅이 1543년 7월 1일 비레에게 보낸 편지. Ibid., 388.

46 칼뱅이 1541년 7월 25일 비레에게 보낸 편지. Ibid., 277.

하는 것은 그의 가장 친한 친구들, 특별히 비레와 파렐에게 보낸 [칼뱅의] 편지 안에서이다."[47]

실제로 비레는 가장 완고한 사람의 얼굴에도 미소를 가져다줄 수 있는 사람이었다. 그의 사랑의 기질과 준비된 유머 감각은 어려움에 처한 때에도 그를 떠나지 않았다. 특히 건강 문제는 비레에게 끊임없는 관심사였는데, 제네바에서 독에 중독된 이후로 건강이 좋지 않아 종종 침대에 누워 있어야 할 정도로 허약했기 때문이다. 따라서 그는 정기적으로 많은 의사의 도움을 받아야 했다. 제네바 주민이자 칼뱅의 주치의이던 브누아 텍스토르(Benoit Textor)는 특히 해박한 의사였는데, 비레가 지속적으로 의지할 수 있는 사람이 바로 그였다. 비레의 병약함이 그 자신에게 가장 큰 고통과 문제를 안겨주었을 때조차 비레는 미소를 잃지 않았다. 한번은 그가 텍스토르 박사와 상담하기 위해 제네바에 가야 했는데, 그때 칼뱅은 다른 일로 잠시 도시를 떠나 있었다. 제네바를 방문하고 와서 비레는 칼뱅에게 편지하여 칼뱅이 없는 동안 그의 집에서 편안하게 지냈다고 말하면서 (때의 엄중함에도 불구하고) 유머 감각 없이 편지를 끝내지 않았다. "베즈와 나는 당신 방에 자리를 잡고, 거기서 주인 행세를 했습니다. 모든 것이 순조롭습니다."[48]

그런 친구와 더불어 칼뱅은 끊임없이 즐거움의 이유를 찾았다. 그러나 이 즐거움은 비레라는 존재 자체에만 국한된 것은 아니었다. 칼뱅은 또한

---

47 André Sayous, *Études Littéraires sur les Écrivains Français de la Réformation*, tome premier (Paris and Genève, 1841), 102.

48 비레가 1556년 9월 1일 칼뱅에게 보낸 편지. Amédée Roget, *Histoire du peuple de Genève depuis la réforme jusqu'à l'escalade,* tome cinquième (Genève, 1879), 31.

비레가 많은 책을 쓰면서 사용하는 유쾌한 방식을 발견하고 읽을 때마다 미소를 짓고 심지어 큰 웃음을 터뜨렸다. 칼뱅은 비레의 책 『그리스도교 논쟁』(*Disputations Chréstiennes*)의 서문을 쓰면서 독자들에게 다음과 같이 털어놓았다.

> 교리가 좋은 것이고 또 유용하기까지 하다는 것을 알기만 하면, 정말이지 교리 그 자체만으로도 우리를 자극해 기꺼이 책을 읽고, 그 연구에 몰두하고, 교리를 사랑하고 감사하며, 마침내는 그것을 기뻐할 수 있게 하기에 충분합니다. 그러나 누군가 조금 더 즐겁고 유쾌한 방식으로 교리를 가르쳐준다면, 많은 사람, 아니 분명 대다수가 더 편해질 것입니다. 이런 방식을 통해 그들은 아주 즐겁게 가르침을 받아들이게 됩니다.[49]
>
> 나는 현재의 이 대화집 때문에 이런 말을 하는 것인데, 거기에서 독자는 좋은 가르침을 받을 것이고, 또 웃을 기회도 갖게 될 것입니다. 내용 자체가 매우 유쾌하고, 독자가 그것을 읽으며 큰 기쁨을 느끼지 않을 수 없을 정도로 너무나 세련되게 설명되어 있기 때문입니다.[50]

칼뱅의 평가에 따르면, 비레는 그에게 자주 부여되는 칭호인 '종교개혁의 미소'를 진정으로 구현한 인물이었다.

언제나 미소를 잃지 않는 비레의 글과 편지에는 동료 개혁자들에게도 유쾌한 웃음을 선사할 만큼 명랑함과 유머가 가득하다. 한번은 책 출판과

---

49 Jean-Marc Berthoud, *Pierre Viret: A Forgotten Giant of the Reformation* (Zurich Publishing, Tallahassee, FL, 2010), 22.

50 Pierre Viret, *The Christian Disputations*, trans. John Brooke (London, 1579), iv.

관련하여 파렐에게 편지하면서 비레는 자신과 파렐, 칼뱅이 처한 위험에 대한 익살스러운 이야기로 편지를 끝맺었다. 그들의 유명세 때문에 개중에는 자신들의 이익을 위해 개혁자들의 명성을 이용하려는 자들이 있었는데, 비레가 발견한 피해 사례는 다음과 같다.

> 당신[파렐]이 칼뱅과 부처에게 보낸 편지에 관한 재미있는 일화를 들어보십시오. 그러면 당신이 다음에는 낯선 사람에게 너무 서둘러 편지를 맡기지 않게 될 것입니다.
>
> 최근에 당신이 칼뱅에게 보내는 편지를 받은 한 청년이 이곳에 도착했습니다. 그 인편에 부처에게 보내는 편지도 있었습니다. 당신의 동생 클로드도 제네바로 한 번 보낸 적이 있습니다. 그 착해 보이는 청년은 당신을 대신해서 나에게 인사하고 내가 제네바로 보낼 것이 있는지 물어보라고 당신이 자기를 이곳으로 보냈다고 주장했습니다. 그는 칼뱅과 내가 곧 당신을 만나러 출발해야 한다는 것을 알고 있었습니다. 그는 제네바에서 칼뱅의 후원을 받아 돈을 주조하는 기술을 배운 칼뱅의 조카 행세를 하려고 했습니다. 실제로 그는 스트라스부르 출신의 은세공업자인 척했습니다. 그 이야기의 최종 목적은 나에게서 돈을 짜내려는 것이었습니다. 그래서 나는 그를 법원으로 데려갔습니다. …그가 거짓말을 할 경우 붙잡을 의도로 그렇게 한 것입니다. 정말이지 강한 의심이 들었기 때문입니다.
>
> 즉시 그가 거짓말을 한 것으로 밝혀졌습니다. 그는 뒤 플레시스(Du Plessis)에 사는 당신의 친척들에게는 당신의 고향에서 왔다고 말하면서 당신 형제들을 들먹이며 인사를 전했고, 내 동료 발리에에게는 브리앙송(Briançon)에서 왔다고 주장했습니다. 내 동료는 이미 그가 거짓말쟁이인 줄 알아차렸는데도 불구하고 그는 양측 모두에게서 돈을 뜯어냈습니

다. 그는 법원에서 이[남자들]를 발견하고 자신의 범죄가 포착된 것을 알아차린 다음 칼뱅과의 관계를 얼버무리기 시작했습니다. 그는 칼뱅이 태어난 마을의 이름조차 기억하지 못했습니다. …그는 우리의 질책을 받고 얼마간의 벌금을 내고 풀려났는데, 그가 칼뱅에게 보낼 편지를 소지하고 있다고 주장했기 때문입니다. 그는 브베(Vevey) 쪽으로 떠났는데 도중에 마르로라(Marlorat)도 속였습니다. 브베에서는 내 동료 발리에의 형제로, 또 어떤 때는 사촌이나 조카로 자처하면서 프랑수아(François)를 속였습니다.

얼마 지나지 않아 누군가가 여관 주인이, 칼뱅이 수신인으로 되어 있는 편지를 지니고 있다고 알려주었습니다. 어떤 프랑스 사람이 작별 인사도 없이 떠날지도 모른다는 의심을 하지 않도록 여관 주인에게 담보로 편지를 맡겼다는 것입니다. 나는 안으로 들어가 그 편지가 당신이 쓴 것임을 확인했습니다. 나는 그 녀석이 빚진 10파딩을 여관 주인에게 지불하고, 돌려받은 편지를 칼뱅에게 보냈습니다.

이제 당신이 신뢰할 수 있는 사람이 누구인지 확인하고, 당신의 편지가 얼마나 가치가 있으며 어떤 용도로 사용되고 있는지 점검하기를 바랍니다. 나는 당신에게 이 재미있는 이야기를 알려드리고 싶었습니다.[51]

---

51 비레가 1551년 3월 17일 파렐에게 보낸 편지. Schnetzler et al., *Pierre Viret*, 107–109.

제12장

죽음의 그림자

주의 종에게 하신 말씀을 기억하소서
주께서 내게 소망을 가지게 하셨나이다
이 말씀은 나의 고난 중의 위로라
주의 말씀이 나를 살리셨기 때문이니이다 (시 119:49-50)

제네바에서 칼뱅을 떠나 로잔에서 사역을 재개하면서 비레는 마침내 자신의 지위와 결혼생활에 더욱 적합한 숙소를 배정받았다. 그는 성 프란체스코 수도원을 떠나 이전에 카롤리가 머물던 성직자 숙소가 준비될 때까지 한동안 아카데미 근처의 고지대에 거처를 마련하였다. 비레의 거처가 바뀌었다는 소식을 들은 칼뱅은 기뻐서 친구에게 이렇게 편지를 썼다. "당신의 집이 바뀌었다는 소식을 듣고 매우 기뻤습니다." 그런 다음 형제애를 담아 다음과 같이 덧붙였다. "만일 그러지 않았다면, 달려가서 당신이 이전에 머물던 집에서 당신을 쫓아냈을 것입니다."[52]

그로부터 얼마 지나지 않은 1546년 봄, 비레의 삶에 고통스러운 비극

52 Vuilleumier, *Notre Pierre Viret*, 92.

이 찾아왔다. 비레의 아내 엘리자베스는 한 해 전 여름에 병에 걸렸고, 그는 병든 아내를 위해 의학적 조언을 구하면서 건강을 회복시키려고 세심하게 보살피며 필사적으로 노력했다. 그러나 그녀는 결국 1546년 3월 세상을 떠나고 말았다. 비레는 사랑하는 친구에게 아내의 죽음을 알리며 다음과 같이 말하였다.

> 주님은 나에게 너무나 고통스럽게 일격을 가하셨습니다. …사랑하는 아내의 죽음으로 말입니다. 그분은 내 절반을 가져가셨습니다. 그분은 나에게서 충실한 동반자, 훌륭한 어머니, 내 습관과 취향과 사역에 너무나 잘 맞는 배우자를 빼앗아가셨습니다. 이 충격에 너무 괴로워 집에서 나 자신이 낯선 사람처럼 느껴집니다. 그러나 주님의 뜻은 항상 의로우시니 이 일도 그분께는 선한 일일 것입니다. 아무래도 그분은 내가 더는 그런 위안을 누릴 자격이 없는 사람이라고 보셨나 봅니다. …그녀는 한 번도 내 사역에 걸림돌이 된 적이 없었고, 오히려 믿음, 경건, 성실, 그리고 하나님께서 주신 여러 가지 귀한 덕행으로 사역을 빛나게 했습니다.[53]

나는 이 충격에 너무 압도되어 온 세상이 사막처럼 보입니다. 이 재난을 견딜 수 없음을 인정합니다. 나는 예수 그리스도의 사역자에게 걸맞지 않게 말하고 이제 막 신앙의 진리를 인식하기 시작한 사람처럼 말할 것입니다. 제자일 뿐 아니라 그리스도교 지혜의 설교자라고 자처하는 내가 고통에 짓눌린 나머지, 지금까지 다른 사람들에게 조언했던 치료법을 어떻게

---

53 비레가 1546년 3월 8일 바트빌에게 보낸 편지. Doumergue, *Lausanne au temps de la Réformation*, 46.

나에게 적용해야 할지 모르겠습니다.[54]

비레는 항상 다른 사람들에게 기쁨의 미소를 가져다주었지만, 이 비극으로 인한 슬픔이 너무 커서 친구들은 그가 이 충격의 무게에 짓눌려 죽을까 봐 두려워하였다. 실제로 비레가 슬픔을 이기지 못하고 고향 오르브로 돌아가 죽었다는 소문이 곧 제네바 전역에 퍼졌다. 제네바는 그 소식에 크게 놀랐고, 칼뱅의 당혹감은 말로 다 할 수 없었다. 그러나 그들이 소문을 들은 바로 그날, 그것이 거짓임을 입증하는 비레의 편지가 도착하였다. 깊은 안도감 속에서 칼뱅은 친구에게 다음과 같이 썼다.

> 당신의 죽음에 대한 소문을 퍼뜨린 비열한 자들에게 어떤 비난을 퍼부어야 할지 모르겠습니다. 당신의 편지가 이보다 더 적절하게 도착한 적은 없었습니다. …여기 있는 많은 형제가 깊은 고통에 짓눌렸습니다. 얼마 지나지 않아 당신의 편지가 도착했고 우리는 꿈인지 생시인지 모를 정도로 환호성을 질렀습니다. 우리가 슬픔으로 밤을 보내지 않은 것은 참으로 다행이었습니다. 그렇지 않았다면 나는 도무지 그 밤을 견디지 못했을 것입니다. 그런데 왜 내가 당신에게 가능한 한 서둘러 여기로 오라고 강권하지 않고 그대로 내버려두어야 하는 것인가요?[55]

칼뱅은 비레에게 한동안 제네바에 와 있으라고 간청하였다. 일을 잠시 놓고 쉼을 가지면 형제의 허약한 건강에 도움이 되리라고 확신한 것이다.

---

54 Jules Bonnet, *Récits du Seizième Siècle* (Paris, 1864), 154–55.

55 칼뱅이 1546년 3월 8일 비레에게 보낸 편지. Jules Bonnet, ed., *Letters of John Calvin*, volume two (Banner of Truth Trust, Great Britain, 1980), 38.

"내가 로잔으로 달려가 당신의 고통을 덜어주거나 적어도 당신과 함께 울 수만 있다면! 사랑하는 형제여, 여기로 와서 슬픔에서 벗어나 위안을 얻고 모든 걱정에서 벗어나기를 바라오. 내가 당신에게 아주 작은 일이라도 맡길까 염려하지 마십시오. 당신이 평온함 속에서 안식을 누릴 수 있도록 배려하겠습니다. 누가 당신을 방해하면, 내가 처리하겠습니다."[56]

칼뱅의 편지가 감동적이고, 자신의 슬픔 또한 가늠하기 힘들 정도로 컸지만, 로잔의 개혁자 비레는 제네바에서 위안을 얻고자 자신의 사역을 멈출 수는 없다고 판단하였다. 그러나 칼뱅은 단념하지 않고 일주일 후에 다시 편지를 썼다.

> 나는 당신이 약속한 대로 여기로 오기를 날마다 기다리고 있었기에 지금껏 당신에게 편지 쓰는 일을 미루고 있었습니다. 지금도 같은 기대를 품고 있습니다. 그래서 여행을 서두르라고 당신에게 강권하는 것이 아니라면 지금도 편지를 쓰지 않았을 것입니다. …그러니 서둘러 와서 조금이나마 몸을 회복하고 우리와 함께 기운을 되찾읍시다. 당신 지역에서 온 사람들이 당신이 반쯤 죽었다고 말합니다. 다른 유인책으로는 당신을 끌어낼 수 없으므로 당신이 여기 올 때까지 내게서 한 통의 편지도 받지 못할 것이라고 엄포를 놓겠습니다. 그러니 빨리![57]

이렇게 칼뱅의 더욱 절박한 호소에 압박을 느낀 비레는 더는 친구의 요청을 거절할 수 없었기에 잠시 로잔을 떠나 제네바로 가서 동료 개혁자와

---

56 Bonnet, *Récits*, 155; Barnaud, *Pierre Viret*, 315.

57 Bonnet, ed., *Letters*, volume two, 38–39.

함께 있으면서 위안을 얻었다.

이 두 개혁자 사이에 존재하는 놀라운 화합과 형제애는 참으로 종교개혁 역사상 가장 찬란한 보석 중 하나이다. 비록 각 사람이 개별적으로 부름을 받고, 각기 다른 아주 특별한 방식으로 사용되었지만, 하나님께서는 이 도구들을 연결하는 것이 적절하다고 보셨다. 이들은 각자 빚어졌으나 하나님 나라 사역에 참여하라는 같은 비전을 부여받았다. 칼뱅은 비레와 파렐에게 헌정한 책에서 이 거룩한 우정에 대해 이렇게 쓰고 있다.

> 이 작품은 적어도 우리 시대 사람들에게, 그리고 아마도 후손들에게 우리를 하나로 묶어주는 거룩한 우정의 연대에 대한 증언이 될 것입니다. 이 세상에서 우리가 사역할 때처럼 진심으로 서로 결속된 친구들은 없었다고 생각합니다. 질투의 기색은 조금도 없었고, 당신 둘과 나는 정말이지 오직 하나였다고 생각합니다.[58]

이와 같은 그리스도인의 우정의 연대를 보여주는 또 다른 감동적인 증거는 비레의 아내 엘리자베스가 죽은 후 칼뱅이 그의 친구를 걱정하는 데서 분명히 드러난다. 참혹한 비극이 있은 지 얼마 지나지 않아 칼뱅은 고통 가운데 있는 개혁자에게 어울리는 또 다른 아내를 찾기 위해 노력하였다. 중매쟁이를 자처한 칼뱅은 모든 수단을 동원하여 사랑하는 동료의 완벽한 아내를 찾기 위해 원근 각처를 돌아다녔다. 칼뱅은 신뢰할 수 있는 친구 팔레에게 편지를 써서 비레의 신부를 찾는 일에 도움을 청하였다.

---

58 Vuilleumier, *Notre Pierre Viret*, 98.

선생, 당신에게 요청할 일이 있어 이 글을 씁니다. 당신은 우리 형제 비레가 결혼하고자 한다는 것을 알고 있습니다. 나는 비레 자신만큼이나 그 결혼에 대해 걱정이 큽니다. 로잔과 오르브에 많은 여성이 있지만, 지금까지 만족할 만한 사람은 한 사람도 없었습니다. 이 일을 추진하는 중에 간곡히 부탁드립니다. 당신 지역에서 적합하다고 생각되는 사람을 발견한다면 나에게 꼭 알려주시기 바랍니다. 나는 모든 사람에게 이 일에 필요한 분별력이 있지는 않다는 것을 알기에, 당신 외에 다른 사람에게 부탁하는 것은 적절하지 않다고 생각합니다. …나는 당신에게 이 말을 하는 게 조금도 어렵지 않습니다. …왜냐하면 털어놓아도 안전해 보이는 사람이 아무도 없었기 때문입니다. 그 사람의 결혼이 하나님의 교회에 얼마나 큰 영향을 끼치는지 당신도 잘 알기 때문에 당신이 몸을 아끼지 않고 이 일에 수고하리라는 것을 잘 압니다.[59]

이같이 엄청난 노력을 기울인 칼뱅은 곧 적합하다고 생각되는 여성을 찾았고, 비레에게 들뜬 어조로 편지를 썼다.

우리가 더 많이 알아볼수록 그 젊은 여성을 칭찬하는 증언이 더 많이 나옵니다. 그래서 나는 지금 그녀 아버지의 마음을 얻으려고 노력 중입니다. 확실하게 되면 알려드리겠습니다. …나는 그녀를 두 번 봤습니다. 그녀는 매우 겸손하며, 외모와 성격이 좋습니다. 그녀의 예의범절에 대해서는 모두 칭송하며, 최근에 요한 파비(John Parvi)가 그녀에게 매료되었다

59 칼뱅이 1546년 7월 4일 드 팔레에게 보낸 편지. Bonnet, ed., *Letters*, volume two, 63-64.

고 나에게 말했을 정도입니다.[60]

칼뱅은 비레의 답장을 기다리면서도 이 혼사를 위해 애썼고, 이틀 뒤 그에게 간절하게 편지를 썼다.

약혼식 전에 당신이 그녀를 만나겠다는 조건을 달고, 내가 당신 이름으로 젊은 여인에게 청혼하는 데 동의해주면 어떻겠소. …그러니 가능한 한 가장 빠른 인편으로 당신 의견이 무엇인지 답해주기 바랍니다. 하지만 동시에 오래 지체하지 말고 서둘러 오라는 조언을 드립니다. …그렇지만 이 일은 당신의 사적인 일이기 때문에 자유롭게 선택해도 됩니다. 그러나 지금 나보다 당신 일에 더 큰 관심을 갖는 사람이 지구상에 존재하도록 결코 내버려두지 않을 것입니다.[61]

실제로 칼뱅은 자신이 말한 대로 마치 자신의 결혼인 양 이 결혼을 열성적으로 추진하였다. 편지를 보낸 지 얼마 지나지 않아 다시 비레에게 편지를 쓰면서 "말만 하면, 모든 일이 진행될 것입니다."[62] 라고 간략하게 적었다. 칼뱅은 지치지 않고 예상되는 형제의 기쁨을 즐거워하면서 애타게 답장을 기다렸다. 칼뱅의 엄청난 노력과 친구를 향한 말로 표현할 수 없는 배려에도 불구하고, 아버지가 딸을 멀리 보내고 싶지 않아 한 탓에 안타깝게도 계획된 결혼은 무산되었다. 한두 주 후에 칼뱅은 낙담한 채 비레에게 편지하면서 약간은 화가 난 채로 안타까운 결과를 설명하였다.

---

60 칼뱅이 1546년 7월 13일 비레에게 보낸 편지. Ibid., 65.

61 Ibid., 66-67.

62 칼뱅이 1546년 7월 비레에게 보낸 편지. Ibid., 68.

…당신의 편지를 읽은 후 나는 아버지와 딸을 기다렸습니다. 나는 분명 성사되리라고 확신했습니다. 그러나 거주지를 변경해야 한다고 언급하자마자 아버지가 이견을 제기했습니다. …나는 그의 딸이 필요할 때마다 자주 아버지와 함께 있지 못할 정도로 로잔이 멀리 떨어져 있지는 않다고 덧붙였습니다. …그는 생각할 여유를 달라고 요청했고, 3일 후에 외동딸을 보낼 수 없다고 답했습니다.[63]

첫 번째 중매 시도가 실패했음에도 불구하고 칼뱅은 뜻을 굽히지 않았고, 그해 11월 비레와 로잔 시민의 딸로 과부인 세바스티엔 드 라 아르프(Sebastienne de la Harpe)와의 결혼을 성사시키는 기쁨을 누렸다.[64]

두 개혁자의 깊은 우정으로 인해 아내들 또한 매우 친밀하게 지냈다. 비레의 새로운 아내 세바스티엔은 칼뱅의 아내 이들레트(Idelette)와 정기적으로 서신을 주고받았으며, 이들레트는 1548년 비레의 아내가 출산하는 것을 돕기 위해 로잔을 방문하기도 하였다. 이들레트가 로잔을 떠날 때 비레는 칼뱅에게 편지를 써서 아내를 보내준 것에 깊은 감사를 표하였다. 그는 "그녀가 너무 빨리 우리 곁을 떠나서 매우 슬픕니다."라면서 "당신을 배려하지 않았다면 절대 이렇게 일찍 떠나보내지 않았을 것입니다."라고 덧붙였다.[65]

그다음 해에 칼뱅은 아내를 잃고 괴로움을 겪었다. 그는 파렐에게 보낸 편지에서 아내의 영광스러운 죽음을 이렇게 묘사하였다.

---

63 칼뱅이 1546년 7월 25일 비레에게 보낸 편지. Ibid., 68-69.

64 Barnaud, *Pierre Viret*, 318; Vuilleumier, *Notre Pierre Viret*, 96-97.

65 비레가 1548년 6월 29일 칼뱅에게 보낸 편지. Schnetzler et al., *Pierre Viret*, 88.

> 그날 6시경 그녀는 자신의 영혼을 주님께 바쳤습니다. …그녀가 큰 소리로 말했기에 모든 사람이 그녀의 마음이 이 세상 저 위로 올려지는 것을 보았습니다. 그녀의 말은 이러했습니다. "오 영광스러운 부활이여! 오 아브라함과 우리 모든 조상의 하나님이여, 지난 오랜 세월 동안 신실한 자들이 당신을 믿어 의심치 않았고, 그들 가운데 누구의 믿음도 헛된 적이 없습니다. 저 또한 소망합니다."[66]

칼뱅은 이 일에 대해 비레에게 편지하면서 다음과 같이 자신의 마음을 털어놓았다.

> 비록 아내의 죽음이 나에게 너무나 고통스러웠지만, 나는 할 수 있는 한 슬픔을 억누르고 있습니다. 친구들 역시 나에게 성실히 의무를 다하고 있습니다. 참으로 그들이 나와 그들 자신에게 더 많은 도움이 되고 싶을 것입니다. 그래도 내가 그들의 배려로 얼마나 마음이 든든한지요. 말로 이루 다 표현하기 어렵습니다. 하지만 당신은 내 마음이 얼마나 여리고 유약한지 잘 알고 있습니다. 그러므로 강력한 자제력이 내게 주어지지 않았더라면, 그렇게 오래 참아내지는 못했을 것입니다. 그리고 참으로 내가 겪은 일은 그저 평범한 통탄지사가 아닙니다. 나는 내 인생의 가장 좋은 동반자를 잃었습니다. 만약 그렇게 정하심을 받았더라면 기꺼이 내 곤궁함뿐 아니라 내 죽음까지 함께했을 그런 사람을 잃었습니다. 그녀는 살아 있는 동안 내 사역의 충실한 동역자였습니다. 나는 그녀로부터 어떠한 방

---

66 칼뱅이 1549년 4월 11일 파렐에게 보낸 편지. Bonnet, ed., *Letters*, volume two, 218.

해도 받지 않았습니다. 그녀는 병을 앓는 내내 나를 힘들게 한 적이 없습니다. 그녀는 자기 자신보다 아이들을 더 염려했습니다.[67]

비레는 칼뱅에게 형제애로 가득한 위로의 말로 답장하면서 사랑하는 하나님 아버지의 가혹한 치심 속에서도 잘 견뎌낸 것에 대해 칭송하였다.

존경할 만한 증인들의 한결같은 증언에 따르면, 가족이 입은 이토록 가혹한 상처와 가정의 슬픔 가운데서도 당신의 마음은 강인함과 평정을 유지했습니다. 특히 당신의 마음이 여리고 상처 입기 쉬운 경향이 있다는 것을 나는 잘 알고 있기에, 나로서는 이 편지에서 당신을 위로하기보다는 칭찬해야 마땅하다고 생각합니다. …이런 이유로 나는 당신 안에서 역사하시며 참된 위로자라는 이름에 합당한 열매로 자신을 풍성하게 증명하시는 거룩한 성령의 영향력에 더욱 감탄합니다. 다른 사람들의 재난에 항상 쉬이 공감하고 마치 자기 일처럼 느끼는 당신에게 이러한 가정의 불행은 마음에 극도로 가혹하게 다가왔을 텐데 당신은 그것을 담담한 마음으로 견딥니다. 이를 본 내가 어찌 당신 안에 있는 성령의 권능을 인정하지 않을 수 있겠습니까?

나를 믿으십시오. 당신의 강인함은 흔하지 않으며, 이것은 당신을 향한 하나님의 자비의 증거입니다. 이것은 나 자신을 아주 부끄럽게 만듭니다. 나는 비슷한 고난을 겪으면서도 당신과 같은 용기를 발휘하지 못하였고, 그 그림자에도 전혀 미치지 못하였습니다. 나는 역경의 순간에 완전히 압도당하고 쓰러져 온 땅이 그저 황야로만 보였습니다. 모든 것이 싫

---

67 칼뱅이 1549년 4월 7일 비레에게 보낸 편지. Ibid., 216.

었습니다. 내 영혼의 슬픔을 누그러뜨릴 수 있는 것이라고는 아무것도 없었습니다.

…그러나 반대로 당신은 낙심하거나 낙담하지 않고 모범을 보여 다른 사람들에게 새로운 힘을 불어넣습니다. …당신이 이렇게 행하고, 강인함으로 인내하며 당신의 길을 걷고, 매일 더 큰 힘과 더 큰 위로를 받기를 바라는 것이 하나님께 드리는 나의 가장 간절한 기도입니다. 당신을 돕기 위해 내가 무엇을 더 할 수 있을까요?[68]

비레는 칼뱅이 원하면 즉시 제네바로 달려가겠다고 약속하면서 편지를 끝맺었다.

내 아내가 당신에게 마음을 다하여 인사를 전합니다. 그녀는 이토록 사랑하는 자매의 죽음으로 몹시 괴로워했고, 나와 함께 당신의 상실을 마치 우리가 똑같이 겪은 것처럼 느끼고 있습니다. 지금 바로 당신을 만나러 가는 것을 막아서는 장애물이 무엇이든, 당신이 원한다면 말씀만 하십시오. 그 어떤 장애물도 거뜬히 극복할 것입니다.[69]

68 비레가 1549년 4월 10일 칼뱅에게 보낸 편지. Waterman, *Memoirs*, 65–67.

69 Vuilleumier, *Notre Pierre Viret*, 101.

제13장

●

평화를 만드는 사람 비레

화평하게 하는 자는 복이 있나니
그들이 하나님의 아들이라
일컬음을 받을 것임이요 (마 5:9)

칼뱅의 아내가 죽은 다음 해는 비레에게도, 로잔의 종교개혁에도 힘든 시기였다. 로잔의 교회는 신학적 차이와 언어 장벽으로 인해 베른 영주들과 끊임없이 싸워야 했다. 프랑스어를 사용하는 보 지역을 통치하지만 베른은 독일어를 사용하였기 때문에 프랑스어권 사람들과 의사소통에 종종 어려움을 겪었다. 이 언어 장벽은 로잔과 베른 사이의 의견 불일치를 더욱 악화시켰고, 비레와 보 지역에 있는 교회들은 종교적인 입장과 문화적인 차이로 인해 자신들을 다스리는 베른 행정관들과 자주 갈등을 빚었다. 비레는 1550년 8월 칼뱅에게 보낸 편지에서 다음과 같이 털어놓았다.

하나님에 대한 사귐과 인간에 대한 우정을 동시에 지키는 것은 참으로 어려운 일입니다. 나는 큰 혼란 가운데 이리저리 흔들리고 있습니다. 무거

운 짐을 지고 지쳐 쓰러집니다. 더 나은 희망을 보여주는 빛이 조금도 보이지 않아 더 그렇습니다.[70]

그러나 이러한 큰 시련 속에서도 비레의 어두운 지평을 밝혀주는 한 줄기 햇살이 있었다.

한 가지 위안이 있다면 그것은 가정의 평화, 목회자와 교수들 간의 상호 사랑, 그리고 우리 학교의 발전입니다. 만일 이것들이 없다면, 나는 삶을 완전히 포기하거나 다른 곳으로 이주할 수밖에 없습니다.[71]

비레는 자신에게 이루 말할 수 없는 위로를 가져다준 축복을 바로 떠올리며 감사의 편지를 이어간다. 그의 아내는 또 다른 딸을 무사히 출산하였고, 칼뱅은 대부(godfather)로 지명되었다. 비레는 그의 동료 개혁자에게 아이의 성격을 설명하면서 편지를 마무리하였다. "당신의 대녀(goddaughter)는 사랑이 넘치고 온화하며 평화로운 성격에 유쾌한 얼굴을 하고 있습니다. 당신이 우리에게 와서 그 아이를 보면 기운이 날 겁니다."[72]

비레는 종종 로잔 아카데미의 영혼일 뿐만 아니라 "의문의 여지 없이 이 도시에서 가장 학식 있는 목회자"[73]라고 불렸지만, 남편과 아버지 역할도 똑같이 중요하게 수행하였다. 저명한 개혁자이자 탁월한 신학자인 비

70 비레가 1550년 8월 1일 칼뱅에게 보낸 편지. Schnetzler et al., *Pierre Viret*, 106.

71 Ibid., 107.

72 Ibid.

73 Vuilleumier, "Professeurs et Étudiants," 173.

레는 헌신적이고 사랑이 넘치는 가장이었다. 비록 교회의 수많은 문제에 짓눌리고 아카데미의 책임을 짊어지고 있었지만, 그럼에도 불구하고 목회자의 생활에서 진정한 우선순위가 되어야 하는 가족을 위한 시간 또한 놓치지 않았다.

비레의 방대한 글 곳곳에서 이 로잔 목사의 개인적인 면면과 가정생활을 엿볼 수 있다. 1550년 4월 파렐에게 보낸 편지에서도 그런 모습을 볼 수 있다. 교회 문제와 행정관과의 불화에 시달렸음에도 불구하고, 비레는 특별히 파렐의 대녀인 딸 마리(Marie)의 유치한 장난이 비극을 불러올 뻔했던 사건을 언급하였다.

> 당신의 작은 마리가 최근 죽을 뻔했습니다. 하나님께서 그 아이를 위해 진정한 기적을 행하지 않으셨다면 말입니다. 아이들이 평소 노는 모습대로 놀다가 마리가 우리 집 벽에 고정된 종(鐘)의 줄을 잡아당겼는데, 종과 종을 지탱하고 있는 거대한 쇠붙이가 마리의 머리 위로 떨어졌습니다. 가장 단단한 거인의 머리도 으스러뜨릴 수 있는 정도였습니다. 그러나 하나님의 섭리로 마리는 안전하고 건강하게 구출되었습니다. 하나님이 비켜가게 하셔서 마리는 가벼운 타박상만 입었고 이튿날 나았습니다.[74]

두 번째 결혼으로 비레는 여러 딸과 외동아들 피에르를 두는 복을 받았다. 자신과 같은 이름의 아들에게 많은 희망을 품었던 비레는 1556년 초 생후 2년이 채 되지 않은 아들의 죽음에 큰 충격을 받았다.[75] 비레의 딸들

---

74 비레가 1550년 4월 3일 파렐에게 보낸 편지. Barnaud, *Pierre Viret*, 319.

75 비레가 1556년 2월 1일 파렐에게 보낸 편지. Bruening, *Epistolae Vireti*, epistle 124.

가운데 오직 둘만이 아버지보다 오래 살았다.

비레의 집은 자녀들로 인해 활기를 띠었을 뿐만 아니라, 그의 집에서 숙식은 물론이고 애정 어린 보살핌으로 가득한 안식처를 발견한 수많은 사람들로 인해 생기가 넘쳤다. 아카데미에서 공부하던 젊은이들은 가난한 주머니 사정으로 비레의 집에서 기숙하면서 이 관대한 개혁자의 덕을 보았다. 비레는 자신의 식탁 주위에 모여든 청년들을 훈련하고 돌보는 이런 기회를 반겼고, 그의 얇은 지갑이 감당할 수 있는 한도 내에서는 기꺼이 청년들을 받아들였다. 저명한 장군 내글리의 아들도 개혁자와 얼마 동안 함께 살았고, 베른의 행정관 바트빌의 조카도 마찬가지였다. 실제로 비레의 집에 머무는 학생이 너무 많아져 비레 가정이 생계에 어려움을 겪을 정도였다. 그는 제네바의 칼뱅에게 편지하면서 자신의 재정 상황에 대해 "돈이 바닥나서 한 푼도 남지 않았습니다."라고 털어놓았다. 그러나 돈이 부족했음에도 불구하고 비레는 계속해서 이렇게 말하였다. "주님이 준비하실 것입니다. 단지 나보다 가난한 사람들을 내가 바라는 만큼 도울 수 없다는 것이 유감일 뿐입니다."[76] 마시아스(F. V. Massias)는 비레에 관한 글에서, 그의 가정생활에서 분명하게 나타난 개혁자의 성품에 대해 이렇게 언급한다.

> 우리가 비레의 공적인 생활에서 주목한 온화함, 중용, 그리고 하나님의 뜻에 대한 완전한 복종은 (무한히 더 큰 친밀감과 기쁨으로) 그의 가정생활로 이어졌다. 이것은 실제로 그의 성품 가운데 가장 눈에 띄는 특징 중 하나이며, 그를 진정으로 사랑스럽게 만드는 요소이다.[77]

---

76 비레가 칼뱅에게 보낸 편지. Vuilleumier, *Notre Pierre Viret*, 94.

비레는 아버지, 목사, 아카데미 교수로서의 역할에 대부분의 시간을 할애하였지만, 이 세 가지 중요한 임무 외에도 맡겨진 또 다른 책임이 있었다. 평화롭고 사랑이 넘치는 성품과 온유한 말투로 개혁주의 진영에서 유명했기에, 그는 종종 로잔에서의 책임을 잠시 미뤄두고 보 지역 전역을 다니며 형제들과 적대자들 사이에서 중재자이자 화평케 하는 자의 역할을 하도록 요청받았다. 칼뱅이 쓴 것처럼 "모든 사람은 경험을 통해 비레의 인간적이고 친절한 성정을 알게 되고"[78] 모두 이 남성이 지닌 화해의 은사를 활용하고자 하였다.

1541년에 뇌샤텔에서 생긴 어려운 문제가 제네바에 보고되었다. 그 도시 행정관의 딸이 남편과 자녀들을 버리고 교회에 큰 물의를 일으킨 것이다. 뇌샤텔의 목사 파렐은 개인적으로 그녀를 질책하고 시의회에 그 사건을 이관했지만 아무 조처도 없었다. 따라서 그는 설교단에서 그녀의 죄를 공공연히 드러내 언급하고 그 여인의 행동을 공개적으로 질책하였다. 귀족 여성에 대한 이러한 공개적인 비난은 그 친척들의 분노를 불러일으켰고, 그들은 마을 사람들을 동원해 목사에게 반발하고 파렐을 면직시키려 하였다. 파렐은 9월 27일 제네바에 편지를 써서 자신의 싸움에 칼뱅과 비레의 도움을 요청하였다.[79]

파렐의 간청에 즉각 응답하여 제네바의 목사들은 뇌샤텔의 영주들에게 문제의 평화적인 해결을 요청하는 편지를 작성하였다. 그들은 이 민감한 임무를 위해 "주저 없이"[80] 비레를 선택하였고, 파렐을 향한 도시의 분노

---

77 F. V. Massias, *Essai Historique sur Pierre Viret* (Cahors, 1900), 58.

78 Merle D'Aubigné, *History of the Reformation in Europe*, volume four, book XI, 104.

79 Herminjard, *Correspondance des Réformateurs*, tome VII, 263 이하.

를 진정시키려는 의도로 뇌샤텔 시의회에 쓴 편지를 비레의 손에 맡겨 뇌샤텔로 파송하였다.

> 존경하는 영주님들께, 여러분의 교회가 최근 발생한 문제와 불화에서 아직 자유롭지 못함을 잘 알기에 우리는 우리 동료 중 몇 사람을 여러분에게 보내는 것이 의무라고 생각했습니다. …그리하여 우리는 사탄이 여러분 가운데 일으킨 이 추문을 없애고자 우리의 선한 형제이자 예수 그리스도의 신실한 사역자이며 또한 이전에 여러분의 교회를 맡았던 목회자[비레]를 여러분에게 보내… 간청하기로 했습니다. 존경하는 영주 여러분, 부디 그가 우리 시의회의 이름으로 여러분에게 말하는 바에 귀 기울여 주십시오.[81]

비레는 뇌샤텔에 도착하자마자 공개 집회에서 대립하고 있는 양측에게 평화를 촉구하고 목회자와의 화해를 요청하였다. 바르노는 이에 대해 이렇게 말한다.

> 비레는 감동적인 연설을 하였다. 그는 설득력 있는 말로 반대자들을 누그러뜨리고 지지자들을 격려했으며, 결정을 내리지 못하고 머뭇거리는 사람들에게 박차를 가해 앞으로 나아가게 하였다. 단순히 양측을 화해시키는 문제였다면, 조정이 이루어졌을 것이다.…[82]

---

80 Barnaud, *Pierre Viret*, 212.

81 제네바 목사회가 1541년 9월 29일 뇌샤텔에 보낸 편지. Bonnet, ed., *Letters*, volume one, 286.

82 Barnaud, *Pierre Viret*, 213-14.

비레의 중재는 효력이 있었지만, 베른의 영주들이 자신들만이 중재자 자리에 합당하다고 생각하며 이 일에 개입하자 곧 적대감이 되살아났다. 그러나 비레의 지칠 줄 모르는 수고와 파렐을 위한 여러 교회의 중재 덕분에 이 일은 마침내 평화로운 결론에 이르렀다.

이 경우처럼 또 다른 여러 교회의 분쟁에서 비레는 화평케 하는 역할을 하느라 늘 분주했다. 특히 칼뱅은 비레가 보 지역에서 개혁자의 사역을 하는 내내 널리 알려진 그의 은사를 평화를 회복하는 일에 잘 활용하였다. 칼뱅은 제네바와 여러 곳에서 격동의 사역을 하는 동안 교회와 시민사회의 분쟁 한가운데 놓일 때마다 비레를 이런 목적으로 사용하였다. 친구의 능력을 잘 알고 있던 칼뱅은 자신이 목사로 있는 도시의 화합을 회복하는 일에 계속 비레의 도움을 요청하였다. 칼뱅은 비레에게 보낸 편지에서 교회의 불화에 대해 알리면서 이 일을 진정시키고 평화를 회복시키는 역할을 해달라고 부탁하였다.

> 당신이 지금 여기로 올 수 있다면 나에게 큰 도움이 될 것입니다. 비록 해결책을 찾을 가능성이 거의 없을지라도 이 재난을 함께 개탄할 수 있는 것만으로 우리 두 사람 모두 얼마간 위안을 얻게 될 것이기 때문입니다. 하지만 의심의 여지 없이 당신이 월요일까지 이곳에 도착하는 것이 우리에게는 너무나 중요합니다. …당신이 여기로 오면 얻을 수 있는 이점이 무엇인지는 만나서 말씀드릴 텐데, 당신도 그것을 인정할 수 있기를 바랍니다.
>
> 친애하는 형제여, 안녕히 계십시오. 여호와께서 당신을 보호하시고 속히 이곳으로 안전하게 인도하시기를 바랍니다.[83]

초기 개혁교회 내에 무수한 분쟁이 일어 종종 그리스도의 몸이 잘려 나갈 수도 있는 위협적인 상황이 초래되었지만, 하나님은 그분의 끝을 알 수 없는 지혜 가운데 비레와 같은 사람들에게 떨어져나가는 지체들을 하나로 연합시키는 데 필요한 은사를 부여해주셨다. 이 방면에서 비레가 노련하다는 것은 누구나 알고 있었기에, 적대자들도 그가 공정하고 편파적이지 않은 재판관이라는 사실을 인정하고 논쟁이 생길 때면 그를 찾았다. 칼뱅은 비레에게 그런 사례 중 하나에 관해 썼다. "소동 없이 사태를 진정시키고자 하는 사람들은 당신이 하나님의 섭리에 따라 그곳에서 평화 중재인이 되기를 바랍니다. 반대 진영 사람들이 자진해서 당신을 원하고 있습니다."[84]

1544년 세바스티앙 카스텔리옹(Sebastian Castelion)이 제네바에서 문제를 일으키기 시작했을 때 사람들은 다시금 비레에게 호소해야만 하였다. 제네바의 교사 카스텔리옹은 칼뱅의 도움을 받아 그 직책을 얻은 터였다. 그런데 그는 직책을 오래 유지하지 못하고 곧 도시의 목회자들과 불화를 일으켰다. 스코틀랜드 역사가 존 툴록(John Tulloch)은 다음과 같이 쓰고 있다.

> 카스텔리옹의 학문은 대단히 인문주의적이었다. 그의 고전적인 취향과 다소 자의적인 비평은 그가 행하는 모든 일을 규정하였다. 그리고 특히 그는 신학자가 되어 이 정신을 자신의 성서 연구에 적용할 뜻을 품고 있었기 때문에 곧 칼뱅과 충돌하게 되었다.[85]

---

83 칼뱅이 1542년 9월 비레에게 보낸 편지. Bonnet, ed., *Letters*, volume one, 357.
84 칼뱅이 1547년 3월 27일 비레에게 보낸 편지. Barnaud, *Pierre Viret*, 322.

칼뱅은 카스텔리옹이 어떤 신념을 갖고 있는지 점점 더 알게 되었고, 그가 솔로몬의 아가서가 정경이라는 사실을 부인하고 신앙의 다른 주제들에 대해서도 이의를 제기하자 목회 사역에 적합하지 않다고 판단하였다. 그러나 칼뱅은 카스텔리옹이 원하는 자리에 그가 적격하지 않다고 판단하면서도 자신과 카스텔리옹 사이에 평화를 지키기 위해 비레에게 편지해 그에게 적합한 다른 자리를 찾아달라고 요청하였다. "당신이 그를 돌보고 힘닿는 데까지 도와주십시오." 그러나 카스텔리옹은 칼뱅이 자신을 목회자로 받아들이기를 거부한 것에 분노하여 제네바 개혁자를 공개적으로 비난하였다. 베즈는 다음과 같이 말한다.

> …[카스텔리옹은] 너무 심하게 분노를 표출하여 잘못된 의견을 개진하는 데 그치지 않고 공공연하게 솔로몬의 아가서를 더럽고 음란한 노래로 간주하면서 정경에서 빼야 한다고 말하였으며, 자신을 반대하는 제네바의 목회자들을 매우 강하게 비난하였다.[86]

이처럼 대중 앞에 제기된 문제는 공개적으로 해결될 필요가 있었다. 그래서 이 문제는 제네바 시의회의 손에 맡겨졌다. 칼뱅은 1544년 6월 5일 서면으로 시의회에 이 문제를 제출하였다. 칼뱅의 서한을 읽은 시의회는 비레가 양측을 중재하기 위해 참석할 때까지 사건 심리를 연기하는 것이 현명하다고 판단하고 로잔의 목사 비레가 도착할 때까지 기다렸다.[87] 비

---

85 John Tulloch, D.D., *Luther and other Leaders of the Reformation* (William Blackwood and Sons, Edinburgh and London, 1883), 211.

86 Théodore de Bèze, *The Life of John Calvin*, trans. Francis Sibson (Philadelphia, 1836), 35.

레가 6월 10일 제네바에 도착하자 곧바로 절차가 시작되었다. 중상모략으로 유죄 판결을 받은 카스텔리옹은 목회직과 교수직에서 해임되었다. 그는 곧 도시를 떠났다.

카스텔리옹의 중상모략과 오만한 태도에도 불구하고, 비레는 그에게 아무런 악의도 품지 않았으며 오히려 그릇된 길로 들어선 형제를 위해 최선을 다하였다. 그는 이 사건에 대해 칼뱅에게 편지해 "나는 이 징계가 그를 회개로 이끌기를 기도합니다."[88] 라고 썼다. 다른 한편으로 비레의 중재가 카스텔리옹에게 유리한 방식으로 끝나지는 않았지만, 해임당한 사역자는 로잔 개혁자가 자신의 사건을 처리한 공평성과 온화함에 주목하지 않을 수 없었고, 평화와 화해에 대한 비레의 열망을 분명히 인식하였다. 그래서 카스텔리옹은 제네바를 떠나 새로운 직업을 찾으면서 한동안 로잔에 거처하였다.[89]

비레의 평화로운 성품과 화해의 정신이 너무나 분명해서 적들도 그를 중재자로 기꺼이 받아들였으며, 로잔 개혁가가 공평하게 행할 뿐만 아니라 자신들의 신뢰에 온화함과 인자함으로 보답할 것이라고 확신하였다. 비레는 자신의 반대자들을 혐오스러운 적이 아니라 아직 영광스러운 복음의 빛으로 인도되지 못한 사람으로 바라보는 마음을 지니고 있었다. 그는 두 번이나 자신의 목숨을 빼앗으려고 한 교황주의자들에게 다음과 같이 선언하였다.

우리는 한 번도 여러분에게 비슷한 [살인 시도]를 한 적이 없고, 언제나 여

---

87 Roget, *Histoire du peuple de Genève*, tome deuxième, 138–39.

88 Barnaud, *Pierre Viret*, 285.

89 Ibid.

러분의 호의와 관용을 얻어내었습니다. 우리가 악을 선으로 갚고, 우리를 죽이려고 한 자를 위하여 기도한 것을 경험한 사람들 가운데 여러 사람이 이에 대하여 증언할 수 있을 것입니다. …우리가 이미 여러분을 용서한 것처럼, 하나님께서 여러분을 용서하시기를 기도합니다.[90]

적에 대한 비레의 사랑이 컸다면, 형제에 대한 그의 관심과 배려는 훨씬 더 컸다. 참으로 그는 사도 바울의 말을 구현하였다. 교인 중 한 사람이 고통을 당하면, 비레는 그와 함께 고통을 받았다.(고전 12:26) 그의 다정하고 자비로운 마음은 1547년 칼뱅에게 보낸 편지에서 분명히 볼 수 있는데, 그 당시 제네바 개혁자 칼뱅은 교회 내에서 여러 힘든 투쟁으로 고통을 겪고 있었다.

아! 내가 지금 당신을 괴롭히는 환난의 한 부분이라도 맡을 수 있다면! 나도 내 몫이 있는 것은 사실이지만, 당신에게 어떤 유익도 주지 못하다니…. 내가 당신에게 조금이라도 쓸모가 있다면, 내 도움이 당신에게 조금이라도 유익이 된다면 그로 인해 내가 사람들로부터 어떤 불명예를 입더라도 크게 신경 쓰지 않을 것입니다.[91]

평화를 사랑하고 화해를 이루는 비레의 정신은 취리히의 개혁자 하인리히 불링거(Heinrich Bullinger)에게 보낸 편지에서도 잘 드러난다. 이 편지에는 그리스도의 몸의 분파적인 지체들을 다루는 그의 지혜가 잘

---

90 Jaquemot, Viret, 23.

91 비레가 1547년 10월 26일 칼뱅에게 보낸 편지. Schnetzler et al., *Pierre Viret*, 80.

드러나 있다. 이 글을 쓰게 된 계기는 루터가 최근에 발간한 한 풍자문(lampoon) 때문이었다. 루터는 믿음의 사자이자 하나님께 크게 쓰임 받는 사람이었지만 아직 성화의 과정에 있는 사람이었고, 평화로운 침묵이 더 적합한 상황에서도 종종 날카로운 혀를 내둘렀다. 그가 주의 만찬에 관한 동료 개혁자 불링거의 가르침을 격렬하게 반대하는 풍자문을 쓴 것이 그런 경우였다. 루터의 풍자문에 대해 들어 알고 있던 비레는 불링거가 거기에 대응할 준비를 하고 있다는 소식을 접하고 취리히 개혁자에게 편지해 조언하고 절제를 요구하였다.

친애하는 불링거, 나는… 당신과 당신 동료들, 믿음의 형제들 모두가 건강하다는 소식에 매우 기뻤습니다. 그러나 루터가 주의 만찬에 대해 최근 발간한 풍자문 소식을 듣고 마음이 무척 아팠습니다. 하나님의 뜻이라면 관 속에 눕게 될 날이 얼마 남지 않은 이 노인이 우리에게 다른 백조의 노래를 불렀을 것이고, 그래서 그에게 더 큰 영예를 안겨주고, 더 많은 기쁨을 가져다주고, 우리 친구들과 모든 선한 사람에게 훨씬 더 유용했을 것이며, 우리 신앙의 적들에게는 달갑지 않았을 것입니다!

…당신이 그에게 응답할 준비를 하고 있다고 들었습니다. 나는 감히 당신을 설득하지는 않겠습니다. 사실 상황이 긴급하게 당신의 응답을 요구하고 강요하지 않았다면, 당신이 글을 쓰기 시작하지 않았으리라 생각합니다. 지금껏 이런 종류의 글을 써서 얻은 이익이라고는 논쟁을 격화시키고 우리를 적들의 웃음거리로 만드는 것뿐이었다는 사실이 너무도 명백합니다! 그러므로 나는 논쟁의 기회를 일절 없애고 완전히 금하여 혹여나 우리가 미디안과 같이 화살로 우리 자신을 꿰뚫어 서로 상처 입어 죽게 될 날이 오리라고 우리의 원수들이 희망을 품는 일이 없기를 바랍니

다. …우리는 용기를 내어 간절히 주님께 간구해야 합니다. 우리 자신을 예리하게 해주셔서 공공연히 교회의 적을 자처하는 자들에 대항해 우리 혀와 펜을 사용하게 해달라고, 그리고 교회 내의 명망 있는 사람들에게 대적하지 말고 그들이 목회를 통해 비범하게 경건에 대한 열정을 진작시킬 수 있도록 해달라고 기도해야 합니다. 그러나 진리의 유산을 수호해야 할 때는 침묵을 깨뜨립시다. 침묵함으로써 교회를 배반하는 사람들로 여겨지는 일은 없도록 합시다!

그러므로 나는 감히 당신의 의도에 반해 내 의견을 주장할 수도 없고, 당신이 이 사안에 대해 글을 쓰는 것이 적절하다고 생각한다는 소식을 듣고 당신에게 계속 침묵을 요구할 수도 없습니다. …내 의견이 당신의 눈에 조금이라도 가치가 있어 보인다면, 내가 당신에게 원하는 것은 이것 하나뿐입니다. 당신이 할 수 있는 한 최선을 다해 이 논쟁에 대해 전혀 알지 못하는 사람들에게 더는 이 문제를 드러내는 일이 없도록 해주시기 바랍니다. 선한 사람들이라면 커다란 고통을 겪지 않고는 이 논쟁을 들을 수 없습니다. 실로 이러한 논쟁은 대중 앞에 퍼뜨리기보다는 모르고 지나가게 하는 게 가장 안전합니다.

…당신이 프랑스어, 독일어, 라틴어로 답변서를 출판하려고 한다는 말을 들었는데, 우리가 들은 소식이 사실이라면 이 말을 덧붙이고자 합니다. 나는 당신이 왜 그런 결정을 했는지 알지 못하기에, 당신의 의도를 비난하고 싶은 생각은 전혀 없습니다. 그러나 내가 알지 못하는 더 심각한 이유가 있거나 더 현명한 조언을 들은 게 아니라면, …풍자문이 출판된 나라의 언어로만 답해야 한다고 생각합니다. 이 풍자문에 기분이 상한 사람들이나 지금도 여전히 그럴 수 있는 사람들을 만족시켰을 때, 당신은 책임을 충분히 다했다고 여겨질 것입니다. 그것을 모르거나 이해할 수 없

는 사람들은 확실히 계속 그것을 모르는 채로 지낼 수 있을 것입니다.[92]

비레는 불링거에게 가능한 한 평화롭게 대응해달라고 요청하면서 루터의 언어가 아닌 다른 언어로 답변서를 발표함으로써 생길 수 있는 모든 불필요한 다툼을 방지하려고 애썼다. 불링거에게 보낸 비레의 편지는 그리스도의 신부인 교회에 대한 로잔 목회자의 사랑과 관심을 잘 보여준다. 비레는 모든 일에서 교회의 유익과 그리스도교의 일치를 추구하였으며, 따라서 그는 사역 내내 그리스도의 몸의 지체들 사이의 평화를 위해 온 힘을 다해 노력하였다. 비레는 정치적 경계나 언어와 문화의 차이에 개의치 않고, 교회의 신랑이신 그분의 부르심을 좇아 교회를 일치시키고, 아버지와 아들이 하나인 것처럼 모두가 하나가 되게 해달라는 그리스도의 기도를 성취하기 위해 노력하였다.(요 17:11)

---

92 비레가 1545년 1월 21일 불링거에게 보낸 편지. Ibid., 65-69.

제14장

베른과의 갈등

여호와께서 영원히 앉으심이여 심판을 위하여 보좌를 준비하셨도다
공의로 세계를 심판하심이여 정직으로 만민에게 판결을 내리시리로다
여호와는 압제를 당하는 자의 요새이시요 환난 때의 요새이시로다
여호와여 주의 이름을 아는 자는 주를 의지하오리니
이는 주를 찾는 자들을 버리지 아니하심이니이다 (시 9:7-10)

비레는 가스파르 드 콜리니(Gaspard de Coligny)에게 보낸 편지에서 이렇게 말한 적이 있다.

> 나는 태생적으로 언제나 평화를 사랑하고 모든 분열과 갈등을 혐오하는 사람이었습니다. 그런데 젊은 시절부터 하나님께서 그분의 말씀에 대한 지식을 내게 기꺼이 허락해주셨고, 이 지식에 경험을 더해주셨기에(특히 그분이 나를 거룩한 복음의 사역으로 부르시기를 기뻐하셨기 때문에) 나는 더욱더 평화와 화합을 추구하도록 자극받았고, "화평하게 하는 자는 복이 있나니 그들이 하나님의 아들이라 일컬음을 받을 것임이요"라는 예수 그리스도의 말씀을 더욱 깊이 생각하게 되었습니다.[93]

파렐은 자신의 젊은 동료에 대해 이렇게 말한 적이 있다.

> 우리에게 비레를 주신 분은 하나님이십니다. 나는 나 자신보다 그를 더 잘 알고 있으며, 그에게서 그리스도와 그분의 복음에 대한 진실한 사랑, 가혹함이라고는 일절 찾아볼 수 없는 성품, 사랑 가운데 행하고 화평을 추구하는 참된 그리스도인의 영혼 외에는 아무것도 발견하지 못했다고 말할 수 있습니다. 그가 파멸로 달려가는 군중을 목격한 경우가 아니라면, 또 하나님께서 명하여 강권하신다고 여기는 경우가 아니라면 그는 누구와도 논쟁을 벌이지 않을 것입니다. 그리고 그가 그렇게 논쟁할 수밖에 없는 상황에 놓이게 되었을 때도 너무나 온건한 태도를 보여주어 적들조차 자신들이 원하든 원하지 않든 그가 어쨌든 더할 나위 없이 존경받을 만한 성품을 지니고 있다고 인정하지 않을 수 없게 됩니다.[94]

비레는 보 지역 전역과 그 너머에까지 종교개혁의 중재자로 널리 알려졌지만 그의 삶은 결코 평화롭지 못했다. 주님은 그에게 화합과 일치에 대한 간절한 열망을 주셨으나 그분의 섭리 가운데 격렬한 불화와 골칫거리, 상반되는 목소리와 다투는 영이 뿜어내는, 정말이지 뇌우로 가득 찬 지역에 두셨다.

로잔의 담임목사로 사는 것은 실로 많은 면에서 어려움과 갈등으로 점철된 삶이었다. 더군다나 그는 보 지역 교회 내에 화해를 이루는 일까지 맡아 서로 대립하는 그리스도의 몸의 지체들에게 평화를 가져다주기 위해

---

93 Vuilleumier, *Notre Pierre Viret*, 162.

94 파렐이 불링거에게 보낸 편지. Ibid., 163.

애쓰느라 계속 바빴다. 이제는 공식적으로 개혁 교인이 되었지만 과거에 로마가톨릭에 속했던 사람들 또한 비레가 이름뿐인 도시를 내실 있게 개혁하려고 노력할수록 목회자의 어깨를 짓누르는 무거운 짐이었다. 가까이 있는 이러한 적들과 싸우고 있었지만, 그와 로잔의 개혁에 반대하는 가장 엄격하고 치명적인 공격은 다른 곳에서 나왔다. 로잔에서 멀리 떨어져 있는 이 비레의 적수는 당면한 어떤 분쟁보다 초기 개혁교회에 더 많은 해악과 혼란과 불화를 일으켰다. 그 적은 바로 프로테스탄트 칸톤 베른이었다. 당시 베른은 무엇이든지 할 수 있는 것처럼 보였고, 사실상 보 지역의 신민들을 고압적으로 다스리고 있었다. 로마가톨릭 영토 안에서 베른은 어쩌면 종교개혁의 가장 중요한 친구였지만, 동시에 그 개혁을 지속하는 데 가장 큰 위협이었다.

종교개혁의 확산에 지대한 영향을 미치고, 보 지역을 로마가톨릭 영지에서 프로테스탄트 지역으로 변모시키기 위해 진심으로 헌신한 베른 행정관들은 자신들의 영지 내에서 종교개혁의 과업에 부지런히 헌신하였다. 그들의 경건한 통치가 불러온 선한 일들은 곧 수많은 도시와 마을이 종교개혁을 선언함에 따라 보 지역 전역에서 볼 수 있게 되었다. 베른의 칙령에 따라 셀 수 없이 많은 사람이 성서의 진리를 접하게 되었으며, 많은 영혼이 구원을 얻었다. 베른 행정관들은 큰 만족감으로 수고의 열매를 바라보면서 개혁을 위한 노력을 계속하였다.

그러나 베른은 복음을 전파하려는 열망 때문에 위험하고도 치명적인 길로 들어섰다. 성서가 정한 관할권의 범위를 무시한 채 새로운 영지를 독단으로 개혁하려고 하면서 오직 교회에 주어진 권위를 찬탈한 것이다. 그들은 종교개혁의 확산과 유지를 위해 자신들의 개입이 필요하다고 생각하고, 백성이 하나님의 말씀에 부합하게 살도록 성서에 근거한 법령을 공포했을 뿐만 아니라 이 말씀을 자신들의 전 영지에 선포할 기관도 스스로 지정하고 감독하였다. 베른의 행정관들은 교회를 불신하고 교회의 모든 관할권을 장악하였다. 베른은 자신들의 영지에 있는 교회의 목회자를 임명하고, 교회 통치 문제를 지시하였으며, 정치적인 문제뿐만 아니라 영적인 문제에 대한 최종 결정권까지 가졌다. 뷔유미에는 베른 사람들의 생각을 다음과 같이 잘 요약하고 있다.

> 베른의 영주들이 채택한 관점은 잘 알려져 있다. 그것은 츠빙글리의 관점이다. 주어진 역사적 상황 안에서, 스위스에 있는 작은 공화국에서… 통치권을 지닌 시의회, 그리스도인 행정관은 신체와 재산에 관한 문제 못지않게 종교와 도덕 문제에 대해서도 최종 결정권을 가졌다. 교회도 마찬가지로 그 범주 안에 국가와 동일한 영토와 백성을 포괄하고 있지 않았던가? 그리고 그들 각각의 직무에 관해서는 양자 모두가 여기 이 땅에서—국가 생활과 개인 생활 모두에서—성서에 계시된 하나님의 뜻을 수행할 의무를 지니고 있는데, 사실상 명확한 경계선을 긋는 것이 가능할까?[95]

이렇게 행정관들이 교회의 관할권을 찬탈하자 보 지역 교회들 안에 많은 갈등과 혼란이 초래되었다. 비레가 로잔에서 사역을 통해 계속 바로잡으려고 노력한 것이 바로 이 문제였다. 비레는 이 도시에 있는 동안 로잔과 베른 사이를 빈번히 오가면서 교회와 국가의 역할과 하나님이 정해주신 관할권의 범위를 둘러싼 수많은 쟁점에 대해 베른 행정관들과 소통하고 논의하여, 베른 영주들이 지금 자신들에게 속한 것이라 자처하지만 사

95 Ibid., 117-18.

실은 하나님께서 교회에 주신 권한을 되찾아오기 위해 노력하였다.

베른 행정관들이 개혁을 통제하고 진척시키려고 취한 여러 비성서적인 조처로 인해 오히려 그들은 그들이 돕고자 한 바로 그 운동에 큰 혼란을 불러왔다. 그리고 그들의 잘못된 전제에서 비롯된 위험은 그들이 그들 영지의 교회들을 다루는 태도에서, 특별히 영적인 문제에 관해 선포한 여러 법령에서 곧 분명하게 드러났다. 베른이 공포한 그런 법령 중 하나에서는 행정관들이 영적인 문제를 지시하고 '교리와 예배에 관한 문제를 독단으로 처리할' 특권을 지니고 있다고 자처하였다.

> 주의 만찬의 진정한 의미에 관한 독일 성직자들의 끊임없는 논쟁에 지친 수도[베른]의 한 신학자가 그 지역 내의 모든 목사에게 배포할 화해의 신앙고백을 작성하였는데, 사전에 교회 공동체의 동의를 구하지 않았다. … 유사한 영적 독재자가 적법한 관행이라는 폭력을 휘두를까 염려해 격렬한 폭동을 일으킬 수도 있을 법한 선례였다. 비레는 '거룩한 것들'과 관련하여 통치자는 그가 누구이든 간에 '다윗이 예언자 나단에게 자문한 것처럼' 하나님의 사역자들과 상의해야 한다고 말하였다.[96]

베른은 스스로 세속 권력의 우두머리와 교회의 수장을 자처했고, 따라서 그들은 권위적인 법령으로 정치적인 문제를 결정하는 것처럼 영적인 문제도 그렇게 하려고 하였다. 이러한 권력 강탈은 보 지역의 교회들에 막대한 영적 피해와 무수한 악폐를 가져왔다. 행정관들의 잘못된 열정이 개혁교회의 존립 자체를 위협했기 때문이다. 특히 교회의 권징과 관련하여

---

96 Ibid., 125-26.

교회 자체의 관할권을 강탈한 경우보다 더 치명적이고 명확하게 드러난 강탈의 사례는 아마 없었을 것이다. 지역 회중의 퇴폐와 방종 행위가 교회로부터 정당하게 정죄를 받는 대신 오히려 통치 당국에 의해 용인되었다. 즉 교회가 그러한 행위나 행위자에 대해 견책하는 것을 당국이 금지하는 형국이었다.

이와 비슷한 여러 악폐로 비레는 로잔의 목사로서 도시 내에 만연한 방탕을 다루거나 억제하려고 할 때마다 행정관들의 통치 행위와 계속해서 갈등을 겪었으며, 어려움은 날이 갈수록 더해졌다. 비레는 1543년 성탄절에 칼뱅에게 편지를 보내면서 로잔에서 그를 괴롭히는 수많은 난제 중 하나에 대해 말하였다.

> 고리에 고리가 연결되어 있듯이, 나에게는 스캔들이 또 다른 스캔들을 낳습니다. 내가 베른에서 돌아온 이후 새로운 갈등을 일으키는 문제가 부상했고, 이 갈등이 너무 심각해져서 나는 결국 성탄절 전날 법률에 호소하였습니다. 그러나 아직 재판관 앞에서 소명이 이루어지지는 않았습니다. 이 갈등의 원인을 몇 마디로 말씀드리겠습니다.…
>
> [여기서 비레는 영아살인죄를 범한 두 명의 매춘부에게 어떤 평결이 내려졌는지, 그리고 매춘과 간통의 억제를 위해 어떤 법령이 공포되었는지 설명하고 있다.]
>
> …어떤 방탕한 자들과 간음하는 자들이 이 소문을 듣자마자 당신은 그들이 얼마나 불평하고 위협했는지 들으면 놀랄 것입니다! 그들은 시민의 권리가 침해됐다고 불만의 소리를 토했습니다. 그들은 자신들이 '수도원'이라 부르는 형제단을 소환했습니다. 수도원에는 그에 걸맞은 수도사들이 있는데, 바로 젊은이들과 가장 제멋대로 구는 그들의 대표자들입니

다! 총회가 소집되었습니다. …매춘부는 석방되어 자유를 얻었습니다.

…[일요일에] 나는 다른 사람들 사이에서 그 주제를 꺼냈습니다. …나는 사람들에게 그들이 추종하는 자들을 조심하라고 권고하였습니다. 요컨대, 내가 들은 바로는 내 이야기가 정직한 사람에게는 큰 기쁨을 주었고 악한 사람에게는 그에 못지않은 불쾌감을 주었습니다. 내 설교는 의회가 동의하지 못할 것은 결코 아니었지만, 일부 허풍쟁이들, 특히 야콥 드 프라로망(Jacob de Praroman)을 크게 괴롭혔습니다. …그들은 욕설을 퍼부었습니다. 그들은 자신들이 제네바에 있지 않다고 주장하며 "우리가 그곳에서 하던 일을 계속하도록 내버려두지 않을 것"이라고 공언하였습니다. 또한 내가 "목에 밧줄을 걸어 사람들을 그들에게서 등 돌리게 한다."라고 비난하였습니다.[97]

이 스캔들이 있고 나서 주의 만찬 거행을 위해 지정된 날짜가 도래하였다. 비레는 거룩한 예식을 집례하기에 적절하지 않은 때라고 판단하여 시의회에 가서 성만찬을 연기하는 것을 허락받았다. 비레는 칼뱅에게 이를 자세히 설명하면서 교회 내에서 성서적 권징을 시행할 필요성에 대해 의견을 표하였다.

우리는 예정되어 있던 성만찬 예식과 관련해 걱정이 많았습니다. 그러나 컨시스토리와 시의회와 소통하고 검토한 후에 성만찬 집례를 연기할 수 있었고, 그 후 이 비극의 장본인들도 더는 모습을 드러내지 않게 되었습

---

97 비레가 1543년 12월 25일 칼뱅에게 보낸 편지. Schnetzler et al., *Pierre Viret*, 55-57.

니다. 더욱이 그들은 내쫓겼습니다. 아직 문제가 남아 있습니다. …이 방탕하고 구제 불능인 짐승들에게 명령을 내리고, 우리의 사역을 강화하고, 무엇보다도 컨시스토리 내에 권징을 잘 확립하고 공중도덕을 세우기에 어느 때보다 지금이 적기인 듯합니다. 따라서 이 적대자들이 퇴각하고자 할지라도 나는 목회 사역의 권위가 이처럼 더럽혀지도록 내버려두지 않을 것입니다. 이런 무례한 오만이 제대로 신속하게 진압되지 않으면 사역의 권위가 상실되기 때문입니다.[98]

로잔의 목회자로서 하나님 앞에서 자신의 책임을 깨달은 비레는 회중 내부의 죄를 본격적으로 다루어야 할 목회적 책임을 깊이 인지하고 있었다. 비레는 교회 권징이 시급히 필요하다는 것을 알았지만, 그것을 시행할 권한이 없었다. 베른이 이런 사법적 권한을 금지하였기 때문이다. 베른의 '종교개혁'에 따르면 교회의 권징과 파문의 권한은 더는 목회자들에게 주어지지 않고 오직 행정관들에게만 있었다. 그들은 자신들만이 하나님께서 세우신 국가 권력자로서 그러한 일을 다스릴 지혜를 지니고 있다고 생각하였다. 그래서 지역 교회의 목사와 장로들에게 어떠한 관할권도 주지 않고 이 권리를 수호하기에 급급하였다.

베른의 영주들은 비성서적인 칙령을 공포함으로써 비레를 난처하게 만들었다. 그동안 로잔의 목사 비레는 그리스도교 행정관들에게 최대한 경의를 표하였고, 그들에게 온전히 순종하려 애썼기 때문이다. 뷔유미에는 다음과 같이 말한다.

---

98 Ibid., 58.

또한 우리의 개혁자가 올바른 사법 행정, 가난한 사람들에 대한 자선, 공교육을 향한 베른 사람들의 헌신에 대해 칭찬을 아끼지 않았다는 사실에 우리는 주목해야 한다. 그는 로잔 논쟁의 결정문 중 한 구절이 선포하고 있는바, "행정관이 하나님을 거스르라고 명하지 않는 한, 하나님이 임명한 행정관에게 복종하라."라는 말을 언제나 누구보다 먼저 엄격하게 지켜 모범을 보였다는 사실을 덧붙일 필요가 있겠는가?[99]

비레는 행정관의 관할권에 속하는 모든 문제에 대해서는 누구보다 먼저 그들에게 온전히 복종하였지만, 그들이 이 관할권을 넘어서서 하나님이 교회에 부여하신 책무를 침해할 때는 언제나 그들의 본분을 상기시켰다. 그러므로 영주들이 교회의 통치와 권징에 관해 어떤 명령을 내리든 간에 비레는 성서적으로 무엇을 해야 하는지 알고 있었다. "이 악한 사람은 너희 중에서 내쫓으라"(고전 5:13)라는 말씀처럼, 그는 교회를 보존하고 거역하는 자들이 "훈계를 받아 신성을 모독하지 못하게"(딤전 1:20) 하기 위해서는 회중 가운데 제멋대로 굴면서 불순종하는 자들에게 교회 권징을 시행해야 한다는 것을 분명히 알았다. 적은 누룩이 전체 덩어리에 퍼진다는 것을 잘 알고 있었기에, 그는 그리스도의 몸인 교회에 이런 퇴폐적이고 부도덕한 지체들이 드나들 때 교회가 맞닥뜨릴 수 있는 심각한 위험을 당연히 염려하였다. 양 무리를 그릇된 길로 이끌려는 이 방탕한 교사들의 메시지 안에 담긴 독은 암세포처럼 퍼져 교회의 구조와 틀 자체를 위협할 것이 분명하였다.

이와 비슷한 여러 갈등이 로잔 교회와 시민 행정관 사이에 계속 발생하

---

99 Vuilleumier, *Notre Pierre Viret*, 111.

자 비레는 이러한 중요한 문제를 오직 하나님의 말씀에 근거하여 진술하고 설명하는 책을 저술할 수밖에 없었다. 『하나님의 말씀 사역과 그것에 근거하는 성례전의 능력과 실행』(*De la vertu et usage du Ministère de la parolle de Dieu et des Sacremens dépendons d'icelle*)[100]에서 비레는 하나님께서 말씀의 사역자에게 부여하신 역할과 그에 따른 엄숙한 책무, 곧 그 시대 행정관들이 강제로 찬탈한 책무를 명확하게 정의하고 설명하기 위해 노력하였다.

비레는 이 책을 베른 영주들에게 헌정하였고, 750쪽이 넘는 이 책에서 교회가 성례전을 올바르게 집행하도록 가르칠 뿐만 아니라 하나님이 명하신 교회의 역할과 관할권을 행정관들에게 명확히 설명하려고 하였다. 책에서 기술하듯이 성례전을 어떻게 집행할 것인지 결정하는 일은 개인의 의견이나 행정관의 법령이 관여할 수 있는 문제가 아니었다. 비레는 이 책에서 말씀 사역자의 책임이 신성하다는 것을 명백히 밝혔으며, 하나님께서 하나님의 말씀, 우리가 반드시 순종해야 하는 말씀 안에 그 책임을 분명하게 나타내셨다고 선언하였다.

인간의 발명품이나 상상력의 산물이 영향력을 행사하는 일은 결코 허용될 수 없다. 오직 하나님께서 그분의 교회가 어떻게 존재할지 정하셨고, 이 존재 방식은 문자 그대로 지켜져야 한다는 것이다. 이 진리의 중요성을 의식한 비레는 당면한 문제가 얼마나 엄중하고 신성한 문제인지 설명하면서 헌정사를 시작한다.

---

100 『하나님의 말씀 사역과 그것에 근거하는 성례전의 능력과 실행』(*The Power and Use of the Ministry of the Word of God and the Sacraments Dependant upon It*).

고린도 사람들이 우리 주 예수 그리스도의 성만찬을 거행하는 동안 저지른 오남용 때문에 그들에게 임한 하나님의 심판에 대해 사도 바울이 한 충고(고전 11장)는 오늘날… 복음의 개혁에 우쭐하고 있는 사람들에게 참으로 환기되어야 합니다. 오용으로 인해 현재 그리스도교 전체에 임한 하나님의 진노의 큰 재앙을 항상 생각해야 합니다. [바울]은 그들 중에 병든 사람이 많고, 이미 죽은 사람이 많다고 지적한 다음 이러한 악의 원인과 근원을 밝혔는데, 그들이 당시 성만찬을 멸시하고 남용한 데서 비롯된 일이었다고 단언하였습니다.[101]

비레는 베른 영주들에 대한 헌정사를 계속 이어가면서 로잔의 목사인 자신의 마음을 무겁게 짓누르는 문제를 꺼냈다.

이제 하나님께서 이런 이유로 고린도 교인들을 찾아오셔서 치셨다면(그들은 이전에 이교도이자 우상 숭배자였다가 최근에야 복음을 알고 고백하게 된 사람들입니다.), 지금 그리스도교 전체에 이런 하나님의 무서운 재앙이 임했다고 해서 우리가 놀랄 일입니까? 궁핍과 기근으로 괴로움을 당하는 사람들이 있다고 한들 그것이 놀랄 일입니까? 전염병과 기타 심각하고 이상한 질병으로, 전쟁으로 괴로움을 당하는 사람들이 있다고 한들 놀랄 일입니까? 단지 우리 주 예수의 성만찬에 대해서뿐만 아니라 하나님의 모든 말씀과 그 사역, 모든 성례전, 모든 예배, 모든 선한 그리스도교적 권징에 대해 너무나 심각한 멸시가 계속되었고 지금도 여전한데, 그리고 모든

101 Pierre Viret, *De la vertu et usage du ministère de la parolle de Dieu et des Sacremens dépendons d'icelle* (1548), i–ii.

거룩한 것들에 대한 모독이 너무나 엄청나서 생각만으로도 끔찍할 정도인데, 하나님의 채찍과 저주가 동시에 우리에게 임하는 일이 때때로 일어난다고 해서 그것이 놀랄 일입니까?[102]

비레는 하나님 말씀의 사역자로서 죽어가는 세상에 성서의 진리를 순전히 선포해야 하는 자신의 책무가 얼마나 엄중하고 신성한 것인지 분명히 알았다. 그는 또한 인간의 법과 규정을 반포하고 제정함을 통해서가 아니라 오직 하나님께서 정하신 방식과 수단을 통해 이 소명이 인도된다는 것을 분명히 알았다. 비레는 자신이 결산 보고를 해야 할 대상이 누구인지 잘 알고 있었기에 로잔의 목사로서 하나님 앞에서의 책임을 무겁게 인식하고 있었고, 교회 내에서 중대한 방탕과 죄악이 저질러졌을 때는 두려움에 떨었다. 그는 다음과 같이 쓰고 있다.

우리[목사들]에게 맡겨진 책무에 대해 결산해 보고해야 한다는 점을 감안할 때, 만약 [하나님의 말씀에 대한] 이러한 멸시와 남용이 우리의 침묵과 나태함으로 인해 야기한 것이라면, 우리는 그에 대한 형벌 또한 지게 될 것이 분명합니다. …그러므로 나와 내 형제들에게 임할 이러한 하나님의 심판을 두려워하기에, 그리고 그분의 수중에 들어가는 것이 얼마나 무서운 일인지, 거짓 목자와 벙어리 개를 향한 선지자들의 저주가 무엇이고, 또 어떤 혼란과 고통이 그들에게 임할지 알기에—또한 예수 그리스도와 그가 피로 사신 그분의 교회에 대하여 우리가 무엇을 빚지고 있는지 생각할 때—나는 정말로 주님이 내게 맡기신 재능에 따라 이 문제에서 우리

102 Ibid., iii-iv.

가 택할 수 있는 가장 정확하고 가장 단순해 보이는 방법을 설명하고 싶습니다.[103]

비레는 자신의 엄중한 책무에 대해 이렇게 자세히 설명한 다음 베른 영주들에게 자신이 이 책을 헌정한 이유를 다음과 같이 밝혔다.

이 문제는 교회의 개혁에 관한 것으로, 교회개혁을 위해 꼭 필요하고 중요한 것이며, 존경해 마지않는 영주 여러분은 하나님께서 이때 바로 이 거룩한 일을 하라고 세우신 권위자들입니다. …하나님께서 이 책임을 여러분에게 맡기셨으니 이 책을 헌정하기에 여러분보다 더 적합한 사람은 이 땅에 아무도 없다는 것을 잘 알 수 있습니다.[104]

실로 베른 영주들과의 무수한 갈등과 다툼에도 불구하고 비레는 보 지역에서 하나님 나라를 진작시키기 위해 열심히 일한 행정관들에 대해 진심 어린 애정과 감사의 마음을 지니고 있었고, 그래서 그는 주님의 일에 힘써 수고한 시민 권력자들(civil lords)에게 빚진 마음을 공개적으로 표현하였다. 비레의 글은 결코 영주들에 대한 공격이 아니라 주님께서 그보다 높은 직위에 앉히신 권력자들에 대한 공손하고 경건한 견책이었다.

그러므로 하나님 나라를 발전시키고 그분 교회의 덕을 세우고자 하는 참된 열망에 감동한 모든 사람은 하나님께 감사하고, 여러분이 그들과 그

---

103 Ibid., xxii-xxiii.

104 Ibid., xlii-xliv.

형제들에게 행했고 지금도 매일같이 행하고 있는 선한 일들에 대해 여러분께 큰 빚을 지고 있다고 여기는 것이 마땅합니다. …그리고 무엇보다도 나는 이 일을 행하는 마지막 사람이 아니라 첫 번째 사람이고, 모든 사람 중에 그 필요를 가장 크게 느껴 이 일을 행하는 것입니다. 나는 여러분의 방식에 따라 젊은 시절부터 이 거룩한 직분에 부르심을 받았고, 또 여러분의 보호 아래서 하나님이 내게 주신 은혜대로 지금까지 섬기고 있으니… 법에 따라 나와 내 선임자들은 여러분을 이 세상에서 참되고 합법적이며 지당하고 탁월한 영주들로 인정합니다. 나는 내 생명을 사랑하는 것보다 여러분의 명예와 선과 구원을 더욱 소망합니다.

그러므로 여러분에게 간구하노니 내가 쓴 것을 경솔함이나 억측 탓으로 돌리지 말고, 기분 나쁘게 받아들이지도 말며, 오히려 나의 선조, 스승, 주인, 보호자에게 바치는 글인 양 받아들여 주십시오.[105]

로잔의 목사 비레는 원고를 완성한 후 서문에 "당신의 비천하고 겸손한 신하 피에르 비레"라고 서명한 다음 출판에 앞서 칼뱅에게 보냈다. 비레는 이 책에서 다루는 문제의 미묘함을 인식하고 제네바 개혁자 칼뱅에게 출판되기 전에 명확성과 정확성을 기할 수 있도록 손을 봐달라고 요청하였다.[106]

1548년 7월에 인쇄된 비레의 『하나님의 말씀 사역과 그것에 근거하는 성례전의 능력과 실행』은 인간의 발명이나 상상이 아니라 하나님이 정하신 방식으로 그분을 예배해야 할 필요성뿐만 아니라 하나님께서 교회를

---

105 Ibid., xlvi–xlviii.

106 Vuilleumier, *Notre Pierre Viret*, 189.

위해 예비하신 의무, 권위, 관할권에 대한 참신한 성서적 주석으로 명성을 얻었다. 행정관들이 하나님을 어떻게 예배할지를 명하였을 때, 이 책은 하나님 말씀의 탁월성이야말로 어떻게 하나님을 예배해야 하는지를 말해주는 유일한 규범이라고 분명하게 제시하였으며, 이 땅의 모든 영주와 통치자의 법령보다 성서를 따라야 한다는 거룩한 요청을 내렸다.

비레의 책은 다양한 반응을 얻었다. 교회 내의 많은 사람은 이 책에 대해 찬사를 보냈는데, 보 지역 내에서 너무나 비방당하고 곡해받던 그리스도교 목사의 책무에 대한 꼭 필요한 설명이 있었기 때문이다. 또한 이 책은 큰 반대에도 부딪혔다. 곧 비레, 칼뱅, 그리고 이들의 견해에 동조하는 목회자들에 대해 신랄한 적대감을 불러왔다. 책이 출판되자 즉각적으로 격렬한 저항이 일어났는데, 이 출판을 기회로 여러 사람이 비레와 그가 기초하고 있는 성서적 토대를 공격하였기 때문이다. 로잔 아카데미의 교수이자 '열두 학자'(Douze Escholiers)의 수장 제베데(칼뱅이 '그 독사'[107]라고 부른 사람)는 저항하는 무리에 합류하여 비레의 입장을 맹렬히 비난하였고, 또 다른 이들은 책이 등장하자 분노에 사로잡혀 교회 관할권에 대한 비레의 가르침이야말로 로마가톨릭으로의 회귀라고 매도하였다.[108]

이러한 갈등이 고조됨에 따라 비레와 로잔 회담 동료들은 만나서 숙고 중인 주제들에 관한 99개 논제를 작성하였다. 그들은 그것을 교회 문에 붙이고 공개적인 논쟁을 요청하였다. 이 문제들을 공개적으로 논의하고 성서에서 하나하나 입증해냄으로써 사방에서 쏟아져 나오는 격한—종종 무지한—비난과 부당한 혹평을 종식하고자 한 것이다. 이 소식을 들은

---

107 Ibid., 169.

108 비레가 1548년 7월 23일 그발터에게 보낸 편지. Bruening, *Epistolae Vireti,* epistle 23.

베른은 논제 사본을 입수하여 6명의 목회자에게 검토를 맡겼다. 신중한 검토 끝에 시몬 숼처(Simon Sulzer), 비트 게링(Beat Gering), 콘라트 슈미트(Konrad Schmidt)와 같은 3명의 목사는 비레가 작성한 논제에 적극적으로 동의를 표하였다. 다른 3명의 목사는 그의 진술에 격렬하게 반대하였고, 시의회에 출석해 거친 발언을 쏟아내어 동료들의 한층 온건한 권고를 금방 압도해버렸다. 그들은 비레의 입장을 (바르노의 표현대로 하자면) "정치적으로나 교회적으로 새로운 교황주의이자 새로운 폭정"[109]이라고 비난하면서 즉각적인 제지를 요구하였다.

세 목사의 격정에 휩쓸린 베른은 숼처, 게링, 슈미트가 비레의 명제를 고수하느라 자신들의 취임 선서에 불충실했다고 정죄하면서 그들의 신념을 '베른 종교개혁'의 신앙에 맞춰 바꾸라고 명령하였다. 베른의 세 목사는 이것을 거부하였고, 결국 면직되었다.

세 목사에 대한 베른의 부당한 해임이 신속하게 이루어지면서 이 예상치 못한 타격에 보 지역 목사들은 적잖이 충격을 받았다. 보 지역 목사들이 자신들의 주장을 펼칠 수 있도록 허락받은 청문회도 열리지 않았다. 대신 강제적인 판결이 해당 교구의 신학적 신념을 단호하게 결정하였으며, 그 지역 목사들에게는 자신들의 입장을 진술할 기회가 전혀 주어지지 않았다. 더는 성서에 규정된 명령에 따라 교회를 다스리려고 애쓰는 목사회가 교회 통치 문제를 결정할 수 없을 것 같았다. 베른은 목사들이 교회, 그리고 하나님이 주신 교회의 역할과 관련된 주제들에 대해 공개적으로 토론하는 것을 허용하지 않았다. 보 지역에서 숙고의 대상인 교회 통치 문제는, 더는 목사와 장로의 손에 있지 않았다. 대신 베른은 이후에 교회들이

---

109 Barnaud, *Pierre Viret*, 334–35.

지지해야 할 해석을 자의적으로 결정하였다. 이후 거룩한 목회 사역에 관한 모든 문제는 행정관들의 단독 재량에 맡겨졌다.

이 놀라운 실상이 베른 영토 전체에 암울하게 퍼져나가자 비레와 보 지역 목사들은 하나님 말씀의 우월성을 밝히고 행정관들의 독단적인 명령을 상대하기 위한 길고 힘든 투쟁을 준비하였다. 이 투쟁이 시작되는 데는 그리 오랜 시간이 걸리지 않았다. 로잔 교수단은 제베데를 "질투와 야망으로 가득 찬"[110] 사람으로 특징지었는데, 제베데는 혼란과 소란을 틈타 비레의 견해를 공개적으로 비판하였다. 그는 새로 출간된 비레의 책에서 특정 구절을 택해 이를 자기 방식대로 라틴어로 번역하여 베른 시의회 앞에서 그를 비방하려고 하였다.[111] 교회 내에서 비레의 권위와 지위를 훼손하기 위해 가능한 모든 일을 하면서 제베데는 심지어 '열두 학자'의 수장이라는 자신의 직책을 이용하여 학생들로 하여금 그들의 목사에게 편견을 갖도록 하였다.

제베데의 공격은 날로 심해져 곧 로잔 교회의 안녕에 매우 큰 위협이 되었고, 마침내 1549년 5월 이 문제를 다루기 위한 총회가 소집되었다. 베른에서 열린 회합은 며칠간 계속되었다. 비레는 얼마 전 3명의 목회자를 난폭하게 해임한 통치자들 앞에서 개최된 이 모임에 별다른 기대를 하지 않았지만, 그의 주장에 호의적인 결론이 도출되었고, 곧이어 제베데에게 로잔에서 물러나 다른 곳으로 옮기라는 결정이 나왔다.[112]

하지만 제베데가 면직된 직후 베른 행정관들은 또 다른 파괴적인 판결

---

110 Ibid., 331.

111 비레가 1548년 7월 23일 그발터에게 보낸 편지. Bruening, *Epistolae Vireti*, epistle 23.

112 Bruening, *Calvinism's First Battleground*, 193–94.

을 내렸다. 베른은 이 분쟁의 파장이 진정되기를 기다리지 않고, 9월 2일 자신들이 제베데 사건의 원인이라고 여기는 주간성서연구 모임에 관한 법령을 발표하였다. 이 모임은 교회의 목사와 장로들이 모여 성서를 연구하고, 교리, 교회 정책, 교회 행정과 복지에 관한 모든 문제를 논의하는 모임이었다. 바르노는 목회자와 학생의 주간성서연구 모임을 다음과 같이 설명한다.

> 매번 모임에서 그 도시나 지역의 목사나 교수 중 한 사람이 그날 다룰 [성서의] 본문을 프랑스어로 읽고 논지를 전개하였다. 그런 다음 모든 사람이 자유롭게 발언할 수 있었지만, 질서를 유지하기 위해 가장 저명한 사람이 먼저 논의를 시작하여 토론의 분위기를 잡았으며, 그들은 또한 발표자가 언급한 내용 중에 정확하지 않은 것이나 표준 교리에 맞지 않는 것을 바로잡음으로써 발언을 마쳤다. 그리스어와 히브리어 교수들은 항상 참석하여 그때마다 번역의 정확성을 보증하였다. 끝으로 이 공개적인 회합은 로잔 근처에 거주하는 가난한 외국인들을 위해 헌금하는 것으로 마무리되었다.[113]

베른은 비레와 제베데의 신학적 의견 차이를 검토한 후, 목회자들이 신학적 의견을 공개적으로 표명할 수 있는 모임을 허용하는 것이 더는 안전하지 않다고 판단하였다. 베른은 인가된 성서 해석을 시민법을 통해 선언하는 편을 선호하였고, 그들의 영토 내에서 허용되는 가르침에 대해 보다 엄격한 태도를 취하였다. 따라서 베른은 1549년 9월 2일 보 지역의 목사

113 Barnaud, *Pierre Viret*, 354.

들에게 보낸 서신에서 다음과 같이 선언하였다. "주간 모임은 그것이 제정된 목적을 충족시키지 못하고, 불화, 싸움, 논쟁, 갈등을 야기하고 있다는 점에 주목한 결과… 주간성서연구 모임을 금지하는 바이며, 이제부터 1년에 네 차례만 모이게 될 것이다."[114]

이 가혹한 법령 선포에 개혁파 공동체는 선견지명 있는 두려움을 느꼈다. 개혁파 공동체에게 주간성서연구 모임은 교육, 책임, 격려, 성장의 필수 원천이었다. 칼뱅은 펜을 들어 베른의 교수 볼프강 무스쿨루스(Wofgang Musculus)에게 단 하나의 논쟁 때문에 베른이 주간 모임을 금지하는 것은 부당하다고 편지하였다.

> 나는 그 미치광이[제베데]가 교회를 끊임없이 괴롭히기로 결심하기 전에는 로잔에서 어떤 논쟁도 없었다고 들었습니다. 누구나 주간성서연구 모임이 훌륭한 제도임을 인정할 것입니다. 그리고 지금까지의 경험에 따르면 많은 열매가 있었습니다. …한 사람의 잘못 때문에, 한 게으름뱅이의 방종 때문에 사람들의 유익한 활동을 막는 것은 분명 부당합니다. 한 개인의 범법 때문에 모든 사람에게 벌을 주는 것은 형제들에게 정당하지 않습니다.[115]

칼뱅은 또한 베른의 칙령으로 교회가 처하게 될 위험과 중대한 위기를 분명하게 깨닫고 다음과 같이 격하게 말하였다.

---

114 Ibid., 351-52.

115 칼뱅이 1549년 11월 28일 무스쿨루스에게 보낸 편지. Bonnet, ed., *Letters*, volume two, 237.

[주간 모임에서] 형제들은 이런 식으로 해석하는 연습을 함으로써 유익을 얻습니다. 이제 의견 교환이 적어질수록, 해로운 독단주의의 위험은 더 커질 것입니다. 게으른 자는 방해받지 않고 잠을 잘 것이고, 많은 사람이 이래저래 불경해지거나 타락하게 될 것입니다. …선한 사람들은 모두 이 칙령 아래 신음하고 있고, 악한 자들은 기뻐하고 있습니다.[116]

비레는 파렐에게 "이것이 교회와 아카데미에 얼마나 많은 해를 끼칠지 아무도 모릅니다."[117]라고 써 보냈다. 그는 또한 불링거에게 개혁교회가 처한 절박하고 곤란한 상황을 한탄하면서 다음과 같이 편지하였다.

아! 하나님, 우리가 충분한 근거도 없이 이 악을 지나치게 확대 해석해서 고통을 받고 슬퍼하는 것이라면 차라리 좋겠습니다! 하지만 사안이 너무 중대해서… 모든 경건한 사람들과 교회를 맡아 책임지고 있는 사람들에게 너무나 큰 고통을 줄 것입니다.

…누구라도 이 훌륭한 제도를 남용하는 것이 발견되면, 그 당사자들을 견책하고 그 무모함에 마땅한 처벌을 하되, 그 일로 전체 교회가 벌을 받는 일은 없도록 해주십시오. 악인들이 때때로 남용한다고 해서 모든 것을 금해야 한다면, 폐지할 필요가 없는 것이—그것이 아무리 거룩한 것이라 할지라도—도대체 있을 수 있겠습니까?[118]

---

116 Ibid., 252.

117 Barnaud, *Pierre Viret*, 353.

118 비레가 1549년 10월 19일 불링거에게 보낸 편지. Schnetzler et al., *Pierre Viret*, 98-99.

파렐은 베른 법령에 대해 칼뱅에게 보낸 편지에서 "이것은 파멸과 황폐의 시작이다!"[119] 라고 예언자적인 발언을 하였다. 보 지역 목회자들이 정확하게 파악한 대로 베른은 주간 모임을 금지함으로써 성서적 관할권에 대한 자신들의 왜곡된 해석을 그대로 드러냈다. 시민 행정관은 전지전능한 존재로 백성의 정치적 필요뿐만 아니라 영적 필요도 모두 다스렸다. 보 지역은 로마가톨릭 교황의 압제에서 해방되었지만, 이제는 그와 유사한 압제를 당하게 되었다. 비레가 언급했듯이 폭군만 바뀌고 폭정은 그대로였다. 베른은 종교개혁을 이용하여 백성에 대한 지배력을 강화하고, 교황을 대신하여 백성에 대한 수위권을 취하였다.

비레는 이런 태도의 위험을 인식하고 십계명에 대한 주석에서 자주 목격되는 국가의 교회 관할권 찬탈에 대해 언급하면서 자신이 생각하는 바를 다니엘과 디모데의 대화 형식으로 기록하였다.

> **다니엘:** 예수 그리스도의 멍에를 메고자 아니하고 그분의 말씀과 그분 교회의 규율에 복종하려고 하지 아니하는 자들[행정관들]에 대해 말하자면, 적그리스도의 멍에를 벗어던진다는 구실로 자신들에게 기꺼운 모든 것을 할 수 있는 자유를 행사하기 위해 예수 그리스도의 이름과 복음의 이름으로 자신들이 섬김을 받으려 할 뿐이라는 것을 분명하게 드러내고 있지 않습니까?
>
> **디모데:** 나는 당신의 말대로 그들에게서 큰 악을 봅니다. 교황이나 주교, 사제나 수도사에게 복종하지 않는 데 매우 만족해하면서도, 자신들이 찬탈한 것과 유사한 폭정으로 교회와 그 사역을 자신들에게 복속시키고,

---

119 Barnaud, *Pierre Viret*, 353.

교회와 교회 지도자들과 모든 그리스도인을 지배하고자 하는 사람들이 많습니다. 이로써 우리는 폭정을 크게 바꾸지 못했고, 단지 폭군만 바꾸었을 뿐이며, 그들은 다른 방식으로 폭정을 위장하고 있습니다.

다니엘: 이들은 여로보암의 후계자들입니다. 여로보암은 자기 뜻대로 제사장들을 성별하고 교회 사역자들을 명하며, 예배에 관한 율법과 규례를 그들에게 내릴 권세와 권위를 자신이 지녔다고 여겼습니다.(왕상 12:31-33)[120]

세월이 흐르면서 비레와 베른 행정관들 사이에는 점점 더 긴장이 고조되었다. 비레는 로잔에서 최선을 다해 개혁을 추진하면서 친(親)로마가톨릭 대중을 프로테스탄트 신자로 변화시켰지만, 하나님께서 교회에 맡기신 사역과 관할권을 국가가 점점 흡수함에 따라 그의 사역은 더욱 어려워졌다. 로마가톨릭이 권력을 휘두르던 시절처럼 이제는 주교의 명령이나 교황의 명령이 아니라 프로테스탄트 행정관의 펜이 다시금 성서를 대체하였다.

120 Pierre Viret, *Instruction Chréstienne*, tome deuxième (L'Age d'Homme, Lausanne, 2009), 274.

제15장

•

추방

여호와의 친밀하심이 그를 경외하는 자들에게 있음이여
그의 언약을 그들에게 보이시리로다
내 눈이 항상 여호와를 바라봄은 내 발을 그물에서 벗어나게 하실 것임이로다
주여 나는 외롭고 괴로우니 내게 돌이키사 나에게 은혜를 베푸소서
내 마음의 근심이 많사오니 나를 고난에서 끌어내소서 (시 25:14-17)

비레는 20여 년간 베른 영주들과 투쟁을 이어가면서 그들에게 하나님께서 정해주신 관할권에 만족하고 제발 교회에 속한 관할권은 교회에 맡겨달라고 간청하고 권고하였다. 비레는 국가가 관할권을 찬탈함으로써 야기하는 치명적인 위험을 분명히 알고 있었기에 여러 차례 베른으로 가서 회중의 대의를 변호하였다. 이와 함께 행정관들에게 하나님이 교회에 부여하신 관할권을 교회에 넘겨주고 교회를 세우고 확립하는 데 필요한 권징은 자신과 다른 목사들에게 맡겨달라고 간청하였다. 비레는 직접 또는 서면으로 베른 영주들에게 성서적으로 결정해달라고 탄원하면서 참된 교회가 그 교인들을 다스릴 수 있도록 허락해야 한다는 점을 분명히 하였다. 국가가 존속하기 위해서는 시민 정부가 그 시민들을 다스려야 하는 것처럼, 교회도 확실하게 존립하기 위해서는 하나님의 말씀에 따라 역할

을 다하고 무질서한 교인들을 징계할 수 있도록 권위와 권리를 부여받아야 한다. 비레는 그러한 권위와 치리 없이는 교회가 결코 존재할 수 없을 것이라고 행정관들을 설득하였다. 그는 "그리스도의 가르침에 따라 돼지와 개와 양을 분별할 수 있게 하는 치리를"[121] 목사들이 집행하도록 허용해야 한다고 주장하였다. 그는 이렇게 선언하였다. "하나님의 말씀을 다루고 성례전을 집행하는 일 또한 내려놓아야 하는 경우라면 치리도 포기할 수 있다. 치리 없이는 말씀과 성례가 제대로 시행될 수 없기 때문이다."[122]

비레는 1543년 칼뱅에게 보낸 편지에서 도시 내에 간통과 유아 살해가 발생하고 있으며, 이는 행정관들이 교회 관할권을 차지하려 함에 따라 도시 내에서 그칠 줄 모르고 횡행하고 있는 부도덕성의 한 단면일 뿐이라고 말하였다. 또 다른 끔찍한 재앙은 교회 신자 가운데 자기 어머니 집에 매춘 업소를 열어 운영하는 사람이 있다는 것이었다. 그가 자신의 직업을 공개적으로 밝혀 도시 내에 잘 알려져 있었지만, 베른의 규정 때문에 비레는 그 남자를 비난할 수 없었다. 오직 국가만이 그런 상황에서 조처할 수 있는 권한을 가지고 있었기 때문이다. 파문을 시키는 것 또한 시민 정부의 손에 맡겨져 있었다. 베른은 비레에게 죄를 지은 사람이 주의 만찬에 참석할 수 있도록 허용하라고 요구하였으며, 사실상 제지하지 못하게 하였다. 추문을 일으킨 죄인들을 계속해서 그리스도의 몸의 지체로 받아들이다가는 교회가 곧 무너지고 말 것임을 알기에, 비레는 베른의 법령에 대해 평화적이지만 단호하게 저항하면서 교회는 하나님의 말씀에 따라 자유롭게

---

121 Cart, *Pierre Viret*, 118.

122 Pierre Viret, *Instruction Chréstienne*, tome premier (L'Age d'Homme, Lausanne, 2008), 348.

교인들을 치리할 수 있어야 한다고 선언하였다.

비레는 베른의 시민으로서 자신의 참된 주인이신 하나님을 향한 충실한 마음을 해치는 경우가 아닌 한 기꺼이 행정관들에게 복종하였다. 그러나 하나님의 영광과 그분의 교회의 존립이 위협당할 때에는 임박한 하나님의 진노로부터 자신의 양 무리와 행정관 모두를 구하고자 곧바로 자신은 그 무엇보다 하나님께 충성된 자라고 밝히고 이 땅에서 자신이 섬기는 대상인 영주들을 꾸짖었다.

베른 사람들은 자신들의 관할지인 보 지역의 목사 비레와 여러 면에서 의견이 일치하지 않았음에도, 자신과 견해차가 있는 행정관들에게 깊은 경의를 표한 비레를 진정으로 충실한 신민으로 인정하였다. 비록 그들이 말하는 소위 '우리의 종교개혁'을 완고하게 고수하면서도, 그들은 여전히 로잔 목사에 대해 높은 존경심을 지니고 있었다. 뷔유미에는 다음과 같이 말한다.

> 베른 사람들로 말하자면, 그들은 비레를 존중하였다. 그들은 그가 교회에 헌신해온 것을 높이 평가하였고, 그가 그 지역 출신이기 때문에 더욱 그를 원하였다. 많은 고위층 인사들이 그를 친구로 대하였다. 우리가 이미 언급한 바와 같이 실제로 몇몇 사람들은 비레의 집에 아들을 맡기면서 숙식 제공과 로잔 대학의 학업을 감독해달라고 부탁하였다.[123]

그러나 베른은 비레를 존중하면서도 교회 권징에 대한 그의 성서적 이해에는 완고하게 반대하였다. 교회를 필히 성서에 따라 다스려야 한다는

---

123 Vuilleumier, *Notre Pierre Viret*, 112.

비레의 선언을 여러 차례 들은 베른은 그가 교회 권징을 확립해야 한다고 탄원하고 나서자 그러한 심판 행위는 교회에 득보다 실이 더 많을 것이라고 답하면서 대신 잘못을 저지른 지체들에게 사랑과 자비를 베풀라고 조언하였다.

실제로 베른 사람들은 교회 권징이 왜 필요한지 이해할 수 없었기에 비레에게 종종 '사랑과 자비'를 요청하였다. 그러나 비레는 조금도 지체하지 않고 이 '사랑과 자비'가 사실은 '악을 가리는 수단'(벧전 2:16)이라는 점을 밝히 드러냈다. 그는 베드로와 나다니엘이라는 두 가상 인물의 대화 형식을 빌려 사랑과 자비의 베풂에 대해 다루면서 그러한 관용과 '친절'의 진정한 성격을 능숙하게 묘사하였다.

> **베드로:** 이리가 양을 잡아먹었는데 우리가 그 이리를 불쌍히 여겨 구해주어서 계속 다른 양을 잡아먹을 수 있도록 한다면, 우리가 자비롭게 행한 것인가요?
>
> **나다니엘:** 내 생각에는 그것이 오히려 엄청나게 잔인한 행동인 것 같습니다. 그것은 이리를 구하기 위해 양을 죽이는 것이고, 양에게 마땅히 베풀어야 할 자비를 오용하는 것이기 때문입니다.
>
> **베드로:** …정의의 문제에서 벌을 받아야 할 악인을 용인하는 데 그러한 사랑과 용서를 사용하고, 악인들에게 마땅한 벌을 주는 대신 그들이 의롭고 무고한 이들을 짓밟도록 내버려두는 사람들이 많이 있습니다. 우리가 추문을 일으키는 자들을 지나치게 묵인하고 그들이 전체 교회에 끼치는 큰 피해에 주의를 기울이지 않을 때, 교회에서도 같은 일이 종종 발생하게 됩니다.[124]

비레는 추문을 일으키는 죄인들에게 이런 '사랑'과 '친절'을 보여줄 경우 교회의 토대 자체가 손상될 것임을 알았다. 이런 위험을 염두에 두고 비레는 매우 엄중하게 양 떼를 지키는 책임을 맡았다. 그는 다른 곳에서 다음과 같이 썼다.

> 우리가 그런 [악한] 사람들이 저지른 악을 덮어주고 추문을 정당화하면… 그것은 확실히 그들이 저지른 죄와 그들이 마땅히 받아야 할 벌을 우리 자신에게 돌리는 것과 같다.[125]

비레는 로잔의 목사로서 맡은 책무를 엄중하게 인식하고, 교회를 위해 교회에 속한 관할권과 교회의 생존에 꼭 필요한 권위를 되찾고자 끊임없이 노력하였다. 보 지역에 있는 많은 동료 목사들도 이 권리의 결정적 중요성을 인식하고 그에게 힘을 보탰다. 뷔유미에는 이렇게 기록한다.

> 비레와 뜻을 같이하는 동료들—에글르(Aigle)의 목사 장 드 투르네(Jean de Tournay), 브베의 학장 프랑수아 마소레(François Marthoret)—의 추진력으로 로잔 노회는 정부의 교회 정책에 저항하는 중심지로서의 입지를 점점 굳혀갔다. 그 저항은 언제나 정중하지만 단호하였고, 때로는 수동적이지만 지칠 줄 몰랐다.[126]

---

124 Olivier Favre, "Pierre Viret (1511–1571) et la discipline ecclésiastique," *La revue réformée*, vol. 49, no. 3 (1998), 55–76.

125 Ibid.

126 Vuilleumier, *Notre Pierre Viret*, 123.

보 지역 목사들이 영주들과 점점 더 대립하게 되면서 비레의 로잔 목회 기간 내내 베른으로 보내는 편지가 계속 이어졌다. 또한 비레와 동료들은 베른의 행정관 앞에서 교회의 실상을 알리고 탄원하기 위해 수없이 베른으로 갔다. 그러나 베른은 그 백성들의 소원을 들어주기를 완강하게 거부하였다.

1550년대가 끝나갈 무렵에는 베른의 규정을 따르기가 점점 더 어려워졌다. 비레와 로잔 목사들은 베른의 비타협적 태도로 인해 회중이 처한 긴박한 문제들에 대해 영주들을 설득하려고 더욱 노력하였다. 1557년 8월, 로잔 노회(목회자 모임)는 행정관들에게 편지를 보내 자신들이 당면하고 있는 상황이 얼마나 엄중한지, 그리고 교회 내에 불신앙이 용인되면서 그들 지역에 어떤 위험이 도사리게 되었는지를 알리고자 하였다.

> 불이 나거나 적이 침략했다면 여러분은 지체하지 않고 구제책을 마련할 것입니다. 지금 만물을 소멸하는 불이신 여호와보다 더 두려워할 불이나 원수는 없습니다. 주님이 우리에게 진노하시면 모든 것을 소멸하십니다. …그러므로 마지막에 반드시 그분께 결산을 보고해야 한다는 것을 알기에… (우리가 지금껏 그런 일을 그토록 오래 견뎌온 데 대해 무척이나 괴로움을 느끼게 하는) 강한 양심의 가책을 받아 여러분에게 이 글을 씁니다. 우리가 이 글을 쓰는 것은 타인의 잘못으로 멸망한 사람들의 피에 대해 우리 손이 깨끗하다는 사실을 하나님과 영주 여러분 앞에서—우리가 이전에 이미 여러 번 그랬듯이—분명히 밝히기 위함입니다. 또한 우리를 괴롭히는 악행을 바로잡을 수 있도록 지금까지 우리에게 허락되었던 것 이상의 다른 도움이나 치료책을 제공받지 못한다면, 우리는 이미 우리 머리 위에 임한 하나님의 진노에 대해 아무것도 책임질 것이 없다는 사실을 여

러분에게 명확히 하기 위함입니다. …우리가 매일 우리 눈앞에서 벌어지는 하나님의 아들과 그분의 교회를 욕보이는 악행을 용인하지 않는다는 것을 진정으로 밝히지 않는다면, 사적으로나 공적으로나 아무리 여러 차례 설교하고 외치고 항의해도 그것만으로는 하나님 앞에서 충분하지 않을 것이기 때문입니다.[127]

베른은 로잔의 간청과 경고에 거의 주의를 기울이지 않았지만, 목회자들은 사탄의 책략으로부터 교회를 지키고 보존하기 위해 계속 노력하였다. 1558년 3월 비레는 칼뱅에게 자신을 괴롭히는 문제들에 대해 편지를 쓰면서 다음과 같이 고백하였다.

우리가 수행하고 있는 싸움이 얼마나 힘듭니까! 그러나 나는 주님께서 지혜의 영으로 우리를 인도하시고, 용기의 영으로 모든 어려움을 극복할 수 있도록 우리를 견고케 하신다는 사실을 조금도 의심하지 않습니다. 당신은 동료와 형제들과 함께 부지런한 기도로 하늘 아버지께 우리를 위해 간구해주십시오.[128]

이 편지를 쓴 지 2주 후에 비레는 다시 베른 시의회 앞에서 자기 교회를 위한 주장을 펼쳤다. 그와 동료 목회자들은 공동체의 일부 사람들이 도덕적으로 타락한 상태에 있다는 것을 알았기 때문에 다가오는 주의 만찬에 특정 회원들의 참여를 금지하지 않고는 이를 집행할 수 없다고 생각하였

---

127 로잔 노회가 1557년 8월 18일 베른 시의회에 보낸 편지. Bruening, *Epistolae Vireti*, appendix epistle VII.

128 비레가 1558년 3월 19일 칼뱅에게 보낸 편지. Schnetzler et al., *Pierre Viret*, 129.

다. 비레는 언제나 평화를 원했고 베른 행정관들이 교회의 치리를 싫어한다는 것도 알고 있었다. 그래서 베른으로 가서 영주들 앞에서 자신의 주장을 가능한 한 명확하고 화해적인 방식으로 제시하고자 하였다. 비레는 1558년 4월 4일 칼뱅에게 보낸 편지에서 이 회합에 대해 자세하게 설명하였다.

> 우리는 시의회 앞에서… 교회 내에 치리가 제도화되어 그리스도의 가르침에 따라 돼지, 개, 양을 분별할 수 있도록 해주지 않는 한, 앞으로 성례전을 더 이상 집례할 수 없다고 공개적으로 선언하였습니다. 우리는 그리스도께서 명하신 것 외에는 아무것도 요구하지 않았다고 말하였습니다. 우리는 모두가 협의해 내리는 결정에 복종할 준비가 되어 있었고, 우리에게 더 나은 제안이 제시된다면 그것을 따를 준비도 되어 있었습니다.
>
> 그들은… 유월절 축제 직후에 우리 제안을 신중하게 검토할 것이라고 대답하였습니다. 기다리는 동안 그들은 우리가 요청한 일이 선행된다는 (즉 신앙에 대해 극도로 무지한 자 혹은 신앙을 모독하는 자, 그리고 복음적 가르침에 대항하는 악명 높은 적대자들은 다가오는 성만찬 이전에 컨시스토리에 불려가 심사를 받을 것이라는) 것을 전제로 우리에게 유월절 성만찬을 거행하기 위한 사역을 계속하게 하였습니다. 이 일과 관련해서는 공문서가 행정관에게 전달될 것이고 그가 우리를 지원할 책임을 지게 될 것입니다. 이것이 원로원 결의(senatus Consultum)의 요약입니다. 이제 남은 일은 약속이 지켜지는 일뿐입니다.
>
> 우리 주장의 결과는 어떻게 될까요? 사람의 마음을 주관하시는 주님께서 아십니다.[129]

결과는 5월 28일에 나왔다. 베른은 어느 정도 양보해서 수치스러운 행동을 일삼는 시민들을 컨시스토리에 소환할 수 있는 권한을 목사들에게 허용하였지만, 파문을 행사할 수 있는 권한은 행정관들에게만 주어졌다. 비레와 로잔의 목회자들은 다시금 교회의 관할권을 거부당하였다. 교리를 지키는 문제와 관련해서 베른은 목회자들이 주의 만찬에 회중을 받아들이기 전에 그들의 믿음에 대해 심의할 수 있도록 해달라는 요구를 거부하면서 다음과 같이 썼다.

> 그리스도교 신앙에 대해 무지한 사람과 배우지 못한 사람, 그리고 당신과 우리 교회에 속한 다른 목사들에게서 배운 교리 이외의 다른 교리를 믿고 있는 건 아닌지 의심되는 사람들에 대해 개별적인 조사와 심사가 필요하다는 주장과 관련하여, 이 심사가 적절하거나 필요하다고 보지 않기에 허락할 수 없다.[130]

베른의 행정관들은 칙령을 통해 다가오는 성만찬 예식에 참여하고자 하는 사람은 그 누구도 금하지 말라고 목회자들에게 요구하였다. 로잔의 목회자들은 곧바로 이 명령에 대응하였다. 성만찬 집례를 거부하는 목사는 즉시 해고하겠다는 베른의 위협에도 불구하고, 그들은 베드로의 모범(행 5:29)에 따라 베른에 편지하여 자신들에게는 사람보다 하나님을 따를 의무가 있다고 밝혔다.

---

129 비레가 1558년 4월 4일 칼뱅에게 보낸 편지. Ibid., 131–32.

130 Roget, *Histoire du peuple de Genève*, tome cinquième, 209–10.

> 성례전이 말씀에 근거하고, 말씀의 보증이며, 참된 그리스도교 신앙에 대한 공적 증거임을 알면서, 주님께서 거룩한 것을 개에게 주지 말며 '진주를 돼지 앞에 던지지 말라'(마 7:6)라고 말씀하신 것을 생각한다면, 공공연하게 말과 행동으로 스스로 성례전을 모독하는 자, 조롱하는 자, 대적하는 자로 자처하는 자들에게 우리가 도대체 무슨 양심으로 성례전을 집행할 수 있을지 생각해보시기 바랍니다.[131]

로잔의 목회자들은 베른에 다음과 같이 말한 바 있었다.

> 우리는 눈을 감고, 침묵을 지키고, 악행을 숨기고, 우리에게 맡겨진 사람들의 추문을 덮어주도록 이 책무[목회]에 부름을 받은 것이 아닙니다. 오히려 경계하고, 주의하고, 필요할 때는 힘차게 우리 목소리를 계속해서 높이라고 부름을 받은 것입니다. …우리는 떳떳하게 의무를 다하기 위해서 이렇게 할 수밖에 없습니다. …이렇게 하는 것은 다른 사람들의 악행으로 멸망하는 자들의 피에 대해 우리가 결백하고 책임이 없다는 것을 보여주기 위함입니다.[132]

베른의 행정관들은 로잔의 목사와 교수 12명에게 즉시 베른으로 와서 영주들의 대답을 들으라고 명하였다. 이들 중에는 비레, 그의 동료 자크

---

131 로잔 노회가 1557년 8월 18일 베른 시의회에 보낸 편지. Bruening, *Epistolae Vireti*, appendix epistle VII.

132 로잔 노회가 1555년 7월 15일 베른 시의회에 보낸 편지. Barnaud, *Pierre Viret*, 445.

발리에, 장 리비, 장 메르랭, 테오도르 베즈가 포함되어 있었다.[133] 이들은 1558년 8월 15일 시의회 앞에 모습을 드러냈다. 베른의 행정관과 영주들은 목회자들이 "그들에게 너무 격렬하게 불평해"[134] 놀랐다고 말하는 것으로 응답을 시작하였다. 베른 사람들은 이전 법령을 확고하게 고수하면서 목회자들에게 다음과 같이 요구하는 것으로 끝을 맺었다.

> 목회자들이 자신들의 의지를 꺾고, 어떤 새로운 개혁으로 고위 관료들을 괴롭히거나 성가시게 하지 말며, 무엇보다 예전에 그랬듯이 앞으로도 최선을 다하는 것에 만족하길…. 고위 관료들은 목회자들이 그런 안을 제출하기를 바란 적도 없고, 그 제출안을 수락할 수도 없으며, 동의할 수도 없다. 그것이 덕을 세우기보다 파괴하는 데 일조할 것이라 여겨지기 때문이다. 만약 목회자들이 여기서 멈추면 고위 관료들은 자신들이 할 수 있는 최선의 방식으로 목회자들을 대하겠지만, 뜻을 굽히지 않고 차라리 해임당하고자 한다면, 그들은 그렇게 될 것이고 영토에서 추방당하게 될 것이다.[135]

이 응답을 들은 직후 베즈는 로잔을 떠날 의사를 밝혔다. 행정관들이 치리권의 요구를 계속 거부하면 교회의 상황이 절망적이라고 인식하였기 때문이다. 그는 베른으로 가서 사직서를 제출하고 제네바에서 "평범한 시

133 베른 시의회가 1558년 8월 1일 로잔 목사들과 교수들에게 보낸 편지. Bruening, *Epistolae Vireti*, appendix epistle XVI.

134 Ruchat, *Histoire de la Réformation de la Suisse*, tome sixième (Marc Ducloux, Lausanne, 1836), 261.

135 Ibid., 262.

민으로"[136] 살게 해달라고 요청하였다. 베른은 이 요청을 수락하였고, 베즈는 로잔 아카데미 직을 사임하고 1558년 8월 말 로잔을 떠났다.

충실한 친구이자 교회 대의의 확고한 지지자인 베즈를 잃은 비레는 큰 충격을 받아 얼마 동안 절망에 빠져 있었다. 비레는 베즈의 이탈에 대해 칼뱅에게 편지하면서 다음과 같이 외쳤다.

> 아! 하나님께서 나 또한 평범한 삶을 살도록 허락해주셨으면 얼마나 좋았을까요! 나 홀로 사방에서 공격당하고 있는데, 나는 지금 그토록 원하던 사람들의 도움까지 빼앗기고 말았습니다![137]

칼뱅은 비레의 편지에 답장하면서 담임목사인 비레에게 베즈처럼 직무를 사임하고 제네바로 돌아오라고 권고하였다. 그러나 비레는 일시적인 절망에도 불구하고 칼뱅의 제안에 응할 수 없었다. 로잔의 목사 비레는 앞길이 아무리 어둡고 험난해도 더는 방법이 없을 때까지 교회를 버릴 수 없었다. 칼뱅 스스로 인정했듯이, 비레는 칼뱅과 달리 "최선을 지향하는 경향이 너무도 강하였다."[138]

베즈와 마찬가지로 비레도 로잔에서 자신을 기다리는 수많은 어려움과 패배가 거의 확실하다는 것을 인식하였다. 그러나 아무런 희망도 없어 보이는 상황에서도 그는 자신의 부름을 저버릴 수 없다는 것을 알았다. 로잔의 목사로서 그는 가능한 모든 수단이 소진될 때까지 남아 그 도시

---

136 Vuilleumier, *Notre Pierre Viret*, 228.

137 비레가 1558년 8월 24일 칼뱅에게 보낸 편지. Schnetzler et al., *Pierre Viret*, 134.

138 칼뱅이 1558년 8월 28일 비레에게 보낸 편지. Jules Bonnet, ed., *Letters*, volume three, 458.

의 개혁을 위해 싸워야 했다. 그는 자신을 괴롭히는 굴곡진 투쟁에서 벗어나고 싶었지만, 교회의 목사로서 하나님 앞에서 책임의 무게를 무겁게 느끼며 칼뱅에게 "오직 그분에 대한 두려움이 나를 붙들어 내 자리를 지키게 합니다."[139] 라고 털어놓았다.

미래는 참으로 암울했지만 비레는 그 앞에 놓인 길이 아무리 험난하더라도 교회를 포기할 수 없었다. 아무리 많은 수고를 하게 되더라도 평화를 얻을 수만 있다면 그는 그렇게 할 것이다. 하나님께서 허락하신다면 베른 사람들의 눈이 열리고 도시의 진정한 개혁을 위한 길이 열릴 때까지 그는 그곳에 머물기로 마음먹었다. 이것이 비레의 기도였다. 자신을 둘러싼 극복할 수 없는 어려움을 잘 알고 있었지만, 그는 용감하게 싸우기 위해 자신을 단련하였다. 비레는 8월 말 칼뱅에게 보낸 편지에서 다음과 같이 털어놓았다. "내게는 누구보다 괴로운 고민이 많습니다. 나는 망치와 모루 사이에 선 채 어디로 가야 할지 모르겠습니다. …하나님께서 나를 인도하시는 손길을 거두지 않으시기를 기도합니다."[140]

비레의 상황은 절망적이었고, 그에게는 전능하신 하나님의 도움이 절실히 필요하였다. 가장 신뢰하는 동지들이 그의 곁을 떠났고, 이제 그는 베른에서 몰아쳐오는 어둡고 쓰라린 폭풍우 한가운데 거의 홀로 서 있었다. 참으로 암울한 것은 자신이나 교회에 아무런 선한 일도 기대할 수 없다는 사실이었다. 지친 그의 눈앞에는 암울한 미래가 펼쳐져 있었다. 그러나 하나님은 폭풍 속에서도 그분의 길을 가신다. 폭풍 그 자체가 참으로 그분의 작품이다. 비레는 모르고 있었지만 주님은 이 소란 가운데 행정관

139 Vuilleumier, *Notre Pierre Viret*, 228.

140 Cart, *Pierre Viret*, 123-24.

들과 끊임없이 투쟁을 이어가야 했던 가장 어두운 시기에 그를 준비시키고 계셨다. 하나님은 비레를 에워싼 어려움을 통해 그를 훈련하고 빚으심으로써 그로 하여금 자신의 견해를 가다듬게 하시고, 그의 마음을 깨우치심으로써 교회와 국가 사이의 성서적 관할권에 대한 모든 관점을 통해서 투쟁해나갈 수 있도록 만드셨다. 주님은 장차의 일을 위해 비레를 준비시키시면서 이러한 강제적인 훈련을 통해 그가 주님의 말씀을 더욱 깊이 이해하고 시민 생활의 모든 영역에 말씀을 보다 깊이 적용할 수 있도록 만드셨다. 이를 통해 얻은 깊은 지식은 종교개혁자 비레의 남은 생애 동안, 그리고 그가 죽은 후에 많은 저작물로 보존되어 교회에 유익을 끼치게 될 것이다.

1558년 겨울, 마침내 베른의 폭풍우가 불어닥쳤다. 성탄절 성만찬이 다가오자 비레는 11월 초에 베른에 다시 편지하여 교회의 치리가 허락되기 전에는 성만찬을 거행할 수 없다는 점을 분명히 하였다. 행정관들이 11월 18일에 답변한 내용은 다음과 같다.

> 그들은 로잔에서 일어난 무질서한 일들에 대해 듣고 매우 유감스러웠지만, 어떤 사람들을 성만찬에서 배제할 때 생길 수 있는 많은 위험 때문에 파문으로는 아무것도 해결될 수 없다고 생각하였다.[141]

로잔 목회자들의 경건한 노력이 다시금 거절당하자 그들은 또 다른 대표단을 베른으로 보내 시의회 앞에서 자신들의 주장을 변호하였다. 베른은 평소와 같이 목회자들에게 명령에 복종하고 명령받은 대로 성만찬을

---

141 Ruchat, *Histoire de la Réformation*, tome sixième, 263–64.

거행하라고 요구하였다. 이에 비레는 12월 12일 로잔 시의회에 출두하여 시의회 앞에서 자신의 주장을 펼치며 탄원하였고, 이 목사의 요청이 긴급함을 인식한 시의회는 투르네와 오귀스탱 마를로라(Augustin Marlorat)를 베른으로 보내 비레와 목회자들을 대신해 중재하도록 하였다.[142] 비레는 칼뱅에게 편지를 보내 이 접견이 어떤 결과를 가져올지 몰라 혼란스럽고 두려운 마음을 표하였다.

> 가장 두려워하던 일이 지금 일어나고 말았습니다. 나는 추방당할 각오를 하고 있었는데, 그들은 이제 기도와 소위 '아버지의 권고'를 통해 나와 동료들에게 사역을 계속하라고 압박하고 있습니다. 그들은 우리가 요구하는 것만 빼고 모든 것을 약속합니다.
>
> …로잔 대표단은 [베른에서] 아직 돌아오지 않았습니다. …변론을 위한 이 절차가 나에게는 장담컨대 추방이나 투옥보다 더 고통스럽습니다. …우리는 가장 생경한 불안 속에 살고 있습니다.
>
> …당신과 이 일에 대해 충분히 이야기하고 내 영혼의 모든 고통을 세세히 말할 수 있다면, 나는 실로 무수한 고민에서 벗어날 수 있을 것입니다.[143]

그러나 두 사람의 질병으로 인해 칼뱅과 상의하고픈 비레의 바람은 실현되지 못하였다. 그들의 질병, 그리고 그 계절의 혹독한 추위 때문에 비레가 그토록 소중하게 여긴 만남과 경건한 대화가 성사되지 않은 것이다.

---

142 Barnaud, *Pierre Viret*, 470.

143 비레가 1558년 12월 22일 칼뱅에게 보낸 편지. Schnetzler et al., *Pierre Viret*, 135-37.

아직 결론이 나지 않은 이 불안한 시기에 비레와 로잔의 다른 목회자들은 하나님 앞에서 자리를 지키고 책무를 다하였으며, 베른이 계속해서 치리를 금한다면 성탄절에 떳떳하게 성만찬을 집례할 수 없다고 선언하였다. 그들은 베른에 다시 편지를 써서 양 떼의 잘못을 바로잡고 악한 삶을 사는 사람들이 성만찬에 참여하는 것을 금할 수 있도록 허락해달라고 행정관들에게 간청하였다.

로잔의 목회자들의 이와 같은 간청에 베른의 영주들은 마침내 그들에게 양보하였다. 베른은 목회자들이 무지한 자들과 악을 행하는 자들을 컨시스토리에 소환하는 것을 허락하면서 목회자들이 이들을 가르치고 회개를 명할 수 있도록 허용될 것이라고 선언하였다.

베른에서 보낸 이 명령은 성탄절 전날 로잔에 도착했는데, 다음 날로 예정된 성만찬 거행에 앞서 회원들을 심의하기에는 너무 늦은 시점이었다. 그래서 비레는 그날 저녁 로잔 시의회로 출석하여 베른의 지시대로 무지하고 수치스러운 죄인들을 심의하고 가르칠 시간을 확보하기 위해 성만찬 거행을 연기해달라고 요청하였다.

성탄절 성만찬 일정을 변경해달라는 비레의 요청은 시의회 내에서 활기차고 열띤 논쟁을 불러일으켰는데, "지금껏 대회의실에서 목격된 논쟁 가운데 가장 격렬한 [논쟁]이었다."[144] 밤새도록, 그리고 성탄절 이른 아침 시간까지 행정관들은 연기 여부를 놓고 열정적으로 논쟁을 벌였다. 진통의 시간을 겪고 극심한 의견 차이를 보인 끝에 마침내 목사들에게 심의를 위해 일주일의 시간을 주는 것으로 결론이 났다. 이렇게 해서 성만찬은 1월 1일로 연기되었다. 이 칙령은 다음 날 도시 전역의 설교단에서 낭독되

144 Vuilleumier, *Notre Pierre Viret*, 231.

었고, 로잔의 목회자들은 소속 교인들에 대한 심의를 시작하였다. 난국에 처했던 그들에게 당장은 평화로운 성과가 달성되었거나, 적어도 그런 것처럼 보였다.

로잔 시의회의 판결 소식은 베른에 신속히 전해졌고, 베른의 행정관들은 성만찬 연기를 개인적인 모욕이자 하급 의회가 자신들의 권한을 뻔뻔스럽게 찬탈한 것으로 간주하여 분노하였다. 베른은 즉시 로잔에 대표단을 파견하여 로잔의 결정을 취소시켰다. 그들은 1월 1일로 예정된 성만찬 거행을 금하고, 베른만이 지닌 권위를 마치 자기 것인 양 행사한 것으로 비치는 로잔 시의회를 신랄하게 질책하였다. 베른 대표단은 목회자들의 주제넘음에 대한 베른 영주들의 분노를 비레와 그의 동료 발리에에게 표명하고, 즉시 두 사람을 면직시켜 추방하였다. 그런 다음 베른 대표단은 로잔 노회를 소집해 베른 고위 관료들의 칙령을 도시의 목회자들에게 낭독하였다.

> 베른의 고위 관료들은 로잔의 두 목사 비레와 발리에의 불순종을 이유로 그들을 해임한다. 특히 그들이 저지른 [성만찬 날짜를 바꾸는] 변개(變改) 때문이다. …베른의 고위 관료들은 또한 노회에 비레와 발리에의 자리를 채울 다른 두 명의 목회자를 즉시 지명하라고 명하는 바이다.[145]

로잔 노회는 베른 칙령의 부당함과 가혹함에 충격을 받았고, 비레와 발리에를 대신할 목사를 임명하라는 명령을 거부하였다. 이 불복종에 격분한 베른 대표단은 노회원 전부를 집행관의 저택에 억류하였다. 3일이

---

145 Ruchat, *Histoire de la Réformation*, tome sixième, 270.

지나고 나서 그들은 총회가 소집될 때 베른 시의회에 출두한다는 조건으로 노회원들을 석방하였다. 그런 다음 로잔에서 비레와 발리에의 자리를 맡을 2명의 목사를 지명하였다. 베른 대표단은 브베의 목사 마를로라와 몽트뢰의 라울 르 슈발리에(Raoul le Chevalier)를 택하여 알렸지만, 이 목사들은 자신들에게 부여된 직책을 거부하였다.[146] 로잔의 목회자들도 자신들의 대표 목사들이 어떤 취급을 당하는지 보았기에, 베른의 터무니없는 요구에 굴복하기보다 차라리 망명길에 오른 비레, 발리에와 합류하고자 사직서를 제출하였다. 파예른의 목사 12명도 그렇게 하였다.[147]

격분한 베른은 자신들이 내린 칙령의 결과를 주시하였다. 해임된 목사들에게는 그동안 해오던 일을 정리하도록 한 달이라는 시간이 주어졌고, 그 후에는 다시는 보 지역에 발을 들이는 것이 금지되었다. 로잔 시의회는 목사들에게 닥친 운명에 겁을 먹고 베른으로부터 좀 더 가벼운 선고를 받으려 애썼지만 아무 소용이 없었다. 모든 것이 헛수고임을 알게 된 그들은 비레와 동료들이 망명하는 것을 돕는 데 관심을 돌렸고, 가정용품을 제공하는 것까지 포함하여 가능한 모든 방법으로 도움을 제공하였다. 비레가 도시를 빠져나갈 때 시의회는 그가 1536년 로잔에 들어올 때 빌려준 가구를 그에게 주었다.[148]

비레의 추방 소식이 전해지자 로잔 아카데미의 많은 교수와 학생은 자신들의 목사가 받은 처우에 매우 분개하여 로잔을 떠나 추방된 목사들을 따라갔고, 망명자의 수는 엄청난 무리를 이루었다. 비레의 동시대인 요하네스 할러(Johannes Haller)는 비레가 해임되자 "1,000명이 넘는 사람들

146 Vuilleumier, *L'Église Réformée*, tome I, 665.

147 Ruchat, *Histoire de la Réformation*, tome sixième, 274.

148 Ibid., 271.

이 로잔을 떠났다."라고 언급하였다.[149] 그 당시 로잔 인구가 5,000명을 조금 넘었기 때문에 이 도시의 탈출 행렬의 의미는 아무리 강조해도 지나치지 않다.[150]

추방된 개혁자들을 도우려고 한 것은 비단 로잔 시의회만이 아니었다. 추방령이 알려지자마자 각처의 교회들이 비레에게 자신들의 지역에 와서 거처를 마련하라는 제안을 쏟아냈다. 파렐도 그를 청하였고, 뇌샤텔 역시 한때 자신들의 목사였던 그를 다시 원하였다. 그러나 가장 간절한 것은 칼뱅과 제네바의 탄원이었다. 제네바는 22년 동안 비레를 로잔에 '빌려' 준 터였다. 로잔 교회의 짐이 그의 어깨에서 갑작스레 사라졌으므로 그들은 비레를 되찾기 위해 노력하면서 "우리에게 와서 당신이 이미 시작한 일을 계속해주십시오."[151] 라고 편지하였다. 실제로 제네바는 로잔 교회의 이러한 상실을 반기며, 회의록에 "[비레가] 추방당해 그들의 도시로 돌아온다면 큰 기쁨이 될 것"[152] 이라고 적었다.

로잔 교회에서 폭력적으로 해임된 비레는 제네바의 제안을 받아들였다. 그렇게 비레는 로잔의 목사, 교수, 학생들과 함께 조건 없이 피난처가 제공되는 이웃 도시로 길을 떠났다. 칼뱅은 호의를 다해 친구를 맞았고, 비레의 이름은 즉시 제네바 목사 명단에 추가되었다.

22년간 로잔 교회를 위해 신실하게 봉사한 끝에 그 도시에서의 사역은 끝이 났다. 비레는 베른의 칙령으로 보 지역에서 추방됨으로써 조국에서 이방인이 된 자신을 발견하였다. 이는 하나님의 말씀과 그분의 교회를 고

---

149 Bruening, *Calvinism's First Battleground*, 254.

150 Ibid., 10.

151 Barnaud, *Pierre Viret*, 538.

152 Roget, *Histoire du peuple de Genève*, tome cinquième, 220.

수한 것에 대한 참으로 가혹한 형벌이었다. 그는 추방 직후에 "내가 할 수 있는 일을 하였습니다."라고 친구에게 편지하였다. "나는 내 직무에 속하는 것으로 생각되는 일과 양심에 따라 떳떳하게 수행할 수 있는 일을 결코 소홀히하지 않았습니다."[153]

아무리 모든 일을 다 했다고 하더라도 강제로 이별할 수밖에 없었던 교회 생각에 그는 몹시 애통해하였다. 행정관들에게 그처럼 가혹하고 부당한 대우를 받고 가장 사랑하는 조국에서 영원히 추방당하였지만, 비레의 첫 번째 생각은 교회였다. 그는 친구에게 이렇게 썼다. "교회를 위해 주님께 기도해주십시오. 교회의 친구들과 적들 모두를 불쌍히 여겨주옵소서!"[154]

---

153 비레가 1559년 5월 4일 버미글리에게 보낸 편지. Schnetzler et al., *Pierre Viret*, 139.

154 Ibid.

제4부

프랑스에서의 사역

제16장

•

제네바를 넘어서

무리를 보시고 불쌍히 여기시니
이는 그들이 목자 없는 양과 같이 고생하며 기진함이라
이에 제자들에게 이르시되 추수할 것은 많되 일꾼이 적으니
그러므로 추수하는 주인에게 청하여
추수할 일꾼들을 보내 주소서 하라 하시니라 (마 9:36-38)

로잔에 22년 동안 '파견' 보냈다가 자신들의 목사를 되찾은 제네바의 기쁨은 참으로 무엇과도 비교할 수 없을 정도였다. 도시는 추방당한 비레를 환호하며 두 팔 벌려 환영하였다. 1559년 3월 2일, 제네바 시의회는 모여 다음과 같은 결정을 내렸다.

> 피에르 비레는 베른의 영주들에 의해 로잔의 목사직에서 내쫓겨 왔으며, 또 그가 같은 노회에 속한 모든 목회자와 함께 이 도시에서 지켜지고 준수되는 교회의 가르침에 따라 교회 치리의 개혁을 도입하려고 노력한 바 있으므로, 우리는 그를 여기서 목사로 맞아들일 것이고 1년에 400플로린의 임금과 포도주 두 통을 지급할 것이다.[1]

비레는 시의회가 결정한 넉넉한 임금과 더불어 생아브레(Saint Abre) 지역에 있는 숙소를 배정받았으며, 곧바로 생제르맹(St. Germain) 교회에서 설교도 맡게 되었다. 당시 시의회 회의록에는 새로 돌아온 설교자의 설교를 듣기 위해 '많은 사람'이 몰려들었다고 기록되어 있다. 실제로 인파가 너무 많아 그들을 수용할 새로운 장소를 정해야 했다.[2] 따라서 시의회는 그해 6월 비레의 설교를 듣기 원하는 대중에게 충분한 공간을 제공할 수 있도록 비레가 보다 넓은 생피에르(St. Pierre) 교회로 옮겨가 설교하도록 결정하였다. 비레의 가르침은 일반 대중뿐만 아니라 도시의 학식 있는 사람들도 끌어들였다. 바르노는 "테오도르 베즈까지도 다른 무엇보다 비레의 강론의 매력을 높이 평가하였다."[3]라고 언급한다.야코부스 베르하이덴(Jacobus Verheiden)은 비레의 설교에 대해 다음과 같이 말한다.

> 그의 이야기가 너무나 감미로워 청중들은 계속해서 주의를 기울이고 정신을 바짝 차리지 않을 수 없었다. 그의 어투에는 귀와 영혼을 어루만지는 힘과 조화가 있었기에, 청중들 가운데 가장 신앙심이 낮은 자들, 다른 사람들에 대해 가장 참을성이 없는 사람들까지도 문제없이, 그리고 심지어 기쁨으로 그의 말에 귀를 기울일 수 있었다. 전해지는 바에 따르면, 그들은 설교가 더 길게 이어지기를 바라며 그의 입술에 매달려 있는 것처럼 보일 정도였다.[4]

---

1 Roget, *Histoire du peuple de Genève,* tome cinquième, 220.

2 Jean-Antoine Gautier, *Histoire de Genève,* tome quatrième (Genève, 1901), 253.

3 Barnaud, *Pierre Viret*, 539.

4 Cart, *Pierre Viret*, 129.

비레를 따라 로잔에서 제네바의 피난처로 들어온 많은 저명한 난민들도 그저 도시 안에 내팽개쳐져 있지 않았다. 비록 그들의 처지는 비참했지만, 하나님은 부당하게 고국에서 쫓겨난 난민들을 위해 이미 놀라운 일을 준비해놓으셨다. 이 일이 있기 1년 전에 칼뱅은 마침내 제네바에 아카데미를 설립하고자 하는 꿈을 이루었다. 하지만 많은 저명한 인사들로부터 거절당하면서 교수직을 채우는 데 큰 어려움을 겪고 있었다. 바로 이 결핍을 해결하기 위해 1559년 초 섭리의 하나님께서 존경받는 개혁주의 교수들과 학생들을 손수 엄선하여 칼뱅 앞으로 인도하신 것이다. 역사가 아메데 로제(Amédée Roget)는 다음과 같이 말한다.

> 보 지역에서 해임된 많은 목회자, 특히 로잔 아카데미 교수들은… 제네바 교회 담임목사가 임무를 수월하게 완수할 수 있도록 참으로 완벽한 시기에 도착하였다. 테오도르 베즈는 1558년 10월부터 이미 새로운 아카데미에 이름이 올라 있었다. 많은 [로잔] 동료에게도 비슷한 제안이 이루어졌다. 1559년 5월 22일 칼뱅은 아카데미와 대학에 배치할 인원 구성이 완벽히 끝나 목사회의 이름으로 시의회에 제출할 준비가 모두 완료되었음을 알게 되었다.[5]

로잔은 베른 영주들의 비타협적인 태도 때문에 지독한 고통을 겪어왔다. 로잔의 목사들은 부당하게 추방당하였고, 교수와 학생들도 도시를 버렸다. 그러나 이 비극 속에서도 하나님은 그분의 방식대로 일하고 계셨고, 그토록 잔인하게 고향에서 쫓겨난 사람들은 이제 곧 세계적인 명성을

---

5 Roget, *Histoire du peuple de Genève*, tome cinquième, 233-34.

얻게 될 제네바 아카데미의 핵심 구성원으로 임명되었다.

비레는 아카데미에서 교수직을 맡지는 않았지만, 칼뱅이 새로운 학교를 설립하는 데 큰 도움을 주었다. 로잔 아카데미에서 20년 넘게 일한 비레의 실용적인 지혜와 대학의 기능에 대한 이해는 칼뱅이 새로 설립한 기관에 놀라운 도움과 완벽한 보완을 제공하였다. 바르노는 다음과 같이 쓰고 있다.

> 비레라는 이름은 여전히 제네바 아카데미의 설립과 관련이 있다. 그가 이전에 이 도시의 학교에 가졌던 관심, 그리고 그를 통한 로잔 아카데미의 설립과 발전으로 인해 비레는 그처럼 중요한 사업에서 칼뱅과 베즈의 자연스러운 협력자가 될 수밖에 없었다.[6]

비레는 2년 반 동안 제네바에서 칼뱅과 함께 일하였다. 이 기간 내내 그들의 이름은 종종 시의회 연보에서 나란히 발견되었는데, 1559년 12월 25일에는 두 개혁자가 시민권을 받기 위해 시의회 앞에 함께 나타났다.

서로 다른 도시에서 22년 동안 사역한 후, 칼뱅은 마침내 그의 동료 비레를 제네바로 데려왔다. 칼뱅과 다른 제네바 목회자들 모두에게 진정한 기쁨의 원천이던 비레의 제네바 사역은 역사가 장 앙투안 고티에(Jean-Antoine Gautier)가 언급한 바와 같이 "매우 큰 영예와 찬사"[7]로 기록되었다. 이제 고국에서 목회하는 것이 금지된 비레는 다시 한번 제네바 사람들 사이에 자리를 잡았으며, 자신을 도시의 창립 개혁자 중 한 명으로 받

---

6 Barnaud, *Pierre Viret*, 544.

7 Jean-Antoine Gautier, *Histoire de Genève*, tome quatrième (Genève, 1901), 419.

아들여 준 평화롭고 마음 따뜻한 이 도시에서 여생을 즐겁게 보내고자 하였다. 그러나 하나님의 섭리는 다른 계획을 가지고 있었다. 하나님은 다른 곳에 비레를 위한 일을 준비하셨고, 곧 개혁자 비레의 삶에서 이 즐거운 시기를 끝맺게 하실 것이다.

주님은 여러 방식으로 움직이시기에 종종 그분의 손길이 사람들의 호기심 어린 눈에서 가려지기도 한다. 신비하고 때때로 이해할 수 없는 그분의 움직임이 무엇을 의도하는지 인간의 눈에는 잘 보이지 않는다. 왜냐하면 하나님은 그분의 창조물이 무익하다고 생각하는 방법으로 일하기로 작정하시기 때문이다. 1560년에 하나님은 그러한 방식 중 하나인 질병을 통해 일하기로 정하셨다.

매서운 겨울 날씨가 제네바로 밀려들면서 비레의 건강이 악화되기 시작하였다. 혹독하게 추운 계절은 항상 개혁자에게 타격을 입혔지만, 50세가 가까워지면서 더욱 약해진 그의 몸에 평소보다 훨씬 더 해를 끼쳤고, 결국 그는 심하게 앓게 되었다. 나중에 이 와병에 대해 말하면서 비레는 다음과 같이 썼다.

> 나는 병에 걸려 몸이 너무 쇠약하고 기운이 없어 무덤으로 내려가는 것 외에는 달리 아무것도 기대할 수 없다고 생각하였다. 간교하고 교활한 복음의 원수들로 인해 독에 중독되었을 때는 물론이고, 내가 이전에 이렇게 죽음 가까이에 갈 정도로 앓은 적은 한 번도 없었기 때문이다.[8]

칼뱅과 제네바 사람들은 친구 목사가 날로 쇠약해지는 것을 걱정스럽

8 Viret, *Instruction Chréstienne*, tome premier, 83.

게 지켜보면서 이 병약한 개혁자를 돕기 위해 할 수 있는 모든 일을 하였지만 아무 소용이 없어 보였다. 비레의 상태가 계속 악화하자 제네바 시의회는 장기간의 병환으로 인한 경제적인 부담을 덜어주고자 그에게 50플로린을 추가로 지급하고, 쇠약해가는 목사를 돕기 위해 모든 수단을 동원하였다.[9]

겨울이 지나자 사람들은 모두 점차 따뜻해지는 날씨가 비레의 고통을 덜어주길 바랐다. 그렇지만 1561년 4월이 되어도 비레의 상태는 조금도 나아지지 않았다. 그는 너무 기력이 쇠한 나머지 같은 달 11일에 공증인 장 라그오(Jean Ragueau)를 불러 유언장을 작성하기까지 하였다.[10] 베즈는 5월 불링거에게 편지하여 날로 악화되는 비레의 건강에 대해 제네바 목회자들이 품고 있는 두려움을 표현하였다. "정말이지 그가 죽을 것만 같습니다."[11]

존경받는 의사 텍스토르와 제네바에 있는 그의 동료들은 비레가 거의 죽기 직전에 이르렀다고 생각하고, 금방이라도 스러질 것 같은 이 사람의 목숨을 구하기 위한 하나의 시도로 기후를 바꾸어볼 것을 강력히 권고하였다. 이 소식을 들은 파렐은 비레가 고국에 체류하면서 건강을 회복할 수 있도록 베른의 영주들에게 보 지역의 추방령을 취소해달라고 요청했지만 아무 소용이 없었다. 베른은 추방령의 철회를 거부하였다.[12]

베른의 거절에 텍스토르 박사는 한층 따뜻한 프랑스 남부에 머물라고 조언하였다. 그래서 9월 11일 칼뱅은 제네바 시의회에 가서 비레가 다가

9 Barnaud, *Pierre Viret*, 557.

10 Ibid.

11 Bruening, "Pierre Viret and Genève," 187.

12 Barnaud, *Pierre Viret*, 557-58.

오는 겨울을 남쪽 지역에서 보낼 수 있도록 몇 달간 휴가를 줄 것을 요청하였다.

> 의사들은 기후를 바꾸는 것 외에는 다른 어떤 방법으로도 그가 건강을 회복할 수 없을 것이라고 단언하면서, 그를 랑그독(Languedoc)이나 조금 더 따뜻한 지역으로 옮기는 것이 현명할 것이라고 조언합니다. 그럼에도 불구하고 [비레]는 여러분의 허락 없이는 떠나고자 하지 않았습니다.…[13]

제네바 시의회는 도시의 중요한 목사 중 한 사람인 비레와 결별하고 싶지 않았기 때문에 칼뱅의 요청에 많이 망설였다. 이별의 기간이 짧기를 바라면서도 그들은 비레가 개혁 신앙에 적대적인 프랑스에 발을 디디면 박해를 받게 되지 않을까 크게 염려하였다. 그래서 그들은 비레가 자신들을 떠나게 되면 '발생할 여러 가지 불편한 일들'에 대해 늘어놓았다. 그들은 "우리는 크게 슬퍼하게 될 것입니다.", "따라서 가능하다면 비레는 여기 머물러 있어야 하며, 그를 위해 가능한 모든 방법을 제공하겠습니다."라고 말하였다.[14]

행정관들은 '가능한 모든 방법'을 동원해 목사의 건강을 회복시킬 수 있기를 바랐지만, 비레는 현재와 같은 몸 상태로 두 번째 겨울 동안 이 도시에 머문다면 분명 봄이 오기 전에 죽게 될 것이 분명하다며 두려움에 떨고 있었다. 마침내 제네바는 비레를 되살리려는 자신들의 모든 노력이 소용없다는 것을 알게 되었고, 결국 의사의 지시를 받아들여 다가오는 겨울

---

13 Roget, *Histoire du peuple de Genève*, tome sixième, 106.

14 Ibid., 107.

동안 프랑스 남부의 온화한 기후 속에서 지낼 수 있도록 그들의 목사에게 휴가를 허락하였다.

비레의 프랑스 체류 계획에 대한 소식은 빠르게 퍼졌고, 곧 프랑스 전역에서 휴가 기간 동안 자신들의 지역에 머물러달라는 요청의 편지가 쏟아졌다. 프랑스의 개혁파 프로테스탄트, 즉 위그노는 저명한 목사를 확보하기 위해 열심히 노력하였으며, 님(Nîmes), 오를레앙(Orléans), 툴루즈(Toulouse), 몽펠리에(Montpellier), 아비뇽, 몽토방(Montauban), 심지어 파리까지 그에게 요청서를 보냈다. 몇몇 프랑스 도시들은 편지로 만족하지 않고 제네바에 대표단을 보내 휴가 동안 비레를 보내달라고 시의회에 간청하기까지 하였다.

9월 마지막 날, 비레는 도시와 가족에게 작별을 고하고 남쪽으로 길을 떠나 곧 님에 정착하였다. 며칠간의 여행으로 비레는 말할 수 없을 정도로 허약해지고 기력을 소진하였다. 님은 살아 있다기보다 오히려 죽은 것 같은 이 개혁자에게 평화로운 안식처를 제공하였다. 그러나 비레는 특유의 걱정으로 마음 편히 휴식을 취할 수 없었다. 구세주와 그분의 양 떼에 대한 사랑 때문에 그의 몸이 그토록 절실히 필요로 하는 휴식의 시간을 누릴 수 없었다. 비레는 건강에 대한 문제는 제쳐두고 교회의 설교 요청을 받아들였고, 도시에 도착한 지 3일 만에 강단에 올랐다. 몇 년 후 그는 님의 교회에 도착한 당시 상황에 대해 다음과 같이 썼다.

> 나 자신의 부족함을 알고, 또 오랫동안 몸이 약했기 때문에 자신으로서는 복음을 전하기 위해 결코 고향을 떠나 다른 곳으로 가지 않았을 것이다. 그러나 내가 섬기는 주님은 다른 계획을 갖고 계셔서… [제네바의] 교회에서 나를 낚아채시고… 허약하고 반쯤 죽은 상태로 떨고 있는 내 손

을 잡고 당신에게로 데려오셨다. …내가 보기에도 나는 가죽으로 덮인 해골에 불과하고 내 뼈를 거기에 묻으러 온 것처럼 보였으니, 심지어 우리와 신앙이 다른 사람들—실제로 그들은 우리 신앙에 강하게 대적하였다—조차 나를 보고 불쌍히 여겨 "왜 이 불쌍한 사람이 이 나라에 왔는가? 죽으러 온 것이 아니냐?"라고 말하였다. 실제로 내가 처음 설교하러 강단에 올랐을 때, 많은 사람이 나를 보고 설교를 마치기도 전에 기절할까 두려워했다고 들었다.[15]

비레가 병으로 날로 쇠약해짐에도 도시 님은 저명한 목사의 설교를 큰 감동으로 받아들였다. 바르노는 다음과 같이 언급한다.

비레는 이미 님의 개신교도들 사이에서 큰 명성을 얻고 있었는데, 그를 아는 사람들이 전해준 이야기뿐만 아니라 프랑스 남부까지 퍼져나간 그의 저술 덕분이었다.[16]

최근 종교개혁에 성공한 님은 비레를 열렬히 환영하며 그를 (이후 그의 별명이 되는) "하나님이 보낸 천사"[17]라고 생각하였다. 그는 매주 일요일과 수요일에 설교하였는데 참석자 수가 점점 늘어났다. 비레의 약하고 쇠잔한 몸 너머를 바로 간파한 위그노 신자들은 이 하나님의 사람에게서 참으로 거룩한 열정을 발견하였다. 19세기 목사 아브라함 보렐(Abraham Borrel)은 비레에 대해 이렇게 말하였다. 이 시기에 "연약한 그의 몸속에

---

15 Viret, *Instruction Chréstienne*, tome premier, 84-86.

16 Barnaud, *Pierre Viret*, 560.

17 Viret, *Instruction Chréstienne*, tome premier, 86.

는 예수 그리스도에 대한 믿음에 아낌없이 헌신하는 열정으로 불타는 심장이 뛰고 있었다. 비록 그의 목소리는 낮고 떨렸지만, 영혼을 일깨우고 마음을 구원으로 이끄는 능력으로 가득 차 있었다."[18]

비레는 교회의 요청에 따라 설교 외에도 새로 설립된 도시의 아카데미에서 신학 강의도 하였다. 그의 가르침 아래 학생 수는 빠르게 늘었고, 1561년 11월 14일에는 대학의 첫 졸업생 2명을 목회 사역에 임명하는 영예도 얻었다.[19]

이러한 역할에 더해 님은 비레를 자신들의 노회의 의장으로 세웠다. 자크모는 다음과 같이 말한다.

> …비레가 이 권한을 처음 행사한 것은 새 신자들이 그의 설교를 듣고 교황주의자들의 교회로 가서 성상을 깨뜨리고 제단을 뒤엎은 무분별한 열성에 강력히 이의를 제기할 때였다.[20]

비레는 이곳에 처음 도착했을 때 님 교회가 활활 타는 듯한 상태에 있다는 것을 정확하게 파악하였다. 새로운 회심자들은 프랑스 가톨릭 신자들이 자신들에게 저지른 폭력적인 악행에 격분하여 많은 사악한 행동으로 보복하였다. 프로테스탄트 대중의 이러한 다혈질적인 기질은 교회 내부에서조차 고통스럽게 드러났다. 그리하여 비레가 도착했을 무렵에는 분열의 영이 회중을 이기적인 당파들로 분열시키고 있었다. 교회 내에

---

18 A. Borrel, *Histoire de l'Église Réformée de Nîmes* (Société des Livres Religieux, Toulouse, 1856), 18.

19 F. V. Massias, *Essai Historique sur Pierre Viret* (Cahors, 1900), 50.

20 Jaquemot, "Viret: Réformateur de Lausanne," 62.

이러한 파괴적인 풍조가 너무 심하게 고조되는 바람에 비레가 도착한 그 해 초에 칼뱅이 님에 편지를 써야 할 정도였다. 칼뱅은 회중들에게 형제애를 실천하고 내부에서 싸우고 있는 당파를 화해시키라고 촉구하면서 서로 물고 뜯는 자들을 향해 하나님께서 약속하신 엄중한 심판으로 경고하였다.

> 사랑하는 영주와 형제 여러분, 여러분의 편지도 읽었고, 우리에게 보낸 보고도 들었습니다. …우리는 여러분의 교회가 분파로 분열되어 있고 모든 사람이 자신의 당파를 위해 강경하게 고집을 피우는 것을 매우 유감스럽게 생각합니다. 여러분도 알다시피 교회의 기초는 일치이며, 그것은 형제애와 화합으로만 유지됩니다. 따라서 분쟁과 다툼의 문이 열리면, 흩어짐과 파멸 외에는 아무것도 기대할 수 없습니다. 사실상 하나님께서는 사도 바울의 입을 통해 말씀하신바, 서로 물고 뜯는 자는 결국에는 서로 멸망할 것이라고 선언하신 것을 언제나 이루실 것입니다.[21]

비레는 10월 초 이러한 분열적이고 지나치게 열광적인 상황 속으로 들어왔다. 대립하는 당파들이 신자의 공동체를 분열시키고 그들 사이에 존재하는 선의를 파괴했을 때, 주님은 종교개혁 진영에서 평화를 만드는 사람(peacemaker), 오르브 출신의 목사 비레를 그들에게 보내셨다. 비레는 격앙된 현장 한가운데서 쉬지 않고 일하면서 대립하는 구성원들을 화해시키고, 모든 사람에게 분열적이고 이기적인 기질을 버리고 겸손과 형제

21 Jules Bonnet, ed., *Letters of John Calvin,* volume four (Presbyterian Board of Publication, Philadelphia, 1858), 197-98.

애로 주님을 섬기면서 하나님이 명하신 조화 속에서 살아가도록 요청하였다. 이런 온화하고 평화로운 권면은 곧 성과를 얻었다. 주님의 섭리 가운데 사람을 편안하게 누그러뜨리는 비레의 인품과 경건한 조언은 교회 구성원들 사이에 존재하는 쓰라린 감정을 달래고, 소원해진 회중을 하나로 합치는 데 큰 역할을 하였다.

비레가 있음으로 님은 이처럼 유익을 얻었다. 그러는 사이에 이웃 마을과 도시들도 개혁자 비레가 가까이 있는 데서 오는 유익을 얻으려고 하였다. 그들은 님에 전령을 보내 비레에게 자신들의 마을로 와서 교회에서 설교해달라고 간청하였다. 모두가 저명한 개혁자의 설교를 "적어도 한 번은"[22] 듣고 싶어 하는 듯하였다. 비레는 님에서 사역하는 것 외에도 이러한 많은 요청에 응하려 애썼지만, 휴가 기간이 얼마 남지 않은 상황이어서 제네바로 돌아갈 준비를 시작해야만 하였다. 이때 비레는 칼뱅에게 편지를 보내 건전한 설교가 절실히 필요한 교회를 떠나는 것에 대해 우려를 표명하였다.

> 그 순간이 왔을 때 이 도시를 어떻게 떠나야 할지 너무 걱정스럽습니다. …걱정을 가중시키는 것은 내가 이곳을 떠날 때 남겨둘 목사가 부족하다는 것입니다.
>
> …더욱 염려되는 것은 몇 번이고 반복해서 표명해도 그들은 내가 떠날 것이라는 사실을 믿지 못한다는 것입니다. 정말이지 그들은 설득력 있는 이유가 너무 많아 충분히 우리 제네바 사람들을 설득해서 나를 훨씬 더 오래 여기 머물게 할 수 있다고 생각합니다.

---

22 Jaquemot, "Viret: Réformateur de Lausanne," 62.

…한편으로는 내가 방문해주기를 바라는 교회들이 많이 있는데, 특히 몽펠리에, 몽토방, 오를레앙에서 끈질기게 나에게 호소하고 있습니다. 오를레앙 사람들은 내가 5월 1일 그곳에서 열릴 총회에 참석하는 데 방해가 되는 일이라면 어떤 교회 일도 맡지 말라고 간청합니다. 그리고 2월 1일 랑그독 지방 대회가 소집됨에 따라 이 지역 목회자들은 나도 참석하기를 간절히 바라고 있습니다.[23]

비레의 휴가 기간이 끝나갈 무렵, 님 시의회는 자신들의 목사를 잃게 될까 두려워서 비레가 자신의 체류 연장 요청이 소용없는 일이라고 말해도 듣지 않았다. 그들은 비레를 지키기 위한 필사적인 노력의 일환으로 1561년 12월 제네바 시의회에 대표단을 보내면서 비레의 노력이 모두 어떤 성공을 거두었는지 다음과 같이 썼다.

…[비레의] 설교를 통해 그는 많은 사람과 심지어 행정관까지 얻었습니다. 사실 많은 성직자도 거룩한 복음에 대한 지식에 설복당하였습니다. 더욱이 자신들[님]의 교회가 보인 모범으로 인해 많은 이웃 교회들이 유익을 얻고 있으며, 이전에는 강력한 대적이던 프로방스의 교회들까지 넘어오기 시작하였고, 스페인 교회들도 얻을 수 있을 것입니다. 비레가 사람들의 마음속 너무 깊이 들어가 있었기 때문에 만일 그가 사라진다면, 그가 그토록 잘 시작해놓은 일들이 파괴되고 파묻혀버리고 말 것입니다.[24]

---

23 비레가 1561년 12월 5일 칼뱅에게 보낸 편지. Schnetzler et al., *Pierre Viret*, 140–41.

24 Roget, *Histoire du peuple de Genève*, tome sixième, 157.

님 시의회는 비레가 계속 머물수 있게 해달라고 다시 한번 간절히 호소하는 것으로 탄원서를 끝맺었다.

> 수확은 믿을 수 없을 정도로 많고, 굶주림은 견딜 수 없습니다. …우리는 추수꾼이 필요합니다. …여러분이 섬기는 하나님의 이름으로 우리는 여러분이 [비레]를 우리 곁에 머물게 해주기를 온 마음을 다해 애원하고 간청합니다.[25]

편지가 제네바에 도착했고, 편지 내용이 명백히 절박한데도 불구하고 시의회는 그 요청을 승인하지 않았다. 사실 그들은 최근 제네바에 도착한 파리 대표단에게 이미 비레를 보내기로 약속한 터라 그렇게 할 수 없었다. 칼뱅은 베즈에게 편지해 그 일을 다음과 같이 기록하였다.

> 파시(M. de Passy)를 데리러 온 파리 사람들이 이곳에 왔었습니다. …그들은 비레를 요청하는 편지를 지니고 있었고, 시의회는 여름까지 돌아온다는 조건으로 비레가 파리를 거쳐 오는 것을 허락하였습니다.[26]

제네바 시의회는 비레의 프랑스 파리 체류에 큰 희망을 품었다. 한 역사가는 이렇게 지적한다.

> 사방에서 스위스 종교개혁의 첫 번째 사도 중 한 사람으로 탁월한 능변가

---

25 Barnaud, *Pierre Viret*, 567-68.

26 칼뱅이 1561년 11월 31일 베즈에게 보낸 편지. Bonnet, *Letters*, volume four, 243.

인 이 목사를 요청하였다. 12월 30일, 제네바 고위 관료들은 "그가 많은 열매를 맺고, 시의회를 회심시키기를 바라며" 그를 파리 교회에 보내는 데 동의하였다.[27]

비레가 수도 파리에 체류하게 되면 곧 그 나라를 그리스도께로 회심시킬 것이라는 제네바의 암묵적인 확신에도 불구하고, 허약한 몸 상태로 인해 비레는 그렇게 멀리 북쪽으로 여행할 수 없었고, 파리 사절들에게 한 약속도 이행할 수 없었다.

비레의 건강 악화로 제네바 시의회가 그를 파리로 파송하려는 노력은 좌절되었지만, 그럼에도 불구하고 프랑스 전역에서 비레 목사를 파견해 달라는 요청이 쇄도하였다. 비레를 보내달라고 요청하는 도시들이 줄을 잇자 제네바는 사랑하는 목회자를 위해 어떤 제안을 받아들일지 결정하는 데 큰 어려움을 겪었다. 그들은 비레를 제네바로 불러들이고 싶었지만, 그를 필요로 하는 수많은 긴급 요청에 주저하였다. 그들은 마침내 비레의 휴가 기간을 짧게 연장해주고, 새로 부여받은 기간 내에 지체하지 않고 제네바로 돌아온다는 조건으로 개혁자가 어디로 갈지 스스로 선택하도록 결정하였다. 시의회는 1562년 1월 19일 그에게 이렇게 편지하였다. "당신의 부재로 인해 우리는 이미 몹시 괴롭습니다. …우리는 더는 우리 [교회]가 당신을 빼앗기도록 내버려둘 수 없습니다."[28]

비레가 프랑스에 몇 달 더 머물 것이라는 사실이 알려지자 여러 도시, 특히 몽펠리에, 몽토방, 오를레앙이 개혁자 비레가 오기를 간청하였다. 개

---

27 Bonnet, ed., *Letters,* volume four, 235, note 1.

28 제네바 시의회가 1562년 1월 19일 비레에게 보낸 편지. Barnaud, *Pierre Viret*, 568.

혁파 목회자를 간절히 원한 몽펠리에 교회와 시의회는 1월에 제네바에 편지를 보내 목회자를 보내달라고 부탁한 터였다. 그들의 대표단이 시의회에 나타나 "이 도시에서 봉사할 사람을 우리에게 보내주기를 하나님의 이름으로 여러분께 간청합니다."[29] 라고 하자 제네바는 "유월절 전에는 목사를 보내줄 수 없습니다."라고 답하였다.[30] 이 대답을 듣고 몽펠리에 교회는 비레에게 사람을 보내 공석을 채워달라고 간청하였다.

얼마간 숙고한 끝에 비레는 몽펠리에의 간청을 받아들여 그들이 절실히 필요로 하는 목사로 한동안 지내기로 결심하였다. 개혁자가 이런 결정을 하게 된 것은 그 도시의 교회가 비레에게 긴급히 요청한 탓도 있지만 날로 쇠약해져 가는 그의 건강 때문이기도 했다. 남쪽에 자리해 있는 몽펠리에는 병약한 비레에게 보다 따뜻한 기후를 제공할 수 있었다. 이 도시는 또한 여러 저명한 의사들이 자주 방문하는 의과대학으로도 유명했기에, 건강 상태가 악화할 때 숙련된 의사와 상담할 수 있는 환경이 비레에게 추가적인 동기 부여가 되었다.

그러나 비레는 님의 교회가 믿음 가운데 확고하게 자리 잡는 것을 보기 전에는 그곳에서 물러날 수 없었고, 그래서 몇 주 더 머물면서 설교를 이어나갔다. 님에서 사역의 마지막 날들 동안 주님은 비레의 설교를 풍성하게 축복하셔서 형제들을 강하게 하시고 개혁교회의 대의로 새로운 영혼들을 인도하셨다. 참으로 친구와 적 모두가 그의 감미롭고 온화한 설교에 매료되었다. 한번은 그가 님 인근에 있는 보나주(Vaunage) 지역의 한 들판에서 설교를 했는데, 수도원장과 수도사들이 자발적으로 그의 설교를

29 Ibid., 573.

30 Roget, *Histoire du peuple de Genève*, tome sixième, 156.

들으러 오기도 하였다. 비레는 청중들에게 복음의 경이로움과 구세주께서 주시는 복을 설명하였으며, 성서가 약속한 대로 그의 말은 그에게 헛되이 돌아오지 않았다. 프레데릭 리히텐베르거(Frédéric Lichtenberger)가 썼듯이 "완벽한 성공이었다. 사제들과 관리들이… 프로테스탄트 신자가 되었고, 수도원은 수입의 절반을 복음화에, 나머지 절반은 가난한 사람들을 돕는 데 바쳤다."[31]

님에서의 마지막 날인 1561년 성탄절 전날에 비레는 대성당에서 감동적인 설교를 하였다. 바르노는 이에 대해 이렇게 이야기한다.

> 비레는 대성당에서 왕실 관료, 총독, 의원과 그들의 가족을 포함한 엄청난 군중 앞에서 설교하였다. 예식이 진행되는 동안 루이 드 몽칼름(Louis de Montcalm), 밀하우(Milhau)의 수도원장, 타라스콩(Tarascon)의 수녀원장, 생쏘뵈르 수도원(Abbey of Saint-Sauveur)의 많은 수도사가 공개적으로 로마가톨릭을 포기하였다.[32]

님의 백성들과 당국자들은 말씀의 선포에 참으로 열렬히 반응하였고, 1562년 1월 4일 온종일 이어진 예배에서 비레와 동료 목사 기욤 모제(Guillaume Mauget)는 7,000-8,000명의 회중에게 성찬을 베풀었다.[33]

이렇게 비레는 건강이 좋지 않은 상태로 적대적인 땅의 이 이방 도시에 도착했음에도, 그리스도의 대의를 위해 힘을 다해 수고하였다. 휴식 생각

---

31 Frédéric Lichtenberger, *Encyclopédie des sciences religieuses*, tome XII (Paris, 1882), 407.

32 Barnaud, *Pierre Viret*, 565.

33 Viret, *Instruction Chréstienne*, tome premier, 29.

은 제쳐두고 그는 주님의 일에 열정적으로 임하여 하나님께서 자신을 부르신 이 새로운 땅에서 담대하게 온갖 어려움을 헤쳐나갔다. 주님은 그분 자신의 지혜로 이 병든 개혁자를 안락한 제네바에서 전장의 한복판으로 이끄시어 그의 생애가 저물어가는 때에도 복음 사업을 계속하게 하셨다. 프랑스의 이 첫 번째 도시가 스위스 개혁자의 존재로 혜택을 받는 마지막 도시는 아닐 것이다. 주님은 비레의 생애 마지막 10년 동안 그를 위해 참으로 위대한 일을 준비해놓으셨다.

제17장

•

몽펠리에

인간의 모든 제도를 주를 위하여 순종하되 혹은 위에 있는 왕이나
혹은 그가 악행하는 자를 징벌하고 선행하는 자를 포상하기 위하여 보낸 총독에게 하라
곧 선행으로 어리석은 사람들의 무식한 말을 막으시는 것이라
너희는 자유가 있으나 그 자유로 악을 가리는 데 쓰지 말고
오직 하나님의 종과 같이 하라 뭇 사람을 공경하며
형제를 사랑하며 하나님을 두려워하며 왕을 존대하라 (벧전 2:13-17)

비레가 체류할 당시 프랑스는 정치적, 종교적으로 커다란 불안을 겪고 있었다. 님에서 사역하는 동안 몽펠리에에서 한 로마가톨릭 신자가 프로테스탄트 신자를 학살했다는 소식이 들려왔다. 분열된 나라 안에서 프랑스 가톨릭주의라는 적대적인 환경 가운데 살아가야 하는 프랑스 개혁교회로서는 거의 매일 이와 유사한 일을 겪어야 했다. 어디서나 왕실 군대는 성장하는 프로테스탄트 교회에 위협적인 존재였고, 위협을 당하고 있는 위그노 신자들의 마음과 정신에는 순교자와 학살에 대한 수많은 이야기로 가득 찼다.

강력한 로마가톨릭을 표방하고 있었음에도, 프랑스 왕실은 때때로 자국 영토 내의 '이단자들'에게 일정 정도 양보하는 것을 반대하지 않았으며, 1562년 1월에는 칙령을 반포하여 프랑스 프로테스탄트에게 함께 모

여 예배와 다른 활동을 할 수 있는 자유를 허락하였다. 하지만 도시 내에서의 집회는 금지되었다. 1월 칙령은 개혁파 예배를 합법화하였지만, 개혁파가 교회 건물에 대한 통제권을 가질 정도로 강력했던 도시들은 도시 내 집회를 금지하는 그 칙령에 대해 크게 저항하였다. 프랑스 전역의 몇몇 위그노 공동체들은 이미 도시에 있는 교회 건물 안에 모여 편리하게 예배를 드리고 있었으며, 금지령에도 불구하고 도시의 건물을 계속 소유하는 것이 정당하다고 생각하였다. 그래서 칙령에 어떻게 대응해야 할지를 놓고 교회들 사이에 많은 이견이 존재하였으며, 결국 이 문제는 랑그독 지역 목회자들의 노회에 상정되었다. 비레는 이 회합에 앞서 이 문제를 다루어달라는 요청을 받고 1월 15일 그들에게 장문의 편지를 써서 로마가톨릭 신자들에게 교회를 평화롭게 되돌려주고 해당 법령에 온전하고 적절하게 복종할 것을 촉구하였다.

몽펠리에 노회에 모인 랑그독 지역 교회들의 존경하는 영주들과 형제들에게 우리 주 예수 그리스도의 은혜와 평강이 함께하기를….

이제 우리에게 교회와 무기를 반환하라는 명령이 내려졌으므로, 무엇보다 먼저 하나님께 불순종하고 선동적인 폭도와 반역자로 여겨지지 않으려면, 왕과 그 고문단을 크게 분노하게 만들지 않으려면, 그리고 왕의 부관 크뤼솔(Monsieur de Crussol)이 우리를 상대로 가혹한 폭력을 행사하지 않게 하려면 이 명령을 결코 무시할 수 없습니다. …이것은 가장 중요한 문제가 아니라 부차적인 문제일 뿐입니다. 우리가 모여 드리는 참되고 거룩한 예배 일체를 금지하는 것이 아니라 단지 교회를 점유하는 것을 금하고 있을 뿐이기 때문입니다.

…그러므로 내가 항상 청중들에게 가능하다면 언제나 왕의 칙령에 따

르고 하나님께 순종하라고 권면해온 것처럼… 지금 우리에게 요구되는 이 일에 대해서도 똑같이 행동하도록 권고합니다. 이를 거부한다면 우리 의무를 저버리는 것이고, 추문을 일으키는 것이며, 교회와 신자들을 모두 심각한 위험에 빠뜨리고 우리의 반역을 바라는 적들을 크게 기뻐하게 만드는 꼴이 되고 말 것이기 때문입니다. 그 반역은 우리 대적들의 입을 열어 우리를 공격하게 할 뿐입니다. …나는 많은 사람이 이런 [교회 건물의] 반환을 심히 어렵고 내키지 않는 일로 여기고, 이것을 복음의 진행에 커다란 장애물로 받아들일 것이 분명하기에 이 일에 대해 장황하게 썼습니다. 그러나 우리는 오히려 낮아질 때 하나님께서 우리를 높이실 것이라는 소망을 가져야 합니다.

…그러므로 우리는 그들의 무례함에 동요하지 말고, 참을성 있게 주님의 기쁘신 뜻을 기다려야 합니다.[34]

프로테스탄트가 점유하고 있는 교회를 평화롭게 양도하라는 비레의 편지는 프랑스 위그노들의 어지러운 마음을 상당히 진정시켜 주었다. 이 편지 후 5일 만에 그가 체류하고 있던 도시 님의 교회들이 로마가톨릭에 양도되었고, 프로테스탄트 신자들은 도시 성벽 밖에서 예배드리는 것을 기꺼이 감수하였다.[35]

랑그독 주지사 크뤼솔은 비레가 개혁파 교회에게 법의 평화로운 준수를 촉구하는 편지를 보냈다는 말을 전해 듣고, 이런 편지를 작성한 사람을 만나고 싶어 1월 중순 님에 전령을 보내 빌뇌브-레자비뇽

34 Théodore de Bèze, *Histoire ecclésiastique des églises réformées au royaume de France,* tome premier (Lille, 1841), 557-58.

35 Cart, *Pierre Viret*, 137.

(Villeneuve-les-Avignon)에서 만나자고 요청하였다. 이 초청이 있기 불과 몇 달 전, 프로테스탄트를 해산시킨 전력이 있는 일군의 로마가톨릭 군인들이 빌뇌브에 함께 모여 있던 신자들을 난폭하게 저지하다가 7명이 사망하는 일이 있었다.[36] 최근 이러한 로마가톨릭의 그릇된 열정 표출이 있었는데도 불구하고, 비레는 지휘관 크뤼솔의 요청을 받아들여 그를 찾아가 긴 시간 대화를 나누었다. 크뤼솔은 정치와 종교에 관한 비레의 지혜와 절제의 깊이에 깜짝 놀라 귀를 기울였다. 이 지혜는 베른 행정관들과의 수십 년에 걸친 투쟁이라는 고통스러운 멍에 아래 습득된 것이었다.

비레의 직관과 혜안에 강한 인상을 받은 크뤼솔은 그에게 떠나기 전 병사들과 빌뇌브-레자비뇽 마을 사람들을 위해 설교해달라고 부탁하였다. 비레는 기꺼이 설교하였고, 그 후 청중 가운데 많은 사람이 그를 따라 님으로 왔다. 그는 그들이 로마가톨릭을 버리고 복음으로 돌아오는 것을 목격하는 기쁨을 누렸다.[37]

프랑스 당국이 칙령에 대한 비레의 반응에 놀란 것처럼, 불쾌하고 부당해 보이는 국가의 칙령에 성서적으로 대응하는 지혜를 보임으로써 이 개혁자는 랑그독의 교회 사이에서도 큰 존경을 받게 되었고, 그 결과 1562년 2월, 1월 칙령을 주요 주제로 하는 님 지역 대회를 주재해달라는 요청을 받았다. 70명 이상의 랑그독 목회자들이 참석한 이 대회는 2월 초 보름 동안에 걸쳐 진행되었다.[38] 대회는 2월 16일 성만찬으로 마무리되었고, 비레는 여기서 네 사람을 목사로 세웠다.

---

36 J. Roman, *Origine et Progrés des Églises Protestantes dans le Langeudoc* (Toulouse, 1888), 77.

37 Barnaud, *Pierre Viret*, 567; Cart, *Pierre Viret*, 138-39.

38 Bèze, *Histoire ecclésiastique des églises réformées*, tome troisième, 88.

대회가 끝난 직후 비레는 회중들과 작별하고 님을 떠나 몽펠리에로 향하였다. 몽펠리에에 도착한 그는 2월 18일 프로테스탄트가 1년 전에 점령한 템플 드 라 로지(Temple de la Loge)에서 많은 군중 앞에서 설교하였다.[39] 님에서와 마찬가지로 하나님은 비레의 수고에 복을 내리셨고, 그의 사역은 이 새로운 무대에서 탁월한 성공을 거두었다. 이 도시의 주민들뿐만 아니라 대학에 속한 의사와 교수들도 그의 설교를 들으러 왔고, 그들 중 많은 사람이 개혁자의 설교에 영향을 받아 복음으로 인도되었다. 바르노는 다음과 같이 언급한다.

> 이 시기에 인구의 절반이 종교개혁을 받아들였다고 해도 과언이 아닐 것이다. 도시의 최고 권력자들은 프로테스탄트에 호의를 보였고, 의과대학 교수들 사이에서 최초의 지지자와 가장 열성적인 전파자가 생겨났다. 보캉(Bocand), 도르토망(Dortoman), 주베르(Joubert), 페엔(Feynes), 트리알(Trial), 헤루아르(Hérouard), 롱드레(Rondelet), 사포르타(Saporta)는 곧바로 개신교 신앙을 받아들였다.[40]

종교개혁에 새롭게 참여한 많은 수의 학식 있는 의사들은 자신들에게 그러한 영적 도움을 준 비레에게 재빨리 건강상의 도움을 주었다. 특히 두 사람, 롱드레와 사포르타는 개혁자 비레를 적극적으로 도왔는데, 비레가 약해진 체력을 회복해 사역을 감당할 수 있도록 장기적인 치료를 처방하였다. 1년 후 비레의 가장 위대한 신학 저서 중 하나인 『그리스도교의 가

39 Roman, *Origine et Progrés des Églises Protestantes*, 65.

40 Barnaud, *Pierre Viret*, 573-74.

르침』(*Instruction Chréstienne*)이 출판되었을 때, 그는 이 책을 몽펠리에 교회에 헌정하였다. 비레는 헌정사에서 그 도시의 의사들에게 받은 은총과도 같은 도움에 특별히 감사를 표하였다.

> 나는 또한 교회에 속한 의사들, 특히 롱드레와 사포르타 씨가 나에게 보여준 큰 사랑에 특별한 감사를 전합니다. 나는 그들에게서 큰 도움을 받았습니다.
>
> 이렇게 그들이 하나님의 도구가 되어 내가 계속해서 하나님의 교회를 위해 봉사할 수 있도록 애써 주었습니다. 그들은 나를 도움으로써 이후로 내가 섬긴 모든 교회, 하나님께서 나에게 은혜를 주신다면 내가 앞으로 섬기게 될 모든 교회를 도운 셈입니다. …그들이 나를 환영한 것은 금이나 은 때문이 아니었습니다. …오히려 아비가 그 자식을 위하고, 자식이 그 아비를 위함 같이 그들은 나를 위해 할 수 있는 것은 그 무엇도 빠뜨리거나 아끼지 않았습니다. …내가 그들의 손을 통해 하나님께 받은 복을 잊을 만큼 배은망덕하지는 않다고 증언하는 것 외에는 달리 그들에게 보답할 길이 없습니다.[41]

비레가 몽펠리에에 입성한 직후, 프로테스탄트 진영은 바시(Vassy)에서의 학살 소식에 동요하였다. 바시에서 예배를 드리던 개혁교회 신자들이 남녀노소를 불문하고 기즈(Guise) 공작의 병사들에게 잔인하게 학살당한 것이다. 이 비극이 있은 지 몇 주 후에, 비레는 카스텔노다리(Castelnaudari)에서 약 50명의 신자와 목사가 살해된 또 다른 학살 사건

---

41 Schnetzler et al., *Pierre Viret*, 27–28.

에 대해 칼뱅에게 편지하였다.[42] 이러한 비슷한 잔혹 행위가 잇달아 일어나자 곧 프랑스의 로마가톨릭 신자와 위그노 신자 모두가 무장하고 있다는 소식이 전해졌고, 머지않아 프랑스는 내전에 휩싸였다.

몽펠리에의 프로테스탄트 신자들은 도시의 불안정한 상황을 목격하고 다른 한편으로는 프랑스 전역에서 위그노에 대해 자행되는 박해와 폭행 소식을 들으면서, 도시의 가톨릭교도들과 진격하는 왕실 군대의 예상치 못한 공격으로부터 자신들을 지키기 위해 여러 수단을 강구하였다. 그들은 여러 명의 경비병을 세워 예배 중에 회중이 적의 공격에 희생되지 않도록 끊임없이 경계하였다. 이러한 조치 외에도 특별히 관심을 둔 것은 그들의 목사 비레를 보호하는 것이었다. 따라서 총독 자크 다비드(Jacques David)는 (창으로 무장한 분대를 이끌고) 비레가 설교하러 오갈 때 그를 호위하고 숙소까지 안전하게 인도하였다.[43]

내전의 여파에도 불구하고 몽펠리에에서 사역하는 동안 비레는 지역의 이웃 교회들, 특히 툴루즈와 몽토방에서 설교하러 와달라는 요청을 계속 받았다. 칼뱅에게 보낸 편지에서 그는 먼저 제네바의 허락을 받지 않고는 아무것도 할 수 없다고 말하면서도 자신에게 쏟아지는 수많은 호소가 얼마나 긴급한지를 설명하였다. 툴루즈는 실제로 거절을 절대 받아들이려고 하지 않았고, 비레는 1562년 3월 23일 제네바의 동지 칼뱅에게 편지를 보내 그 도시가 자신을 확보하기 위해 얼마나 끈질기게 노력했는지 설명하였다.

---

42 비레가 1562년 3월 23일 칼뱅에게 보낸 편지. Roget, *Histoire du peuple de Genève*, tome sixième, 215.

43 Philippe Corbière, *Histoire de l'Église Réformée de Montpellier Depuis son Origine Jusqu'à nos Jours* (Montpellier et Paris, 1861), 51.

> 지금 시점에서 내 건강과 (내가 소속되어 있는) 제네바 교회가 허용하기 전에는 그들의 요구에 응할 수 없다고 분명하게 말했는데도, 툴루즈 사람들은 어떻게 해서든 나를 데려가려고 여러 사람의 편지를 가지고 이곳에 왔습니다.[44]

1562년이 시작되고 몇 달이 지나면서 제네바에서 허락한 비레의 휴가 기간이 거의 끝나갔다. 비레는 제네바로 돌아가기 전에 리옹에서 얼마간 시간을 보내고 싶었고, 그래서 몽펠리에를 떠날 준비를 하였다. 5월에 신도들에게 작별을 고하면서 교회에 마지막 권면을 하고, 그는 전쟁으로 폐허가 된 프랑스를 거쳐 집으로 돌아가는 위험한 여정을 시작하였다.

몽펠리에서의 체류 기간은 짧았지만, 비레는 자식을 향한 아버지의 심정으로 교회를 섬겼고, 후에는 신자들의 공동체에 편지를 보내 부름 받은 신앙을 계속 지키고 주위의 많은 대적과 평화롭게 지낼 것을 권고하였다.

> 하나님께서 여러분에게 참 그리스도인의 마음을 주셔서 여전히 여러분의 원수인 사람들을 향해서도 그들의 선과 구원 외에는 바라지 않고, 그들과 함께 평화롭게 살 수 있도록 하셨다는 것을 믿어 의심치 않습니다.
>
> …나는 여러분 가운데 거하면서 여러분이 이와 관련해서 얼마나 자제하고 참는지 목격하였습니다. 그러므로 나는 여러분이 겪었을지도 모를 모든 상처와 여러분의 대적이 행하고 저지른 모든 일을 잊고 여러분이 적조차 친구로 만들 수 있을 정도로 수고하기를, 항상 더욱 힘쓰고 인내하

---

44 비레가 1562년 3월 23일 칼뱅에게 보낸 편지. Ruchat, *Histoire de la Réformation de la Suisse*, tome sixième, 467.

기를 기도합니다. 복음을 고백하는 사람 중 이름뿐인 그리스도인이 아니라 말과 행동으로도 그리스도인임을 나타내는 경우가 종종 있는데, 여러분이 그렇게 되기를 바랍니다.[45]

비레는 몽펠리에 신자들과 나눈 즐거운 교제의 시간을 쉬이 잊을 수 없었다. 그래서 계속해서 교회에 편지를 보내면서 자신을 사랑스럽게 맞이해준 교인들의 환대에서 느꼈던 기쁨을 회상하였다. 비레는 그들을 통해 받은 환대와 친절한 보살핌을 기억하며 다음과 같이 썼다.

이제 하나님이 여러분의 교회에 이미 세우신 선한 질서의 아름다운 시작을 보면서 내가 여러분 가운데서 크게 기뻐하는 것처럼… 여러분은 내가 섬기는 하나님의 영광을 이유로 나에게 선의를 베풀고 건강을 돌보아줌으로써 내게 큰 기쁨을 가져다주었습니다. 여러분 덕에 이 거룩한 사역에 나를 부르신 그분을 더 오래 섬길 수 있게 되었기 때문입니다. 이것이 여러분이 나를 위해 모든 것을 행한 주된 이유라는 것을 잘 압니다. 남은 평생 여러분에게 빚을 지고 살 것입니다. 여러분이 나를 위해 할 수 있는 일을 아끼지 아니하였으니, 사도 바울이 자신에게 사랑을 베풀어준 갈라디아 사람들에 대해 증언한 것처럼, 나도 여러분에 대해 증언해야겠습니다. 여러분도 할 수만 있었다면 여러분의 눈이라도 빼어 나에게 주었을 것입니다.[46]

---

45 Schnetzler et al., *Pierre Viret,* 24–25.

46 Ibid., 25–26.

제18장

•

리옹: 전능자의 예비하심

> 내가 그들을 기르는 목자들을 그들 위에 세우리니
> 그들이 다시는 두려워하거나 놀라거나 잃어 버리지 아니하리라
> 여호와의 말씀이니라 (렘 23:4)

몽펠리에를 떠나 리옹으로 향하던 비레는 도중에 님에 들러 그곳에 있는 성도들에게 마지막 작별을 고하였다. 1562년 5월 말경 님에 도착한 그는 많은 군중 앞에서 3일 동안 연속으로 설교하였다. 이후 성찬식을 진행하고 교회에 보내는 마지막 작별 인사를 끝으로 리옹으로 향하였다.

비레는 도중에 발랑스(Valence)를 통과하였는데, 당시 발랑스는 폭력적이고 잔인하기로 유명한 프로테스탄트 지도자 아드레(Adrets)의 남작 프랑수아 드 보몽(François de Beaumont)이 통치하고 있었다. 비레는 이 도시에 머물면서 한 예수회 사람에 대한 사형 선고 소식을 듣게 된다. 에드몽 오제(Edmond Auger)라고 하는 예수회원이 설교하기 위해 이 도시에 들어왔다가 붙잡혀 남작으로부터 사형 선고를 받은 것이다. 비레는 남작에게 가서 사형 선고를 받은 사람에게 관용을 베풀 것과 처형 전에 자신

에게 개혁주의 가르침을 전할 시간을 줄 것을 부탁하였다. 그러나 남작은 조금이라도 지체하는 것을 허락하려 들지 않았고 예정대로 처형을 명하였다. 비레는 모든 간청이 헛된 것을 알고, 교수대 위로 뛰어올라 적을 구하기 위해 목숨을 걸면서 오제가 죽으면 자신도 그와 운명을 같이할 것이라고 선언하였다. 이런 자기희생의 모습에 놀란 남작은 비레의 요청을 수락하여 오제를 감옥으로 호송하고 비레에게 이 남자를 개종시키라고 명하였지만, 결실은 없었다. 이 사건이 있은 지 얼마 지나지 않아 몇몇 로마가톨릭 신자들은 감옥에 잠입하여 포로로 잡혀 있던 예수회원을 탈출시켰다.

비레는 여행을 계속해 6월 초에 리옹에 입성하였다. 그가 도착하기 한 달 전 도시는 위그노가 장악하게 되었다. 바시의 학살과 기타 유사한 폭력에 관해 듣고 격분한 프로테스탄트 신자들은 우월한 힘을 이용하여 로마가톨릭교회에 침입해 성상을 파괴하고, 성 요한 교회를 약탈해 전리품을 경매에 올렸다. 그들은 그리스도의 이름으로 모든 것을 정당화하면서 규율 없는 무질서한 통치로 도시를 큰 혼란에 빠트렸다. 이러저러한 범죄에 대한 소식이 프랑스 전역으로 빠르게 퍼졌고 곧 제네바에까지 도달하였다. 칼뱅은 즉시 리옹 교회에 편지를 보내 그들이 저지르고 묵인한 부당한 폭력과 무질서에 대해 엄하게 질책하였다.

> 사랑하는 형제 여러분··· 소식을 듣고 우리는 큰 비탄에 빠졌습니다. 우리는 그러한 혼란 속에서 과격하게 행동하지 않고 온건함을 유지하기가 어렵다는 것을 잘 알고 있으며, 여러분이 고삐를 꽉 잡아 바람직한 모습을 보이지 못한 것도 어렵지 않게 이해할 수 있습니다. 그러나 우리가 도무지 지지할 수 없는 일들이 있어서 우리는 생각보다 훨씬 더 거칠게 여러분

에게 편지를 쓸 수밖에 없었습니다. 우리가 여기서 여러분에 대해 심히 유감스럽다고 말하고 있는 것들을 어물쩍 감춘다면, 우리는 하나님과 여러분과 그리스도교 자체에 반역자가 되는 것입니다. 목사가 기병이나 경찰 역할을 하는 것은 어울리지 않는 행동입니다. …그러나 가장 나쁜 것은 손에 권총을 들고 힘과 폭력을 자랑하며 마을 총독에게 가서 그를 위협하는 것입니다. 여기 우리가 신뢰할 수 있는 증인들에게 반복적으로 들은 말이 있습니다. "선생님, 우리 손에 힘이 있으니, 당신은 그 일을 해야 합니다." 우리는 괴물을 볼 때와 마찬가지로 그런 종류의 표현에 혐오감을 느낀다고 솔직하게 말씀드립니다.

…부끄러움과 비통한 마음 없이는 들을 수 없는 이 문제들에 대해 우리는 여러분을 부드럽게 책망할 수가 없습니다. 비록 수습하기에는 이미 늦었지만, 이제라도 우리는 하나님의 이름으로 여러분에게 간청하고, 우리가 할 수 있는 만큼 권면하지 않을 수 없습니다. 과거의 잘못을 보상하고, 무엇보다 이 모든 노략과 약탈 행위를 끝내려고 노력해야 합니다.[47]

이 편지가 발송되고 나서 한 달 후 비레는 리옹에 들어갔고 도시는 동요와 불안 상태에 있었다. 프로테스탄트 신자들은 군사적 승리로 얻은 권력을 누리면서 미사 집전을 금지하고, 계속해서 로마가톨릭의 교회와 토지에 대해 폭력 행위를 일삼고 있었다. 비레는 마을 주민들과 위그노 군인들 사이에 만연한 폭력 행위와 재산과 물품의 불법적인 손상 및 절도에 대해 즉각적으로 반대 목소리를 내기 시작했으며, 교회가 평화와 법을 준수

---

47 칼뱅이 1562년 5월 13일 리옹 교회에 보낸 편지. Bonnet, ed., *Letters*, volume four, 269-71.

해야 한다고 촉구하였다. 도시 내의 격앙된 감정과 불타오르는 격정에도 불구하고, 비레의 설교는 동료 신자들의 불타오르는 열정을 빠르게 가라앉혔고, 어느새 리옹은 평화로운 모습을 되찾았다.

정말로 주님께서는 비레를 사용하셔서 이 도시의 평화를 회복하고 화해시키는 선한 일을 행하셨다. 이로 인해 그가 도착한 지 2주 만에 리옹 교회는 비레에게 더 오래 자신들 곁에 머물겠다고 약속할 것을 요구하였다. 비레는 이 요청을 받아들일 수 없었다. 왜냐하면 그의 휴가가 벌써 끝나가고 있었고, 그에게는 이 도시에 더 머물 권한이 없었기 때문이다. 그는 리옹에 단지 며칠 동안만 머물 계획이었고, 제네바로 돌아가 아내와 딸들을 다시 만나 그 도시에서 계속 일하기를 간절히 원하였다. 그러나 떠날 준비를 하면서 그는 예정대로 출발하기가 어렵다는 것을 알게 되었다. 도시를 에워싼 군대와 불안한 상황으로 인해 안전한 출발을 기대할 수 없었기 때문이다. 비레는 1562년 6월 13일 제네바 시의회에 편지를 보내 자신의 상황을 알렸다.

> 선하신 우리 하나님 아버지께서 지금 내가 있는 이 도시[리옹]에 오기까지 나를 인도하시고 모든 위험에서 나를 구해주셨지만, 여기서 나는 계획한 날짜에 떠날 수 없을 것 같습니다. 크게 두 가지 이유 때문입니다. 첫째는, 내가 어떤 식으로든 교회의 확립과 위로에 도움을 주지 않고 이곳을 떠나면 많은 사람이 심하게 서운한 마음을 갖게 될 것이기 때문입니다. …또 다른 이유는, 사부아 땅을 지나는 길이 안전하지 않다는 소식을 들었기 때문입니다. …그러므로 나는 여러분이 원하는 것을 나에게 알릴 때까지 여기에 얼마 동안 머물면서 주님의 일을 할 것입니다.[48]

리옹 교회와 시의회가 남기를 간청하는 데다 길을 가로막는 위험 때문에 머물 수밖에 없었지만, 비레는 돌아가서 가족을 만나고 제네바 교회가 구하는 도움을 줄 수 있기를 간절히 바랐다. 그는 편지에서 어쩔 수 없는 장기간의 부재로 인한 마음의 동요를 표현하였고, 자신이 떠나 있을 수밖에 없던 교회에 대한 사랑을 조금이라도 전달하려고 애썼다.

…내 영혼은 지금 이쪽저쪽 떠밀리면서 큰 혼란을 겪고 있습니다. 여러분을 보고 대화하고 싶은 욕망이 나를 격렬하게 한쪽으로 끌어당기기 때문입니다. 나는 너무나 오랜 시간 여러분에게 빚을 졌기 때문에 내 영혼이 속에서 계속 다투고 있습니다. 왜냐하면 내가 하고 싶은 봉사를 여러분에게 제공할 수도 없고, 내가 여러분을 향해 품은 애정을 행동으로 보여드릴 수도 없기 때문입니다. …그러므로 내가 여러분을 칭송하고 또한 여러분이 나와 내 가족에게 항상 보여준 자비와 관대함에 감사를 표하는 것은 너무나 마땅한 일입니다. 나는 행동으로 이 감사를 표할 수 없기에, 주님께서 나에게 남겨두신 방법으로 나의 선한 뜻을 여러분에게 전할 수밖에 없습니다.[49]

비레는 계속해서 자신이 떠나 있는 동안 제네바 사람들이 그의 가족에게 베풀어준 보살핌에 대해 진심 어린 감사를 표하였다.

여러분을 보고 싶은 마음에 더하여 내 가족에 대한 사랑도 잊을 수 없습

---

48 비레가 1562년 6월 13일 제네바 시의회에 보낸 편지. Barnaud, *Quelques lettres inédites de Pierre Viret* (Saint-Amans, 1911), 123.

49 Ibid., 120.

니다. 주님께서 이 세상에서 나에게 허락하신 가장 훌륭한 친구들에게 가족을 맡겨두었다는 사실을 알지 못했다면, 나는 더 큰 걱정과 심한 동요에 빠졌을 것입니다.[50]

비레는 리옹에 남을 수밖에 없었고, 그 도시에서 설교와 사역을 계속하였다. 그러자 교회는 개혁자의 체류 기간을 얼마간 연장해주고, 다시금 비레에게 보다 상시적인 직책을 맡아 그들과 함께 머물러달라고 간청하였다. 이 호소에 압박받은 비레는 제네바 시의회의 허락 없이는 그럴 수 없다고 대답하였다. 이에 따라 리옹 교회는 제네바에 편지를 보내 비레의 휴가를 몇 달간 연장해달라고 요청하고, 그가 머물러야 할 필요성을 자세히 설명하였다. 이 간청의 편지를 받은 제네바는 비레가 제네바를 장기간 비우는 것은 제네바 교회에도 심각한 문제라고 답하였다. "우리의 신실한 사역자이자 목사인 피에르 비레의 오랜 부재가 우리 교회에 심각한 피해를 주고 있으므로 그가 속히 돌아와야 한다고 생각합니다."[51]

제네바 시의회는 제네바가 비레를 원하는 만큼 리옹 또한 이런 격동의 시기에 현명하고 평화로운 하나님의 사람을 필요로 한다는 것을 알았다. 따라서 얼마 동안의 숙고 끝에 그들은 1562년 6월 29일 리옹에 비레의 휴가를 2개월 더 연장해주기로 했다는 편지를 썼다.

고귀하고 가장 존귀하신 영주님, 우리의 선하신 하나님께 감사를 드립니

50 Ibid., 120-21.

51 제네바 시의회가 1562년 6월 29일 리옹의 블라콩에게 보낸 편지. "Viret à Lyon," *Bulletin de la Société de l'Histoire du Protestantisme Français,* tome XXI (Paris, 1872), 74.

다. 그분은 신실한 사역자이자 목사인 피에르 비레의 수고를 통해 길 잃은 가련한 양이 무리 속으로 돌아오게 하셨습니다. 따라서 우리는 여러분의 요청을 받아들입니다. 우리가 바라는 바는 비레가 이곳으로 와서 자신의 책무를 수행하는 것이지만, 여러분의 도시가 비레를 긴급하게 필요로 한다는 것을 알았기에, 그의 형편이 허락한다면 거기서 2개월 더 머물면서 하나님이 그에게 주신 은혜에 따라 가련하고 무지한 사람들을 가르치고, 또 이미 바른길로 걷고 있는 사람들을 굳게 세우는 일에 헌신하도록 하십시오.[52]

비록 2개월이라는 기간이 리옹 교회의 기대에는 미치지 못했지만, 그럼에도 불구하고 그들은 제네바가 자신들의 요청을 들어준 데에 기뻐하였다. 그러나 비레는 북쪽에 위치한 리옹의 상황 때문에 리옹에서의 시간이 얼마나 유익할지 의구심을 품었다. 비레는 칼뱅에게 편지를 보내 다가오는 겨울과 추운 날씨가 자신의 쇠약해진 몸에 어떤 영향을 미칠지 두렵다고 털어놓았다.

리옹 사람들은 우리 컨시스토리의 조언과 결정에 따라 당신에게 전령과 사신을 보냈습니다. …주님께서 나에게 호의를 베풀지 않으신다면, 내가 시간을 쓸모없이 허비할 수밖에 없다는 사실을 그들은 고려조차 하지 못할 것입니다. 왜냐하면 외관상으로는 내 몸과 얼굴이 건강하고 튼튼해 보이기 때문입니다. 그러나 그러는 동안 내 팔다리는 일종의 위축 증세로 쇠약해지기 시작했고, 저리는 현상은 점점 심해지고 있습니다. 그래서 날

52 Ibid., 73.

씨가 추워지게 되면 먼저 내 손이 일하기를 거부할까 봐, 내가 완전히 침대에만 누워 있게 될까 봐 두렵습니다. 머지않아 주님께서 당신에게 돌아갈 수 있도록 허락하신다면, 직접 당신과 더 많은 이야기를 하고 싶습니다.[53]

몸이 허약한 데다 건강까지 악화되는 데도 비레는 자신이 머무는 도시의 지속적인 요구와 절박한 필요를 충족시키기 위해 노력하였다. 그의 말대로 "이 가련한 교회가 나에게서 별다른 도움을 받지 못하고, 겨우내 나로 인해 짐만 지게 될까"[54] 두려워하면서 그는 자신을 간절히 필요로 하는 도시에 방해가 되지 않고 도움이 되기 위해 최선을 다하였다. 그렇지만 그도 계속 그렇게 하기는 어려울 것이라는 사실을 기꺼이 인정하였다. 비레는 이전의 수많은 성도처럼 바울에게서 배울 수밖에 없었다. "내 은혜가 네게 족하도다 이는 내 능력이 약한 데서 온전하여짐이라."(고후 12:9) 주님은 리옹에 비레가 감당할 일을 예비해두셨는데, 그것은 인간의 지혜나 능력이 아니라 주님의 능력으로 수행해야 할 일이었다.

1562년 7월, 수비즈 영주(Sieur de Soubise)로 지혜와 절제로 유명한 위그노 사령관 장 드 파르트네(Jean de Parthenay)가 리옹의 프로테스탄트 군대 수장을 맡게 되었다. 그가 지휘하는 동안 도시는 강력한 로마가톨릭 군대에 포위되었고, 보급품이 떨어지기 시작하면서 대중은 곧 절망에 빠졌다. 포위된 도시에는 공포를 동반한 기근이 점점 더 가까이 다가오고 있었고, 수비즈는 곧 병사들의 질서를 유지하는 데 어려움을 겪었다.

---

53 비레가 1562년 6월 24일 칼뱅에게 보낸 편지. Schnetzler et al., *Pierre Viret,* 142.

54 비레가 1562년 12월 6일 제네바 시의회에 보낸 편지. Barnaud, *Quelques lettres inédites de Pierre Viret*, 129.

무시무시한 궁핍이 겁에 질린 사람들을 압박해왔지만, 가장 어두운 시간에도 빛은 계속 비추었다. 도시의 거리에서 말씀을 선포하고, 마을 사람들과 이야기를 나누고, 군인들의 의무를 상기시키는 비레의 쇠약한 모습을 계속 목격할 수 있었던 것이다. 리옹 시의회는 다음과 같이 선언하였다.

> 우리의 전체 병력보다 비레의 학식 있고 거룩한 가르침에서 더 많은 도움과 격려를 얻습니다. 그는 하나님의 여러 명령을 지켜야 한다고 주장하는데, 그것 없이는 무장한 군인들을 통제할 수 없습니다.[55]

리옹에 대한 포위 공격은 연일 이어졌지만, 절망에 빠진 사람들을 위한 도움의 손길은 도착하지 않았다. 마침내 도시에 15일 분량의 식량밖에 남지 않았다는 사실이 밝혀졌다. 시 당국은 상황이 절망적이라는 사실에 낙담하고, 빈약한 식량을 보존하고 도시의 소유권을 지키기 위해 불필요한 주민들을 모두 추방하기로 하였다. 도시 방어에 참여할 수 없는 사람은 누구든지 쫓겨날 판이었다. 그리하여 여성, 어린이, 가난한 자들을 모두 합해 7,000여 명을 추방하기로 하였다.

이 무시무시한 소식을 전해 듣고 비레는 기겁하여 수비즈에게 달려가 그 명령을 취소해달라고 간청하였다. 그는 도시에서 추방당한 사람들은 분명 모두 적들에게 학살당하고 말 것이라는 사실을 상기시키면서 결정을 재고해줄 것을 간청하였다. 수비즈는 비레의 말을 정중하게 경청하였

55 리옹 시의회가 1562년 11월 18일 제네바 시의회에 보낸 편지. Barnaud, *Pierre Viret*, 588.

지만, 크게 절망하며 다음과 같이 답하였다.

> [나는] 이토록 애통한 일을 할 수밖에 없다는 사실이 정말 유감스럽지만, 내 직책이 이 의무를 수행할 수밖에 없도록 강제합니다. 모두를 잃는 것보다는 이만큼의 사람을 잃는 것이 더 낫기 때문입니다. 비레 선생님, 나는 당신이 선한 사람이라는 것을 알기에, 당신에게 아무런 거리낌 없이 말하겠습니다. 우리에게는 15일 분량의 식량밖에 남지 않았고, 이것이 떨어지게 되면 우리는 도시를 빼앗기게 될 것입니다. 그렇게 되면 나는 비난을 면하지 못할 것이고, 책무를 다하지 못했다는 말을 듣게 될 것입니다.[56]

수비즈의 입장은 참으로 당혹스러웠다. 그는 자신이 하는 일이 악하다는 것을 알았지만, 도시 내에 '불필요한' 사람들을 그대로 둔다면 기근으로 리옹을 잃게 될 판이었다. 비레는 수비즈의 결정이 어렵다는 것을 알면서도 수비즈에게 인간의 생각보다 하나님의 법을 따르라고 조언하며 끈질기게 간청하였다. 목사는 사령관에게 이 상황에서 벗어나기 위해 인간의 지혜가 아니라 하나님을 바라보라고 요청하며 다음과 같이 말하였다.

> 사령관님, 전쟁의 법칙을 따르자면 나는 당신이 그렇게 해야만 한다는 것을 압니다. 그러나 이 전쟁은 다른 전쟁과 다릅니다. 우리가 양심의 자유를 위해 싸우기 때문에 가장 가난한 주민들도 관심을 가지고 이 전쟁을 지켜보고 있습니다. 그러므로 내가 하나님의 이름으로 당신에게 청하기

---

56 Jules Bonnet, *Mémoires de la vie de Jean de Parthenay-Larchevêque sieur* de soubise (Paris, 1879), 65-66.

는, 이런 일을 하지 말고, 다른 방편으로 구원을 얻을 것이라는 확고한 믿음을 가지시기 바랍니다.[57]

수비즈는 비레가 이처럼 절망적인 상황에 직면했을 때조차 주님의 법을 신뢰하고 복종하는 것에 큰 감명을 받았고, 비레가 진심으로 말한다는 것을 알았다. 그 순간 수비즈의 양심이 움직여 비레의 말의 정당성을 증언하였다. 그는 이전의 명령을 무효화하고, 자신들을 구원할 수 있는 유일한 분을 신뢰하면서 불가능한 상황에서 의로운 탈출을 두려운 마음으로 기다리기로 하였다.

참으로 의인의 간절한 간구에는 역사하는 힘이 있다. 비레의 간청으로 7,000여 명의 여성, 어린이, 가난한 사람들이 적의 손에서 구출된 것이다. 하나님은 그의 섭리 안에서 군중이 굶주리게 내버려두지 않으시고, 아무도 기대하지 않을 때 구호품을 보내셨다. 수비즈가 첫 번째 명령을 취소한 직후, 주님은 포위된 도시에 밀 2,000톤을 보내셨다. 참으로 "여호와의 눈은 온 땅을 두루 감찰하사 전심으로 자기에게 향하는 자들을 위하여 능력을 베푸신다!"(대하 16:9) 비레의 지혜와 경건한 영향력으로 인해 리옹에 큰 복이 임한 것이다. 수비즈는 그것을 잊을 수 없었다. 수비즈는 그해 11월 제네바 시의회에 보낸 편지에서 다음과 같이 썼다.

위대하고 영예로운 영주 여러분, 비레 선생께서 전하신 복음의 말씀을 통해 이 도시에 많은 열매가 맺혔습니다. 이뿐만 아니라 그의 존재는 한동안 이 도시에 큰 도움이 되었습니다. 많은 사람이 비레 선생의 선한 삶과

---

57 Ibid., 66.

거룩함으로 인해 하나님의 진노가 가라앉았다고 생각합니다. 그로 말미암아 우리는 우리를 둘러싼 악과 위험에서 보호받았고, 또 지금도 보호받고 있다고 생각합니다. 이런 덕택에 아직 확고한 마음을 갖지 못한 많은 이들이 확신을 갖게 되었고, 비레 선생이 리옹을 떠나면 이곳을 버리고 떠날 생각을 한 많은 이들도 그가 남아 있는 것을 보고 함께 남기로 결심했습니다. 이를 통해 교회가 보존되고 성장하며, 이로써 적들이 우리가 두려움과 당황스러움에 사로잡혀 있다고 생각할 모든 가능성을 없애버렸습니다.[58]

그런 다음 수비즈는 제네바 사람들이 그들의 목회자를 리옹에 보내준 데 감사를 표하고, 비레가 이곳에 더 머물 수 있도록 허락해달라고 간청하면서 자신이 비레에게 어떤 빚을 졌는지, 그리고 그가 얼마나 이곳에 필요한지 밝혔다.

비레 선생이 이 도시에 얼마나 필요한지 인식하지 못하는 사람은 없다고 생각합니다. 내가 참으로 여러분 앞에 보여드리고자 하는 하나님의 교회를 보존하는 것만큼이나 이 도시 자체의 보존을 위해서도 그가 필요합니다. 내가 참으로 간절히 기도하는 것은, 여러분이 편지에서 밝힌 것처럼 그를 다시 [제네바로] 소환하여 그에게 해를 입히지 않기를 바랍니다. 이 도시에서 가장 학식 있는 의사들도 비레 선생의 건강이 겨울 여행을 견딜 수 없을 것이라고 증언하고 있습니다. 그러므로 나는 비레 선생의 생명에 대한 여러분의 존중, 복음의 진보를 위한 변함없는 애정, 그리고 특히 이

58 Ibid., 129–30.

도시에 대한 여러분의 우정이, 내가 여러분에게 할 수 있는 모든 간청과 기도보다 더 많은 역할을 할 것이라고 확신합니다. 다른 말은 하지 않겠습니다. 만일 여러분이 이번 겨울에 그를 우리와 함께 있게 해주신다면, 위에서 말한 분명한 이유 외에도 여러분은 나에게 특별한 은혜를 베푸는 것입니다. 그렇다면 나도 삶에서 단 하루도 여러분께 헌신할 기회를 찾지 않고는 지나치지 않을 것임을 밝힙니다.[59]

비레의 휴가가 거의 끝나가자 리옹 시의회 역시 수비즈의 탄원서에 더하여 비레의 체류 연장을 요청하는 탄원서를 제네바로 다시 발송하였다. 그들은 목회자에 대해 품고 있는 선의와 사랑의 증거로 비레의 아내 세바스티엔에게 전달할 100프랑을 동봉하여 비레가 없는 동안 그녀 자신과 딸들의 부양에 도움을 주고자 하였다.[60]

얼마 동안 고심한 끝에 제네바 시의회는 리옹이 요청한 대로 기간을 연장해주었지만, 리옹은 단지 비레의 체류 연장에 만족하지 않고 제네바에 다시 편지를 보내 자신들에게는 비레가 필요하다고 말하면서 비레를 영구히 리옹에 양도해달라고 간청하였다. 제네바는 오랫동안 자신들의 목사를 박탈당해 왔기 때문에 이 요청을 받아들이지 않고 대신 비레를 제네바로 불러들일 준비를 하였다. 그러나 리옹은 방침을 굽히지 않았고, 점점 더 열렬하게 위급한 상황을 강조하면서 비레가 필요하다고, 그를 빼앗기면 절망적이라고 밝혔다.

리옹은 비레가 필요하다고 간절히 청했고, 제네바도 비레가 절대적으

---

59 Ibid., 130-31.

60 Barnaud, *Quelques lettres inédites de Pierre Viret*, 130.

로 필요하다고 반박하면서 얼마간 협상이 이어졌다. 그러나 마침내 제네바 사람들은 비레의 건강 악화를 고려해 자신들의 주장을 누르고 양보하면서 1563년 1월 12일 리옹에 다음과 같이 편지하였다.

> 고귀하고 존귀한 영주 여러분, 좋은 친구이자 이웃이신 여러분, 우리의 훌륭하고 충성스러운 사역자이자 목사인 피에르 비레 선생이 무엇보다도 여러분의 교회에 전적으로 헌신하고 정착하여 섬길 수 있도록 여러분의 도시에 머물도록 허락해달라는 간청의 편지를 받았습니다. 우리는 여러분의 요청을 우리 사역자들과 목사들에게 전달하였습니다. …우리 목회자들은 이것이 생소한 절차이고, 더 나아가 자신들과 함께 하나님을 그토록 잘 섬겼고, 그리고 여전히 돌아오기를 기다리는 형제와의 동행을 빼앗기는 것이 자신들에게 큰 해가 될 것을 알면서도, 그럼에도 불구하고 피에르 비레가 여기에서보다 여러분의 도시에서 훨씬 더 크게 우리 주 예수 그리스도의 나라를 발전시킬 수 있다면, 그리스도교의 공동선을 방해하기를 원치 않는다고 답했습니다.[61]

제네바는 마지못해 리옹의 요청을 받아들이고 비레에게 최종 결정을 하게 하였다. 그리고 제네바가 적절하다고 판단할 때는 언제든지 그를 소환할 수 있는 권리가 있음을 분명히 하였다. 제네바는 그다음 주에 리옹에 편지해 다음과 같이 결론을 내렸다.

> … 우리는 여러분의 교회가 흩어지는 것을 보기보다 차라리 우리 자신이

61 제네바 시의회가 1563년 1월 12일 리옹의 행정관과 시의원들에게 보낸 편지. "Viret à Lyon," *Bulletin de la Société de l'Histoire du Protestantisme Français*, tome XXI (Paris, 1872), 74-75.

손실과 상처를 입는 편을 택하고자 한다는 것을 보여주기로 했습니다. 이런 이유로 [비레의] 존재가 필요하다는 것이 명백하다면, 여러분도 확인했듯이, 비록 그렇게 하는 것이 우리에게 아쉬움이 없을 수 없지만, 우리로서는 아픔을 무릅쓰고 그가 그곳에 남아 있도록 허락할 것입니다.[62]

제네바는 그들의 목회자가 귀환하는 것을 바랐지만, 그가 리옹에서 좋은 영향을 미치고 있음을 인식하고, 아쉽지만 리옹 시의회의 청원을 승인하였다. 제네바는 다른 사람들의 필요에 따라 자신들의 목사를 양도한다는 명령을 내렸고 비레는 리옹에 영구적으로 양도되었다. 그러나 하나님에게는 다른 계획이 있었다.

62 제네바 시의회가 1563년 1월 18일 리옹의 영주와 시의회에 보낸 편지. Ibid., 76.

제19장

제네바: 마지막 이별

내가 달려갈 길과 주 예수께 받은 사명
곧 하나님의 은혜의 복음을 증언하는 일을 마치려 함에는
나의 생명조차 조금도 귀한 것으로 여기지 아니하노라 (행 20:24)

1563년 5월, 제네바가 비레를 리옹에 양도한 지 두 달 후, 날씨도 온화하고 일시적으로 안전도 확보되어 비레는 제네바로 돌아가 가족을 만나고 목회자, 행정관, 그리고 제네바에 마지막 작별 인사를 할 수 있는 기회를 얻었다. 제네바에 안전하게 도착한 비레는 5월 13일 칼뱅과 함께 시의회에 출석하였다. 비레는 행정관들에게 항상 호의와 보살핌을 베풀어준 것에 감사를 표하면서, 특히 자신이 오랫동안 제네바 밖에서 사역할 수밖에 없었는데도 불구하고 "마치 그가 도시에 계속 체류하고 있는 것처럼 그의 가족에게 숙소뿐만 아니라 통상적인 임금과 급료까지 지원해준"[63] 데 대

63 5월 13일 제네바 회의록. Roget, *Histoire du peuple de Genève*, tome sixième, 307.

해 고마움을 전하였다. 그런 다음 그는 여생을 "보다 따뜻한 지역"[64]에서 보내라고 처방하는 의사들의 한결같은 조언에 따라 공식적으로 영구적인 작별을 요청하였다.

비레가 감사의 말을 전한 다음 칼뱅이 제네바 목회자들을 대신하여 시의회를 향해 인사하였다. 이어서 칼뱅은 너무나 유감스러운 일이지만, 비레의 건강을 지키는 데는 더 따뜻한 기후가 필요하기에 프랑스에 영구히 정착하는 것을 제네바 목회자들이 받아들였다고 말하였다. 이에 시의회는 비레가 리옹에 있을 때 이미 그에게 내린 법령을 공식적으로 공표하였다.

> 이처럼 탁월한 하나님의 종을 빼앗긴 것은 그들에게 커다란 슬픔이었지만, [비레는] 자신이 요청한 대로 떠날 수 있도록 승인받았다. 그들은 비레에게 감사를 표하며, 그가 제네바에 하나님의 복음을 심는 일에 힘을 써 그분을 섬겼고, 그 이후로도 그가 이 교회를 너무나 훌륭히 섬겼기에⋯ 그는 결코 자신들의 기억에서 지워지지 않을 것이라고 말하였다.[65]

비레는 도시를 떠나기 전에 제네바 시민권을 유지할 수 있도록 허락해 달라고 요청하였고, 시의회는 흔쾌히 이에 응하였다. 행정장관들은 그를 위해 만찬을 베풀어주었다.

5월 25일, 비레는 제네바의 목회자들과 시의원들에게 마지막 작별을 고하고 프랑스로 떠나 다시는 돌아오지 않았다. 이렇게 그는 보 지역과

---

64 Barnaud, *Pierre Viret*, 594.

65 Jean-Antoine Gautier, *Histoire de Genève,* tome quatrième (Genève, 1901), 420.

제네바에서 기쁨으로 감당하던 매우 유익한 사역을 끝마쳤다. 과거 베른 사람들에 의해 고향에서 추방되고, 이제는 건강이 나빠져서 두 번째 고향인 제네바를 떠난 노령의 종을 하나님은 새로운 전장인 프랑스 남부로 부르셨다.

비레는 마지막 작별 인사 후 즉시 떠났다. 리옹 시의회는 그가 가능한 한 빨리 제네바를 떠나도록 재촉하였고, 비레를 너무나 절박하게 기다린 나머지 제네바에 대표단을 파견하여 개혁자가 제네바에서 짧게 체류한 후 안전하게 (그리고 신속하게) 돌아올 수 있도록 하였다.

프랑스로 돌아와서 비레가 감당한 첫 번째 활동 중 하나는 리옹에서 열린 제4차 개혁교회 전국대회를 주재한 일이었다. 역사학자 뷔유미에는 "이것이 그의 교회 경력의 절정이었다."[66] 라고 기록한다.

비레가 프랑스에 재입국하였을 때, 앙부아즈(Amboise)에서 평화조약이 체결되어 프랑스의 첫 번째 종교전쟁이 막 끝이 났다. 이 평화조약으로 리옹은 여전히 프로테스탄트 신자 수비즈의 통제하에 있게 되었지만 로마가톨릭 측은 후한 양보를 얻어냈다. 교회에서 미사를 다시 드릴 수 있게 된 것이다. 한편 위그노는 독자적인 예배당을 지을 때까지 도시의 4개 교회에서 개혁파 예배를 계속 드리는 것이 허용되었다.

적대 행위가 중단되자 많은 로마가톨릭 신자들이 도시로 돌아와 그해 7월 첫 미사를 거행하였다. 예수회원 오제(전해 비레가 목숨을 구해준 사람)가 화해와 관용에 관한 설교로 예식을 시작하였다.

도시에 로마가톨릭 신자가 늘어남에도 불구하고, 1563년 한 해 동안 개혁교회는 점점 성장하고 번성하였다. 비레는 7월 칼뱅에게 보낸 편지에

---

66 Vuilleumier, *Notre Pierre Viret*, 244.

서 교회가 "나날이 성장하고"[67] 있다며 흥분을 감추지 않았다. 개혁자 비레는 리옹의 위그노 교회에 매우 중요한 존재였고, 로마가톨릭 신자들도 비레를 두 신앙의 중재자로, 또한 도시에 평화를 유지하는 사람으로 간주하며 기꺼이 받아들였다. 실제로 로마가톨릭 신자들이 개혁자 비레를 받아들이는 마음이 얼마나 컸던지, 프랑스 왕실이 모든 외국 태생 설교자들이 프랑스 교회에서 사역하는 것을 금지하는 칙령을 발표했을 때, 리옹의 로마가톨릭 지도자들까지도 그 칙령에 반대하며 우호적인 목소리를 내어 비레에 대해서는 예외 조치가 취해졌을 정도였다.[68] 비록 비레를 이단자로 간주하였지만, 로마가톨릭 신자들은 도시에서 평화롭고 화해적인 비레의 처신이 프로테스탄트와 교황주의자 모두에게 유익하다는 것을 알아차렸고, 따라서 비레의 온화하고 절제된 정신을 그들 가운데에 유지하기 위해 열심히 노력하였다.

1564년 비레는 리옹 내에서 로마가톨릭 신자와 개혁교회 신자가 함께 만나 우호적인 담론을 나누고 신앙 조항에 대해 논의할 수 있는 종교 토론회를 준비하려고 하였다. 그러나 로마가톨릭 신자들은 왕이 토론을 명하면 "그렇게 하겠지만, 그렇지 않으면 그리하지 않을 것"[69]이라고 말하면서 비레의 제안에 동의하지 않았다. 비레는 반대하는 사람들을 공개적이고 공정한 토론의 장으로 이끌기 위해 "칼과 화형대가 아니라 공적 토론을 통해 문제가 해결되어야 한다."[70]라고 대답하였다. 비레가 간청하였지

67 비레가 1563년 7월 28일 칼뱅에게 보낸 편지. Massias, *Essai Historique sur Pierre Viret*, 54.

68 Vuilleumier, *Notre Pierre Viret*, 244.

69 Barnaud, *Pierre Viret*, 601.

70 Cart, *Pierre Viret*, 148-49.

만 상대 쪽이 그 요구를 받아들이도록 설득하지는 못하였고, 결국 그가 제안한 토론회는 실현되지 않았다. 상대 쪽의 비겁하고 완고한 태도에 분개한 비레는 다음과 같이 선언하였다.

> 우리가 뜻을 같이할 수 없다면, 우리는 더는 머리카락을(또는 머리카락이 부족하면 귀를) 부여잡고 싸우거나, 주먹이나 칼로 우리의 교리를 승인하도록 강요할 필요가 없다. …나는 우리에게 펜으로 논쟁하는 것 외에 달리 방법이 없다고 생각한다.[71]

펜을 통한 논쟁. 이것은 참으로 비레가 다가올 한 해 동안 다시 한번 열정을 다해 추구한 일이었다.

71 Barnaud, *Pierre Viret*, 601.

제20장

영속적 유산

여호와께서 증거를 야곱에게 세우시며 법도를 이스라엘에게 정하시고
우리 조상들에게 명령하사 그들의 자손에게 알리라 하셨으니
이는 그들로 후대 곧 태어날 자손에게 이를 알게 하고
그들은 일어나 그들의 자손에게 일러서 그들로 그들의 소망을 하나님께 두며
하나님께서 행하신 일을 잊지 아니하고 오직 그의 계명을 지켜서 (시 78:5-7)

역사가 필립 고데(Philippe Godet)는 이렇게 썼다. "비레를 읽지 않는다면 비레를 알 수 없다. 그런데 사람들은 대부분 읽지 않는다."[72] 비레에 대한 이러한 무지가 금세기에는 분명한 사실이지만, 16세기에는 그렇지 않았다. 비레가 리옹에 있는 로마가톨릭 사람들에게 말했듯이 펜은 그에게 상당히 익숙한 무기였으며, 놀라울 정도로 자주 사용한 무기였다.

교회와 행정관 사이의 지겨운 싸움, 질병으로 계속 쇠약해지는 몸, 그리고 제한된 이동과 추방 등 사방에서 괴롭힘을 당했음에도 불구하고 비레는 평생 여기저기서 글을 쓸 수 있는 시간을 누릴 수 있었다. 펜의 중요성을 잘 알았던 비레는 짧은 생애 동안 개혁주의의 대의를 위해 방대한 양

72 Philippe Godet, *Pierre Viret* (Lausanne, 1892), 101.

의 결정적인 무기를 만들어내기 위해 지칠 줄 모르고 일하였다. 이것은 그의 시대뿐만 아니라 다가오는 수많은 세대를 위해 주님의 일을 진척시킬 병기였다.

비레의 일생에서 근심 없는 평화로운 순간은 거의 없었던 것 같지만, 그의 학술적 성과는 방대하였다. 그는 60년의 짧은 생애를 살면서 거의 50여 권의 책을 저술한 다작가였다. 뷔유미에는 "우리 신앙의 작가 중 비레는 칼뱅 다음으로 가장 많은 작품을 남겼다."[73] 라고 말한다. 평균 500쪽이 넘는 이 책들은 그의 시대와 다음 세대 그리스도인들을 위한 방대한 지혜의 보고이다.

비레의 작품은 실로 방대하고 그 지식은 헤아릴 수 없지만, 그의 저작은 대다수 16세기의 학술적 저술과는 구별된다. 칼뱅이나 그 시대 대부분의 신학자들과 달리 비레는 라틴어로 글을 쓰지 않았다. 대신 비레가 모국어인 프랑스어로 저술했다는 점은, 그가 진정으로 목회적인 마음을 지녔음을 보여준다. 비레는 당대의 탁월한 신학자들과 까다롭기 그지없는 종교적 주제에 관해서도 편안하게 논쟁할 수 있었다. 또한 그의 작품들을 보면 라틴어와 그리스어 모두에 정통했는데도 평범한 프랑스어를 택해 글을 썼음을 알 수 있다. 자신의 책 대부분을 특정한 청중, 즉 평범한 사람들을 위해서 쓴 것이다. 그는 주기도문에 관한 자신의 저술에서 다음과 같이 말하였다.

> 내가 (처음부터) 이 책과 다른 저술을 라틴어가 아닌 프랑스어로 쓰고 출판한 이유는… 현명하고, 학식 있고, 다른 언어를 이해하는 사람들에게

73 Vuilleumier, *Notre Pierre Viret*, 188.

> 는 이미 여러 언어로 된 많은 책이 있어 그것으로써 다른 사람에게 유익을 주고 가르칠 수 있기 때문이다. 나의 주된 의도는 무엇보다 먼저 우리의 언어로 모든 사람, 특히 가장 단순하고 무지한 사람들에게 봉사하는 것이었다. 나의 글들을 번역할 가치가 있다고 여겨 나 또는 다른 누군가가 이 글을 다른 언어로 번역하기로 마음먹을 때까지 말이다.[74]

비레의 저술들은 참으로 지혜롭고 성서적 학식을 갖춘 사람의 펜에서 나온 것으로, 신학 주제를 다루는 데 엄청난 깊이와 이해를 보여준다. 그러나 그의 글은 단순하고 이해하기 쉬운 문체이기 때문에 가장 무지한 사람도 그의 가장 난해한 신학적 수수께끼를 이해할 수 있다. 실제로 심오한 신학적 진리를 매우 쉽게 다루는 비레의 스타일 덕분에 그의 책은 최근에 개종한 사람과 심오한 사고를 하는 신학자 모두에게 유익했다. 스위스 역사가 에밀 두메르그(Emile Doumergue)가 비레의 글에 대해 언급했듯이, "[비레는] '가난한 사람들을 위해' 글을 썼고, '아이들에게는 유치하게, 배우지 못한 사람들에게는 그들에게 맞는 표현을 사용하는 것'을 두려워하지 않았다."[75] 그럼에도 불구하고 비레의 '쉬운' 문체는 학식 있는 사람들 역시 멈추어 숙고하도록 만들었다.

스위스 개혁주의 신학자 장 마크 베르투(Jean-Marc Berthoud)가 말한 것처럼, 십계명에 관한 비레의 주석(비록 그가 '단순한' 방식으로 저술하였지만)은 "의심할 여지 없이 그리스도교 교회가 알고 있는 최고의 십계명 주석이다."[76] 비레의 글은 가장 어린 신자도 온전히 접근할 수 있도록 하

---

74 Jean Girard, *Exposition familière de l'Oraison de notre Seigneur Jesus-Christ,* ··· (Genève, 1548), 9.

75 Doumergue, *Lausanne au temps de la Reformation*, 12.

나님 말씀의 순수한 진리를—일절 타협하거나 희석하는 일 없이—완벽하게 다듬어 제대로 담아냈다.

비레의 책은 주로 프랑스어로 저술되었다. 하지만 세상 사람들에게 널리 알려지지 않은 그의 모국어 프랑스어에만 머물러 있지는 않았다. 그의 작품은 이해하기 쉬우면서도 전체적인 하나님 말씀에 충실한 책이었으므로, 그의 생애 동안 독일어, 이탈리아어, 영어, 네덜란드어, 라틴어를 포함한 많은 언어로 빠르게 번역되었다. 그의 책은 그 시대 목사들과 평범한 노동자들 모두가 찾는 베스트셀러였다. 고데는 이렇게 표현한다. "비레의 책은 인기가 많아 널리 읽혔으며, 손에서 손으로, 집에서 집으로 전달된" 만큼 "책이 닳고 너덜너덜해져 다음 세기에 온전한 상태로 전달되지 못할 정도였다."[77]

로잔의 목사로 있는 동안, 비레는 광범위한 저술 활동을 통해 평균적으로 1년에 거의 한 권의 책을 출판하였다. 제네바로 망명한 후에도 거기서 머물면서 계속 글을 쓰고 여러 작품을 출판하였다. 비레가 걸어온 프랑스에서의 여정은 그의 펜에서 나온 수많은 책 제목에 잘 나타나 있다. 그는 자신의 저작들로 믿는 자를 훈련하고 준비시킬 뿐만 아니라 여전히 로마가톨릭의 울타리 안에 머물러 있는 무지한 사람들을 가르치고자 노력하였다.

비레는 로마가톨릭교회가 스위스와 프랑스 사람들에게 거짓되고 왜곡된 성서 해석을 강요하는 것을 매일 목격하였기 때문에 글을 통해 무지한 대중을 교황주의의 미신으로부터 복음의 참된 빛으로 인도하려고 애썼

---

76 Jean-Marc Berthoud, *Des Actes de L'Église* (L'Age d'Homme, Lausanne, 1993), 54.

77 Godet, *Pierre Viret*, 101.

다. 비레는 그 시대의 가장 중대한 이슈이던 하나님 말씀의 유일한 권위와 진리에 대해 가르치면서 신자들에게 성서의 중요성과 절대적인 필요성을 밝혀주려고 노력하였다. 자신의 한 작품에서 그는 인간에게 하나님의 말씀이 얼마나 중요한지를 이렇게 설명한다.

> 영혼이 육체에 생명을 주는 것과 같이, 믿음은 영혼의 생명이다. 생명이 영양분 없이는 인간의 몸 안에서 유지될 수 없는 것처럼, 영혼의 생명인 믿음에도 그 자체의 자양분인 하나님의 말씀이 꼭 필요하다. 이것은 확실히 참된 영양분이다. 우리 영혼이 영양분 없이 사는 것보다 우리 육체가 음식 없이 사는 것이 더 쉬울 것이다. 즉 하나님의 말씀이 없으면 생명도 없다.
>
> 사탄도 이것을 모르지 않는다. 그러므로 우리에게서 이 말씀을 빼앗는 일에 자신의 모든 힘을 쏟고 노력을 집중한다. 왜냐하면 우리가 이 음식을 빼앗기는 즉시 우리 영혼이 약해지고 조금씩 기력을 잃어 결국 완전히 죽게 된다는 것을 잘 알기 때문이다. …그리고 이 천상의 음식을 우리 입에서 완전히 빼앗지 못할 때에는… 적어도 그 음식을 망가뜨리거나 음식 안에 자신의 독을 섞어 넣으려고 애쓴다.[78]

비레는 특히 리옹에 있는 동안 많은 작품을 출판하였다. 그의 가장 위대한 작품으로 꼽히는, 세 권으로 구성된 『율법과 복음에 관한 그리스도교의 가르침』(*Instruction Chréstienne en la Doctrine de la Loy et de*

---

78 Pierre Viret, *Du Vrai Usage de la Salutation faite par l'Ange à la Vierge Marie* (L'Age d'Homme, Lausanne, 2008), 27.

l'Evangile)의 처음 두 권을 완성한 것도 이 도시에서였다. 개혁주의 신앙의 핵심을 다루는 이 신학적 걸작에 대해 베르투는 다음과 같이 말한다.

> …칼뱅이 교리적인 주석가이자 논객으로서 누구와도 비교할 수 없이 탁월하다면, 비레는 윤리학자이자 변증가로서 칼뱅을 훨씬 능가한다. 삶의 모든 측면에 하나님의 말씀을 적용하는 일은 복잡하다는 이유로 종종 간과되는 영역인데, 비레의 강점은 바로 이 영역이었다.[79]

비레는 성서의 진리를 어떠한 타협도 없이 정확하고 명확하게 가르치면서도 글을 쓸 때 독자를 위해 쉽고 유쾌하게 쓰려고 노력하였다. 그가 많은 작품에서 대화식 교수법을 채용한 것도 그것이 보다 쉽게 이해하고 즐겁게 읽을 수 있는 방식이었기 때문이다. 그는 사도신경이나 십계명 등 많은 신학 작품을 두 사람 사이의 대화 형식으로 썼다. 이러한 글쓰기 방식 덕분에 가장 어려운 신학적 난제를 다룰 때에도 부드럽고 편안한 문체를 사용할 수 있었다. 하나님의 선택과 예정과 같은 주제도 비레의 펜에서는 수월하게 흘러나온다. 그의 작품 속 등장인물들은 꾸밈없이 허심탄회하게 난제를 다루고 생생한 대화를 이어간다. 1564년에 출판된 교리문답서에서 비레의 대화에 나오는 두 인물 마태와 베드로는 믿음과 불신앙이라는 어려운 문제에 대해 자유롭게 담화를 나눈다.

> **마태:** 복음을 듣고 어떤 이들은 불신앙으로 거절하고, 다른 이들은 믿음으로 받아들이는 이유가 무엇입니까?

---

79 Berthoud, *Des Actes de L'Église*, 54.

베드로: 사람들이 불신앙과 배은망덕 때문에 복음을 거절하는 것은 전혀 놀라운 일이 아닙니다. 그러나 어떤 사람들이 그것을 믿음으로 받아들이는 것은 참으로 놀라운 일입니다.

마태: 왜 그런 말을 합니까?

베드로: 죄로 타락한 인간의 본성은 하나님의 일도, 하나님의 말씀도 이해하지 못하고 참으로 깨닫지도 못할 뿐만 아니라 더 나아가 아무것도 깨닫고자 하지도 않고(고전 1:1-3, 26, 2:14-16, 롬 8:9-11) 결국 그것들을 냉소와 혐오로 대하기 때문입니다.

마태: 모든 사람이 죄로 타락했기 때문에 필연적으로 그들은 모두 지극히 사악하고 비뚤어진 본성을 지니고 있으며, 하나님을 믿거나 그분의 말씀을 따를 수도 없고, 따를 의지도 없습니다.

베드로: 그렇습니다.

마태: 그러면 왜 많은 사람이 이와 상반되는 본성을 보여 하나님의 말씀과 우리 주 예수 그리스도를 믿음으로 받아들일 뿐만 아니라 믿음을 고백하기 위하여 기꺼이 자기 목숨을 버리려 합니까?

베드로: 당신이 말한 대로 행하는 사람들은 본성으로 그렇게 하는 것이 아니라 오직 하나님의 은혜로 말미암아 새로워지고 새로운 본성으로 변화되어 새로운 피조물이 되었다는 것을 이해해야 합니다. "이를 [그들에게] 알게 한 이는 혈육이 아니요 하늘에 계신 내 아버지시니라."(마 16:17)

마태: 그런데 모든 사람이 똑같이 악하고 비뚤어진 본성을 가졌는데, 왜 하나님은 이런 은혜를 어떤 사람에게는 주시고, 어떤 사람에게는 주시지 않는 것입니까?

베드로: 나는 하나님의 기쁘신 뜻 외에는 다른 이유를 제시할 수 없습니다. 오직 공의롭고 공평한—그분은 모든 의의 기준이시므로—하나님의

기쁘신 뜻이 그분의 영원한 계획에 따라 택하신 자들을 이 은혜로 부르시는 것입니다. 오직 그의 선하심과 자비하심으로 택하사 창세 이전에 이 목적을 위하여 택하신 그의 아들 예수 그리스도께 참여하게 하려 하심입니다.(롬 8:28-29, 엡 1:3-4)

마태: 그러면 그분이 그런 은혜를 베풀지 않으시는 다른 사람들은 어떻게 됩니까?

베드로: 그분은 의로우신 심판으로 그들을 그 부패하고 비뚤어진 본성대로 내버려두시는데, 이는 그들에게 마땅한 일입니다. 이렇게 하나님은 그들에게 합당한 정죄를 통해 죄에 대한 그분의 진노를 나타내십니다. 또한 그분이 선택한 사람들에게는 은혜를 통해 인자와 긍휼을 베푸십니다.(롬 9:22-23)

마태: 그러므로 당신이 말하고 싶은 것은 모든 사람이 본성적으로 비뚤어진 길과 부패와 저주에 버려지는 것이 마땅하며, 하나님께서 그렇게 하신다고 해서 그들에게 잘못하는 것이 아니고 오직 의롭고 정당하게 행하시는 것일 뿐이며, 그분의 긍휼하심으로 이러한 부패와 저주에서 구원하는 사람들에게는 특별한 은혜를 베푸신다는 것이지요?

베드로: 참으로 우리는 그렇게 믿어야 합니다.

마태: 그렇다면, 버림받은 자들과 악인들은 하나님의 의로운 심판으로 마땅한 정죄를 받았기에, 그 심판에 문제를 제기하며 하나님께 불평할 것이 아무것도 없네요?

베드로: 그렇습니다.

마태: 마찬가지로 택함을 받은 자들도 하나님의 은혜와 자비 외에는 자랑할 것이 아무것도 없네요?

베드로: 네. 사도 바울이 당신이 말한 것을 확증합니다. 모든 사람이 죄

를 지었고, 모든 사람이 하나님의 은총을 필요로 하며(롬 3:10), 하나님이 "모든 사람을 순종하지 아니하는 가운데 가두어 두심은 모든 사람에게 긍휼을 베풀려 하심"(롬 11:32)입니다. 즉 모든 사람이 하나님의 긍휼로 말미암아 구원을 얻고, 예수 그리스도를 통하여 그리스도에게 참여하는 자들이 되게 하셨으니, 예수 그리스도 없이 그 밖에서는 아무도 구원을 얻을 수 없습니다.(행 4:12)[80]

칼뱅이 비레의 글쓰기 방식에 대해 매우 적절하게 언급한 것처럼, "[비레의 글]은 내용 자체가 매우 유쾌하며, 문체가 너무나 세련되어 사람들이 읽으면서 큰 즐거움을 느낄 수밖에 없다."[81] 평화를 사랑하고 온화한 삶을 산 비레는 정말이지 이러한 그리스도인다운 특성을 수많은 책에 담아내었으며, 그의 세대와 후손에게 성서적으로 건전하고 신학적으로 풍부하면서도 동시에 진정으로 유쾌한 작품들을 남겼다.

---

80 Pierre Viret, *Instruction Chréstienne,* tome premier (L'Age d'Homme, Lausanne, 2008), 223-25.

81 Viret, *The Christian Disputations*, iv.

제21장

•

왕관의 보석

만군의 여호와가 이르노라 나는 내가 정한 날에

그들을 나의 특별한 소유로 삼을 것이요

또 사람이 자기를 섬기는 아들을 아낌 같이 내가 그들을 아끼리니 (말 3:17)

너는 또 여호와의 손의 아름다운 관, 네 하나님의 손의 왕관이 될 것이라 (사 62:3)

비레는 1564년 한 해 동안 두꺼운 책 8권을 펴냈지만, 그해 리옹에서의 생활은 결코 평화롭지 못했다. 그해는 격변과 비극으로 점철되었는데, 1564년 4월 새로운 공포가 도시를 뒤덮었다. 흑사병이 유입되었고, 그 공포는 곧 겁에 질린 대중의 영혼을 모두 황폐하게 만들었다. 흑사병이 창궐하면서 단 몇 달 만에 도시 인구의 약 3분의 2에 해당하는 6만 명의 주민이 목숨을 잃었다.[82] 치명적인 재앙이 맹렬한 기세를 떨치는 동안, 비레와 리옹의 목회자들은 자신들의 양 떼를 위로하고자 헌신적인 마음으로 매일 죽은 자들과 죽어가는 자들을 돌보았다. 공포로 가득 찬 환경에서 복음의 희망을 전하기 위해 분투하는 온화한 개혁자들의 위로와 도움은 친

82 Barnaud, *Pierre Viret*, 623.

구나 적 모두에게 큰 힘이 되었다.

다른 사람들을 섬기는 동안 비레 자신에게도 비극이 닥치지 않은 것은 아니었다. 그의 가족도 전염병에 걸려, 곧 딸 하나가 끔찍한 전염병의 손길에 휩쓸려 희생되었다. 베즈는 사랑하는 동료 비레에게 닥친 이 불행에 대해 듣고, 다른 한 친구에게 편지하여 비레가 다시 일어날 수 있도록 기도로 도와야 함을 상기시켰다. "무거운 짐이 사랑하는 비레의 어깨를 짓누르고 있습니다. 그를 주님께 맡깁니다."[83]

흑사병이 창궐하고 한 달이 지난 후, 이 스위스의 개혁자는 죽어가는 사람들에게 희망과 위로를 주기 위해 용감하게 분투하던 중 더 큰 충격적인 소식을 듣게 된다. 1564년 5월 27일, 비레의 가장 가까운 동료이자 사랑하는 친구 칼뱅이 세상을 떠났다는 것이었다. 베즈의 말에 따르면, "해가 졌고, 하나님 교회의 유익을 위해 이 세상에 있었던 가장 밝은 빛이 하늘로 옮겨졌다."[84]

비레보다 2살 위인 칼뱅은 비레가 종교개혁 사역을 시작한 지 5년 후에 그에게 합류했다. 그 후 비레의 지속적인 격려자, 충실한 조언자, 가장 소중한 동지로서 보 지역에서의 남은 사역 기간 내내 그와 함께 길을 걸었다. 비레의 인생에서 가장 암울했던 날들—아내의 죽음과 베른과의 괴로운 투쟁을 이어가던 기간—에 그가 의지한 사람은 바로 칼뱅이었다. 그는 칼뱅에게서 위로의 말과 자신들 앞에 놓여 있는 소망을 일깨우는 말을 들을 수 있었다.

비레와 칼뱅. 주님께서는 얼마나 자주 이 두 사람의 길을 하나로 합류

---

83 Ibid., 624.

84 Bèze, *The Life of John Calvin*, 118.

시키셨던가! 얼마나 자주 스위스 개혁자는 그의 프랑스 동역자와 연합하여—제네바 사람들이 추방한 사람을 다시 받아들이도록 준비시키고, 칼뱅이 제네바에 귀환하자 그를 돕고, 형제 및 대적들과 수없이 갈등을 겪을 때 함께하면서—많은 시련과 고난, 기쁨과 승리를 거두었던가! 거의 30년 동안 그들은 나란히 서서 일하면서 그리스도 예수 안에서 하나님의 지고한 부르심을 향해 서로를 격려해왔다. 그러나 이제 평생의 우정과 교제 끝에 먼저 하늘의 상을 받은 사람은 칼뱅이었다. 칼뱅은 사랑하는 동료를 떠나 이생의 근심과 수고를 내려놓고 주님의 안식에 들어가 하늘에 예비되어 있는 면류관을 받았다.

때가 되면 비레도 자신의 보상을 받겠지만, 현재로서는 그 기쁨을 보류하고 자기 앞에 놓여 있는 길을 바라보아야 한다. 주님은 지치고 나이 든 개혁자를 위해 또 다른 일을 준비하셨는데, 그가 지금까지 상상조차 하지 못한 일이었다.

리옹에서 비레의 사역은 넘치도록 풍성한 결실을 얻었지만, 대적이 없었던 것은 아니었다. 개혁자 비레가 이곳에 머물면서 많은 사람을 프로테스탄트 측으로 끌어들였기에, 도시의 예수회원들은 그 유명한 적수를 점점 시기하게 되었고 비레의 영향력 있는 발언을 잠잠하게 만들고자 하였다. 특히 오제는 리옹에 자리를 잡은 후 그의 적수인 비레를 괴롭히려고 끈질기게 노력하였다. "배은망덕하다 할 만큼 비열한"[85] 이 예수회원은 비레를 단지 리옹에서 몰아내는 데 그치지 않고 완전히 프랑스 밖으로 내쫓으려 하였다. 1565년 가을, 마침내 그의 계획은 성공을 거두었다. 외국 태생의 목사 비레가 이 도시에서 목회를 계속할 수 있도록 이전에 부여받은

85 Cart, *Pierre Viret*, 150.

특권을 폐지하는 법령을 왕으로부터 얻어낸 것이다. 이 예외 조항을 철회하는 왕령에 따라 비레는 리옹에서의 목회 사역에서 축출되었으며, 8일 이내에 프랑스를 떠나라는 명령을 받았다.

리옹 교회는 비레의 추방 소식을 듣고 당황하고 기겁하여 즉시 그 법령을 폐지하기 위한 작업에 착수하였다. 그들은 왕에게 편지를 보내면서 제네바와 심지어 베른에도 편지하여 비레를 위해 중재해줄 것을 간청하였다. 제네바는 즉시 왕에게 편지를 썼고, 베른은 왕 앞에 나가 비레를 변호하도록 베른 의원 루돌프 데를라흐(Rudolf d'Erlach)를 파리로 보내 추방된 목회자의 절박한 처지를 돕고자 했지만 아무 소용이 없었다. 샤를 9세(Charles IX)와 카트린 드 메디시스(Catherine de Médicis)는 자신들의 법령을 끝까지 고집하였으며, 스위스가 더는 프랑스 문제에 간섭하지 말 것을 요청하였다. 그 법령은 철회되지 않았고, 리옹은 낙담한 채 자신들이 사랑하는 개혁자가 다시 망명길에 오르는 것을 무력하게 지켜보았다.

시 법원에서 추방 소식을 들은 비레는 특유의 어투로 응답하였다. "아, 여러분, 하나님께서 준비해주실 것입니다."[86]

그리하여 54세의 스위스 개혁자는 다시 한번 집과 교회에서 추방되어 망명길로 들어섰다. 그는 익숙하거나 친근한 모든 것에서 쫓겨나 가족이 머물 집도, 머리 둘 곳도 없는 낯선 땅에 놓이게 되었다. 그러나 이 쓸쓸한 시간 속에서도 그는 친구들에게 잊히지 않았다. 제네바는 즉시 그에게 편지를 보내 그가 처한 현재의 어려움을 돕기 위해 어떠한 것도 아끼지 않겠다고 선언하면서 다음과 같이 약속하며 제네바의 사역으로 돌아오라고 간청하였다. "우리는 말로 표현할 수 없이 기쁘게 당신을 맞이할 것입니

---

86 Barnaud, *Pierre Viret*, 632.

다. 만일 당신이 리옹에서 섬기는 것을 주님이 기뻐하지 않으셨다면, 우리는 결코 당신이 떠나도록 허락하지 않았을 것입니다."[87]

신실한 제네바의 말이 죽을 지경에 내몰린, 바싹 말라 기진맥진한 개혁자의 영혼에 얼마나 감미롭게 와 닿았겠는가! 비레는 여전히 자신을 '우리의 목사'로 여기고 위로와 위안을 주는 제네바로 돌아가 고마운 동료들과 안전한 안식처 제네바에서 평화롭게 생을 마감하기를 간절히 바랐지만, 현재의 건강 상태로는 제네바에 돌아가는 것이 곧 죽음을 의미한다는 것을 알고 있었다. 따라서 그는 어쩔 수 없이 제네바의 요청을 거절하면서 자신과 가족에 대한 제네바 사람들의 영원한 관심과 배려에 감사를 표하는 편지를 보냈다.

> 지금 나는 무엇보다 먼저 여러분이 계속해서 내게 보여주는 선하고 거룩한 애정과 특별한 관심에 감사를 드립니다. …우리가 지리적으로 멀리 떨어져 있다는 것이 그동안 주님의 일을 함께하면서 누린 오랜 우정과 거룩한 연합에 대한 기억을 결코 흐릿하게 만들지 못한다는 사실을 여러분께서 확실히 보여주셨습니다.[88]

비레는 프랑스 영토를 떠나 당시 침묵공 빌럼(Willem de Zwijger)의 통치 아래 있던 오랑주(Orange)로 피신하였다. 개혁자는 건강이 좋지 않은 상태에서 오랑주에 들어갔고, 그의 말을 빌리자면 이 새로운 사역 현

---

87 제네바 시의회가 1565년 10월 9일 비레에게 보낸 편지. Bruening, *Epistolae Vireti*, epistle 154.

88 비레가 1566년 1월 15일 제네바 시의회에 보낸 편지. Barnaud, *Quelques lettres inédites*, 139–40.

장에 '반쯤 죽은' 상태로 도착하였다. 많이 쇠약해져 있는데도 불구하고, 그 나라의 프로테스탄트 신자들은 그를 즉시 환영하고 기쁨으로 맞이하였다. 그들은 병약한 비레에게 각별한 보살핌을 제공함으로써 추방된 목사에게 호의를 보여주었다. 비레는 자신이 오랑주에 입성한 것을 설명하며 "나를 위해 할 수 있는 모든 것을 아끼지 않는 사람들을 많이 만났습니다."[89] 라고 쓰면서 이 따뜻한 환영을 기억하였다. 그러나 그곳에서의 체류 기간은 짧았다. 그의 신앙의 대적들이 계속해서 그를 추격하였기에, 그는 1566년 말경에 침묵공 빌럼의 땅을 떠나야 했다. 그가 섬기던 주님을 위해 스위스에서 쫓겨나고 프랑스에서 추방당한 비레는 다시 한번 외로운 망명의 길에 나서 오랑주를 떠나야만 했다.

프랑스 최남단에는 미래의 프랑스 왕이 될 앙리 드 나바라(Henri de Navarra)의 어머니 잔 달브레(Jeanne d'Albret)가 통치하는 베아른(Bearn)이라는 지역이 있었다. 비레의 망명 시기, 작은 나라 베아른은 위그노의 땅으로 공포된 곳으로, 마르그리트 당굴렘(Marguerite d'Angoulême)의 딸인 그 유명한 여왕의 세심한 보살핌으로 프로테스탄트 측에 편입되어 있었다.

여러 해 동안 잔 달브레는 제네바 개혁자들과 정기적으로 서신을 주고받으며 프로테스탄트 신앙에 기울어져 있었다. 그들과 소통한 지 10년도 채 안 된 1560년 말, 그녀는 마침내 자신의 신앙을 고백하기로 결심하고 성탄절에 로마가톨릭을 포기한다고 백성들에게 공개적으로 선언하였다. "하나님께서 그분의 은혜로 우상숭배의 수렁에 깊이 빠져 있던 나를 구출해주시고, 주님의 교회에 기쁘게 받아주셨다."[90]

89 Ibid., 140.

이제 공식적으로 프로테스탄트 신자가 된 잔 달브레는 자신의 영토를 로마가톨릭 땅에서 단지 이름만이 아니라 실질적으로 프로테스탄트 땅으로 바꾸기를 원하였고, 제네바에 편지를 보내 개혁주의 설교자를 보내 베아른의 종교개혁 운동을 도와달라고 요청하였다. 제네바는 이 간청에 응답하여 로잔 아카데미 전직 교수였던 장 메르랭을 보냈고, 1563년 베아른에 도착한 메르랭은 잔 달브레의 영토에서 개혁주의 아카데미를 설립하기 시작하였다.[91]

나바라 여왕은 이렇게 개혁의 역사가 시작된 것을 기뻐하면서도, 여전히 자신을 도와 가톨릭 영지를 변화시키는 일에 나서줄 더 많은 개혁자를 애타게 찾았다. 그녀는 몇 년 전 리옹을 방문했을 때 비레를 알게 되었고, 그 후에 그에게 편지해 베아른으로 와서 종교개혁을 확립할 수 있도록 도와달라고 간청하였다. 당시에는 그녀의 간청을 받아들일 수 없었기에 비레는 정중히 거절할 수밖에 없었다. 그때는 닫혀 있던 길이 이제 주님에 의해 열렸다. 오랑주에 있던 피난처를 떠날 수밖에 없는 상황에 처한 개혁자 비레는 다시금 위그노 여왕의 부탁을 받고 기꺼이 그녀의 부름에 응하였다. 그는 이곳에서 프랑스와 오랑주의 반대 세력으로부터 자신을 보호할 수 있는 안식처를 찾았다.

아내와 딸과 함께 베아른에 도착한 비레는 잔 달브레의 환대를 받으며 여왕이 거주하는 도시 포(Pau)에 집을 마련하였다. 비레는 1567년 3월 제네바에 보낸 편지에서 여왕의 환대, 그리고 오랑주까지 자신을 좇아온 박해로부터 다시 한번 구해주신 하나님의 섭리를 묘사하였다.

---

90 Henry Dwight Sedgwick, *Henry of Navarre* (The Bobbs-Merrill Company, Indianapolis, 1930), 33.

91 Barnaud, *Pierre Viret*, 637.

> 하나님께서 나를 긍휼히 여기셔서 마침내 [나의 원수들의] 손에서 나를 건져내시고 베아른 땅으로 이끌어주셨습니다. 이곳의 주권자인 여왕의 오랜 간청을 통해 나는 이곳으로 부름을 받았고, 하나님께서 베푸신 은혜를 따라 사역하고 있습니다. …그녀는 내가 왔을 때 크게 기뻐하였고 나에게 가능한 모든 호의를 베풀어줍니다. 나에게 이런 안식처를 마련해주신 하나님을 찬양합니다.[92]

여왕의 따뜻한 환대 외에도 크게 기뻐할 또 다른 이유가 있었다. 남쪽에 있는 베아른은 쇠약해진 개혁자의 건강을 회복하는 데 더없이 완벽한 기후였다. 베아른에 도착하고 나서 비레는 기쁜 마음으로 제네바에 편지를 보내 이렇게 소리쳤다. "하나님의 은혜로 나의 건강에 정말 좋은 나라를 찾았습니다. 과거 어느 때보다 지금이 더 나은 상태입니다."[93]

여왕은 비레가 도착하자마자 그를 즉시 시찰감독으로 임명하였고, 비레는 몇 주가 지난 1567년 4월 10일 잔 달브레와 그녀의 아들 앙리가 참석한 가운데 연례 개혁교회 대회를 주재하였다. 이 대회가 진행되는 동안 비레의 거주지를 포에서 오르테즈(Orthez)로 옮기자는 제안이 나왔다. 비레의 명성이 최근 새로 설립된 오르테즈 아카데미로 많은 학생을 끌어들일 것이라는 기대 때문이었다. 그러나 여왕은 비레의 거주지 이전 제안을 달가워하지 않았다. 그를 매우 소중하게 여겨 빼앗기고 싶지 않았기 때문이다. 회의록에는 이렇게 기록되어 있다. "여왕의 뜻에 따라 비레의 거주지를 포에 두라는 명령이 내려졌다."[94]

---

92 비레가 1567년 3월 16일 제네바 시의회에 보낸 편지. Barnaud, *Quelques lettres inédites*, 143-44.

93 Ibid., 143.

대회가 끝나고 여왕의 자문관으로서 비레는 '정부와 교회의 관할권 구별에 관한 조약' 문서를 작성하는 임무를 맡았다. 이것은 나바라 왕국에서 기념비적인 의미를 지닌 과업이었다. 이 스위스 개혁자는 이 문서 작성에 완벽하게 적합한 사람으로 여겨졌는데, 주님께서 일전에 비레로 하여금 베른 행정관들과 오랫동안 협상하게 하심으로써 이 일을 준비시키신 것이다. 비레는 원고를 완성해 1568년 대회에 제출하였고, 당시 이 문서를 "가능한 한 빨리 인쇄"[95] 해달라는 요청을 받았다.

1569년 초 프랑스의 정치적 혼란이 베아른으로 번졌고, 잔 달브레의 영토도 테리드(Terride)의 남작이자 로마가톨릭 신자인 앙투안 드 로마네(Antoine de Lomagne)가 이끄는 군대의 공격을 받았다. 나바라 여왕의 땅을 몰수하라는 프랑스 왕의 명령에 따라 테리드는 이 지역을 차근차근 정복하기 시작하였다. 4월에 포에 도착한 그는 도시를 포위하였다. 포는 가능한 한 오래 버텼지만, 그토록 간절히 바라던 원조를 받지 못하고 결국 항복할 수밖에 없었다. 그러나 항복하기 전에 도시는 점령군의 약탈이 없을 것이고 주민들, 특히 목사들이 종교적 신념으로 인해 박해당하는 일도 없을 것이라는 보증을 받았다. 이러한 조건으로 도시는 테리드의 군대에 문을 열었다.

그러나 왕실 군대가 도시를 장악하자, 테리드는 프로테스탄트 목사 16명을 체포하여 성에 가두어버렸다. 비레도 그중 한 명이었다. 이 체포 소식에 사랑하는 비레의 운명을 둘러싼 갖가지 가공할 소문들이 프로테스

---

94 Louis Latourrette, "Les Derniéres années de Pierre Viret," *Revue de Théologie et de Philosophie,* deuxième série 26, no. 106 (Janvier-Mars, 1938): 61.

95 Ibid., 65.

탄트 진영에 퍼져나갔다. 불링거는 베즈에게 편지하면서 비레가 툴루즈로 끌려가 화형을 당했다는 소식을 공포에 떨며 전하였다. 베즈는 비록 자신도 비레가 투옥된 이후 어떻게 되었는지 알지 못했지만, 취리히의 개혁자 불링거에게 그 소문이 거짓이라는 것을 분명하게 납득시킬 수 있었다.[96]

비레의 체포 소식에 스위스만 관심을 가진 것은 아니었다. 로마가톨릭 사령관 테리드는 비레의 명성을 듣고 그를 직접 만나고 싶다는 강한 열망을 품고 감옥에 있는 개혁자를 찾아갔다. 저명한 스위스 목사 비레를 만나 대화를 나눈 후, 테리드는 로마가톨릭이 도시를 점령하고 있는 동안 비레의 아내와 딸이 시달리지 않도록 군대에 특별 명령을 내림으로써 적에 대한 존경을 드러냈다.[97] 다른 많은 고위 장교들도 이 기회에 저명한 목사를 만나고자 비레가 갇힌 감방을 방문하여 종교개혁의 영광스러운 진리를 전해 들었다.

5월에 테리드는 베아른의 나머지 도시들을 정복하기 위해 포를 떠나면서 페레(Le sieur de Pere)를 총독으로 남겨두었다. 페레의 잔인한 통치 아래 포의 상황은 빠르게 변하였다. 프로테스탄트 신자들은 매일같이 살해당하였고, 그 가운데는 목사 12명도 포함되어 있었다. "가장 사랑받고 존경받는" 목사들을 협상 도구로 사용하도록 한 벨르가르드(Bellegarde)의 영주 로제 드 생 로르(Roger de Saint-Laur)의 명령에 따라 비레와 그

---

96 Philippe Chareyre, "Pierre Viret et la Réformation du Béarn, 1567–1571," *Bulletin de la Société de l'Histoire de Protestantisme Français* (Oct.–Déc., 1998): 848.

97 Mademoiselle Vauvilliers, *Histoire de Jeanne d'Albret, Reine de Navarre*, tome deuxième (Paris, 1818), 314–14.

동료 몇 명은 인질로 남겨졌다.[98]

마침내 8월 말, 명성 있는 장군 몽고메리(General Mongomery)가 이끄는 프로테스탄트 군대가 포를 탈환하였다. 도시가 해방된 것을 경축하기 위한 감사예배가 생마르탱 교회(the church of St. Martin)에서 열렸고, 이때 비레는 시편 124편을 설교하였다.

> 이스라엘은 이제 말하기를 여호와께서 우리 편에 계시지 아니하셨더라면 우리가 어떻게 하였으랴 사람들이 우리를 치러 일어날 때에 여호와께서 우리 편에 계시지 아니하셨더라면 그 때에 그들의 노여움이 우리에게 맹렬하여 우리를 산 채로 삼켰을 것이며 그 때에 물이 우리를 휩쓸며 시내가 우리 영혼을 삼켰을 것이며 그 때에 넘치는 물이 우리 영혼을 삼켰을 것이라 할 것이로다 우리를 내주어 그들의 이에 씹히지 아니하게 하신 여호와를 찬송할지로다 우리의 영혼이 사냥꾼의 올무에서 벗어난 새 같이 되었나니 올무가 끊어지므로 우리가 벗어났도다 우리의 도움은 천지를 지으신 여호와의 이름에 있도다(시 124편)

비레는 포가 해방된 지 6주가 지난 10월 초에 인근 도시 레스카르(Lescar)에서 열리는 대회를 주재하기 위해 포를 떠났다. 잔 달브레는 비레에게 베아른 지역 교회의 시찰감독으로서의 책무의 일환으로, 그녀의 영지에서 매년 개최되는 대회를 조직하고 주재하는 중요한 임무를 맡겼다. 1567년부터 1570년까지 그는 네 번의 대회에서 연속으로 의장을 맡아 그 책무를 다하였다. 루이 라투레트(Louis Latourrette)가 쓴 것처럼,

---

98 Barnaud, *Pierre Viret*, 644.

여왕이 비레에게 이 일을 맡긴 것은 그녀가 비레를 어떻게 평가하고 있는지를 분명하게 보여주는 것이다.

> 우리는 같은 사람이 2년 연속 의장직을 수행할 수 없도록 한 베아른 대회의 규정에 반(反)하여… 이 의장직의 영예가 [연속 네 번의 총회에서] 계속 되었음을 주목해야 한다.[99]

비레는 매년 대회를 운영하고 관리하는 임무 외에도, 베아른 교회의 시찰감독으로서 교회와 국가의 여러 문제에 지속적으로 관여하였으며, 나바라 교회의 신학적인 문제를 해결하는 일 또한 감당하였다. 그는 수많은 주제에 대해, 특히 그가 로잔에서 격동의 사역을 하는 동안 부지런히 연구할 수밖에 없었던 분야인 교회의 권징과 파문에 관하여 권고하고 조언하였다. 실제로 그의 펜에서 나온 마지막 신학 작품도 1570년 베아른 교회를 위해 저술한 교회 권징에 관한 논문이다.[100]

나바라 영토 안에서 비레의 말년은 곧 막을 내렸다. 비레는 나바라 왕국의 베아른 지역 교회 시찰감독으로 4년 동안 섬긴 후, 1571년 초에 유언장을 작성하였다. 이제 60세의 나이로, 비록 극도로 고되긴 했지만 많은 결실을 거둔 삶을 살아낸 비레는 사후에 아내와 딸이 어려움 없이 지낼 수 있도록 각별한 주의를 기울이며 집을 정리하였다. 그런 다음 친애하는 개혁자 비레는 모든 것을 고귀한 구세주의 손에 맡기고 조용히 하늘나라

---

99 Louis Latourrette, "Les Derniéres années de Pierre Viret," 61.

100 이 글의 전문은 Henri Meylan, "Un texte inédite de Pierre Viret: le règlement de 1570 sur la discipline," *Revue de théologie et de philosophie*, série 3 (1961): 209-21을 보라.

의 영광으로 들어갔다. 60년 동안 충실하고 열매 많은 삶을 살아낸 그는 지치고 상처 입은 육신을 내려놓고 영원한 안식에 들어갔다.

비레의 사망 소식은 빠르게 퍼졌다. 잔 달브레는 그 소식을 듣고 최근 전쟁에서 자신이 겪은 수많은 손실 중에서 "가장 슬픈 일은 비레 선생을 잃은 것이다. 하나님께서 그를 데려가셨다."[101] 라고 말하였다. 베른의 행정관이자 비레의 절친한 친구 니클라우스 추르킨덴(Niklaus Zurkinden)은 비레의 죽음에 대해 베즈에게 이렇게 편지하였다.

> 신뢰할 만한 소식통으로부터 내가 사랑하던 경건한 사람 비레가 세상을 떠났다는, 아니 그가 영광스러운 불멸의 길로 들어갔다는 소식을 들었습니다. 나는 내 영혼 깊은 데서 울었습니다. 우리 형제가 이생의 비참함에서 해방되어서 운 것이 아니라 이토록 위대한 종을 빼앗긴 교회 때문에 울었습니다.[102]

망명지에서 죽은 탓에 비레는 위치를 알 수 없는 묘지에 묻혔다. 그러나 그의 유해가 있는 위치와는 달리 이 경건한 사람의 성품과 영향력은 잊히지 않을 것이다. 프랑스 역사가 자크 카르(Jacques Cart)는 이 하나님의 사람의 영광스러운 최후를 잘 포착하고 있다.

> 망명지에서 맞은 그의 알 수 없는 마지막, 결코 볼 수 없는 그의 무덤에 대해 생각하면서 우리는 성서의 말씀을 담대히 되뇌게 된다. "그의 경건한

---

101 Barnaud, *Pierre Viret*, 647.

102 Berthoud, *Pierre Viret: A Forgotten Giant*, 17.

> 자들의 죽음은 여호와께서 보시기에 귀중한 것이로다."(시 116:15) 비레는 주님의 총애를 받은 사람 중 하나였으며, 은혜에 승복한 후 자신의 모든 것을 주님께 완전히 바치고 그분을 섬기는 일에 아낌없이 헌신한 비범한 영혼 중 하나였다. 하나님을 향한 사랑, 이것은 그리스도 병사들의 깃발로서 전투의 날에 그들 각자를 영웅이나 순교자로 만들어준다.[103]

하나님을 향한 사랑이야말로 비레의 삶을 규정하는 깃발이었다. 이것은 다른 모든 열정에 불을 붙인 열정이었다. 이것은 형제들을 향해 온유와 긍휼과 친절을 불러일으키는 마음이었다. 그리고 이것은 그가 무덤까지 가지고 간 소망으로, 유언장에서 밝게 빛났다. 비레는 무덤에 눕힌 자기의 몸이 "그날에 하나님께서 당신의 한없는 선하심으로 당신의 영광 가운데 받으시리라는 믿음 안에서 안식하면서, 복된 부활의 날"[104]을 기다릴 것이라고 선포하였다.

---

103 Cart, *Pierre Viret, le Reformateur Vaudois*, 157-58.

104 "Testament de Viret," *Bulletin de la Société de l'Histoire de Protestantisme Français,* tome XVI (Paris, 1867), 318.

제22장

•

하나님은 여전히 일하고 계신다

> 여호와께서 이르시되 내가 그들과 세운 나의 언약이 이러하니
> 곧 네 위에 있는 나의 영과 네 입에 둔 나의 말이 이제부터 영원하도록
> 네 입에서와 네 후손의 입에서와 네 후손의 후손의 입에서
> 떠나지 아니하리라 하시니라 여호와의 말씀이니라 (사 59:21)

하나님은 일하고 계셨다. 유럽 땅을 가로질러 세상의 가장 먼 곳까지 성령이 움직이고 계셨고, 수없는 사람을 부르시고 무수한 영혼을 그분의 찬란한 아들의 영광스러운 빛으로 이끄셨다. 하나님의 말씀이 회복되었고, 세상의 사이렌 소리에 귀를 닫고 명예나 위신의 매혹적인 쾌락에 눈을 감은 한 세대의 사람들이, 박해나 순교에 굴하지 않고 이 놀라운 말씀을 선포하는 일에 목숨을 바쳤다. 하나님은 남은 자들, 즉 자신을 온전히 그분께 바칠 소수의 무리를 부르셨다. 그 수는 적었지만, 이들은 하나님께서 세상을 뒤집어놓기 위해 택한 사람들이었다. 루터, 츠빙글리, 파렐, 비레, 칼뱅, 불링거, 베즈, 이들은 교황권이라는 우뚝 솟은 권력에 맞서는 소수에 불과하였지만, 그럼에도 불구하고 하나님은 세상을 영원한 그리스도의 빛으로 되돌리기 위해 당신의 무한한 지혜로 이 도구들을 사용하셨다.

때는 16세기 새벽이었고, 하나님은 일하고 계셨다. 이제 그 새벽과 오늘 사이에 500년이라는 시간이 놓여 있다. 500년의 성장, 프로테스탄트 시대의 탄생과 함께 가장 작은 씨앗에서 싹을 틔워 500년 동안 크게 성장한 나무는 지금 이 시대를 개혁자들의 시대와 구분한다. 하나님은 죄와 죽음의 어둠에서 당신의 백성을 불러 당신의 사랑하는 아들의 영광스러운 계시의 길을 따르도록 이끄심으로 그들의 시대에 강력하게 역사하셨다. 그 당시 하나님은 거장들을 일으키셨다. 모든 것이 무너졌을 때 일어선 사람들, 모든 사람이 도망쳤을 때 싸운 사람들, 온 세계의 맹공격에 분연히 맞서 흔들림 없이 굳건히 선 사람들, 눈을 들어 그들 곁에 서 계신 오직 한 분, 자신들을 지탱해주는 유일한 그분만을 바라본 사람들을 일으키셨다. 그들이 16세기 종교개혁자들이다.

"나 여호와는 변하지 아니하나니."(말 3:6) 500년 전에 하나님은 일하고 계셨다. 500년 전에 그분의 손이 백성 위에 있었다. 500년 전에 그분의 성령이 움직이고 계셨다. 그 성령은 지금도 움직이신다. 또 다른 새벽, 21세기의 새벽이 밝았고, 하나님은 일을 쉬지 않으신다. 그분은 때가 차자 루터를 부르셨고, 시간이 가까워지자 칼뱅을 일으키셨다. 그날이 임하자 비레를 보내셨다. 그분은 거룩하게 정하신 그분의 때에 당신 백성을 일으키고 불러 종교개혁의 역사를 시작하게 하셨다. 하나님은 이렇게 16세기에 일하셨고, 우리 시대에도 여전히 일하고 계신다.

어둠이 땅을 덮는다. 오늘날 배교의 암울함이 교회에 무겁게 드리워져 교회의 영광스러운 등불을 끄려 한다. 오늘날 그리스도교의 피상적인 모습은 자기중심적인 인간 숭배의 숨 막히는 팔 안에 교회를 가둘 위험이 있다. 신자들은 계속 퍼져나가는 어둠을 불안하게 바라보면서 주님께서 자신들을 잊으신 것은 아닌지 의아해한다.

그러나 하나님은 일하고 계신다. 16세기의 역사는 전능하신 하나님의 놀라운 역사, 즉 몇몇 연약한 사람들의 헌신적인 노력으로 세상을 뒤집어 놓으신 하나님의 놀라운 역사를 드러낸다. 하나님은 측량할 수 없는 그분의 지혜로 자신의 모든 것을 바칠 사람들, 온 세상에 하나님의 영광을 전파하고자 하는 열정으로 불타오르는 사람들을 부르신다. 주님의 멍에를 기꺼이 짊어진 사람들, 하나님의 다스림을 받는 사람들, 바로 그들이 하나님께서 사용하시는 그릇이다.

하나님은 16세기에 그런 사람들을 일으키셨다. 그분은 또 그렇게 하실 것이다. 16세기 이 사람들의 역사가 교회를 자극해 이 땅에 그분의 영광을 더욱 진작시키는 일에 나서게 되기를! 개혁자들의 삶에 관한 이야기가 이 세대의 영혼에 꺼지지 않는 불을 붙여 모든 생각, 모든 행동, 모든 동작을 그리스도께 복종시켜 온전한 사람이 될 때까지 타오르기를! 이 시대의 교회가 다시 주님의 말씀, 곧 모든 시대를 비추는 등불을 붙들고, 전의 개혁자들처럼 그 영광스럽고 거룩한 진리에 따라 삶의 모든 면면을 다스리기를!

P i e r r e   V i r e t

피에르 비레 생애 연대기

피에르 비레의 프랑스어 저작 중 주제별 참고문헌

참고문헌

찾아보기(인명, 지명, 주제)

피에르 비레 생애 연대기
1511-1571

1511		피에르 비레가 오르브에서 태어남.
1512		기욤 파렐이 파리에서 공부를 시작함.
1517	10월 31일	마르틴 루터가 비텐베르크 교회 문에 95개 논제를 게시함.
1519	1월 1일	훌드리히 츠빙글리가 취리히 그로스뮌스터 설교단에 오름.
1523		츠빙글리의 지도력 아래 취리히가 종교개혁을 받아들임.
1525	12월 27일	로잔이 베른 및 프리부르와 협정을 체결함.
1526		제네바가 베른 및 프리부르와 협정을 체결함.
1527		비레가 파리의 콜레주 드 몽테귀에서 사제직을 위한 공부를 시작함.
	3월 8일	베른 영주들이 파렐을 설교자로 위촉함.
	5월 27일	베른이 영지 내의 모든 목사에게 성서의 가르침을 설교하라고 명령함.
1528	1월 6-26일	베른 논쟁 결과 베른이 공식적으로 종교개혁을 채택함.
1530		파렐이 오르브에서 설교를 시작했지만 로마가톨릭 반대자들에 의해 도시에서 강제로 쫓겨남.

1531		비레가 로마가톨릭 신앙을 버리고 파리를 떠나 오르브로 돌아옴.
		파렐이 비레가 설교를 시작하도록 설득함.
	5월 6일	20세의 비레가 고향 오르브에서 첫 설교를 함.
	5월 중순	비레가 그랑송에 종교개혁을 전파하기 위해 떠남. 비레가 오르브에서 첫 세례를 집례함.
	10월 11일	츠빙글리가 사망함.
	10월	파렐과 비레가 그랑송에서 종교개혁을 전파함. 하인리히 불링거가 취리히에서 츠빙글리를 계승함.
1532	3월 31일	유월절에 비레가 오르브에서 그의 부모를 포함하여 77명의 신자(남자 54명, 여자 23명)에게 성찬을 베풂.
	6월 4일	비레가 파예른에서 설교하기 위해 떠남. 교회 출입이 금지되어 대신 태번(taverns)에서 설교함.
	9월	비레가 파예른에서 설교함.
	11월	비레가 오르브에서 처음으로 그리스도인의 결혼식을 주례함.
1533	1월	비레가 뇌샤텔의 목회직을 받아들임.
	11월	비레가 두 달 동안 파예른으로 돌아감.
	12월	비레가 파예른에서 집으로 돌아가던 중 로마가톨릭 사제의 칼에 찔림.
1534	1월 4일	비레가 베른 시의회의 명에 따라 제네바에 있는 파렐에게 가서 귀이 퓌르비티와 논쟁 중인 파렐을 도와줌.
	1월 29일	제네바 논쟁에서 퓌르비티가 파렐과 비레를 반대함.
	2월 22일	비레가 보디송의 집에서 설교하고 세례를 베풂. 비레와 파렐의 설교에 많은 사람이 참석하여 수용할 공간이 부족했음.
	3월 1일	파렐과 비레가 제네바의 리브 교회에서 종교개혁을 설파할 수 있도록 허락됨.

	3월	비레가 뇌샤텔의 목회 직무로 돌아감.
	3월 중순	제네바가 베른 시의회에 비레를 파견해달라고 요청함.
	5월 14일	프리부르가 제네바와의 협정을 취소함.
	10월 17-18일	파리에서 벽보 사건이 발생함.
1535	3월 6일	비레가 제네바에서 로마가톨릭 신자에 의해 독을 먹고 중독됨.
	3월 13일	제네바 시의회가 비레의 중독 사실을 베른에 알림.
	5월 30일	제네바 논쟁 시작.
	6월 4일	올리베탕이라 불리는 피에르 로베르가 종교개혁 시기에 처음으로 성서를 프랑스어로 번역하여 출판함.
	8월 10일	제네바에서 미사가 폐지됨.
	9월 10일	비레가 베른으로 감.
	11월	비레가 바젤로 가서 칼뱅을 만났을 가능성이 있음.
	12월 29일	베른이 사부아 공국에 동맹을 거부함.
1536	1월 16일	베른이 사부아 공국에 전쟁을 선언함.
	2월 2일	내글리가 이끄는 베른 군대가 제네바에 들어옴.
	2월	비레가 뇌샤텔의 목회 직무로 돌아감.
	2월 25일	나흘 동안의 포위 공격 끝에 이베르동이 베른 군대에게 항복함. 비레가 이베르동에서 설교함. 베른 군대가 칸톤 보를 장악함.
	3월 6일	비레가 로잔의 목회자가 됨. 로잔 시의회가 비레의 설교에 참석하려는 사람들에게 완전한 양심의 자유를 허락함.
	4월 6일	로잔에서 설교하는 개혁자들에게 마들렌 교회가 제공됨.
	5월 21일	제네바 시민 총회에서 종교개혁을 받아들임.
	6월 7-8일	비레가 이베르동의 개혁교회 목회자 대회를 주관함.
	6월 13일	비레가 평화 중재자로서 제네바로 감. 7월 초에 로잔으로 돌아갈 수 있도록 해달라고 요청했으나 제네바 시의회는 비레가 “거기보다 여기에 훨씬 더” 필요하다고 말하며 거절함.

	7월	비레가 칼뱅을 제네바에 머물게 하려고 위협하는 파렐을 목격함.
	8월 7일	베른과 제네바의 조약이 체결됨.
	10월 1-10일	로잔 논쟁.
	10월 중순	로잔 논쟁이 끝나갈 무렵 2명의 로마가톨릭 대표가 비레에게 자기들의 마을 퀴이로 함께 가서 종교개혁의 복된 소식을 전해달라고 설득함.
	10월 19일	프로테스탄트 신앙이 로잔의 공식 종교로 인정됨.
	11월 5일	피에르 카롤리와 비레가 로잔의 개혁교회 목회자로 임명됨.
	12월 6일	베른 당국이 영토 안에 있는 모든 백성에게 프로테스탄트 설교에 참석할 것을 명함.
1537	1월 초	로잔에 개혁주의 아카데미가 설립됨. 비레가 제네바에 있어 공석일 동안 카롤리가 죽은 자를 위한 기도의 효력에 관해 설교하고, 비레와 칼뱅을 아리우스주의자라고 비난함.
	2월 17일	칼뱅과 비레에 대한 카롤리의 비난 때문에 로잔에서 회의가 개최됨.
	5월 13일	이 문제로 소집된 대회에서 비레, 파렐, 칼뱅은 카롤리가 제기한 아리우스주의라는 비난에 대응하여 스스로를 방어함.
	5월 31일-6월 5일	카롤리가 베른 영주들에게 소환되어 강제 추방됨.
1538	4월 23일	칼뱅, 파렐, 쿠롤이 제네바에서 추방됨.
	5월	비레와 리터가 제네바에서 추방된 목회자와 시의회 사이의 중재자로서 제네바를 방문함.
	10월 6일	파렐의 주례로 비레와 오르브 출신 엘리자베스 투르타즈가 결혼함.

1539	4월 6일	비레가 제네바로 가서 설교하고, 제네바 사람들과 추방된 목사들 사이의 화해를 위해 큰 진전을 이룸.
	7월 17일	비레와 앙드레 제베데가 박해받는 프로방스 발도파의 대의를 변호하기 위해 베른으로 감.
1540	10월 19-21일	제네바 시의회가 칼뱅을 다시 청빙하기로 결의함.
	10월 30일	베른의 영주들이 로잔 아카데미에 다닐 수 있는 학생 수를 늘리기 위해 장학관을 개원함.
	12월 31일	로잔에 있던 비레가 제네바의 설교 요청을 받음.
1541	1월 10일	비레가 제네바에 도착함.
	2월 28일	비레가 시의회에게 추방된 칼뱅을 다시 제네바로 청빙하는 편지를 쓸 것을 촉구함.
	5월 1일	제네바 총회가 칼뱅을 다시 청빙함.
	9월 13일	비레가 칼뱅의 제네바 귀환을 도움.
	9월 29일	비레가 파렐과 뇌샤텔 사이의 중재자로 활동하기 위해 뇌샤텔로 파송됨.
	10월 15일	비레가 제네바로 돌아옴.
	12월	칼뱅이 베른의 영주들에게 비레가 로잔으로 돌아가기 전 6개월간 더 제네바에 머물도록 허락해줄 것을 간청함. 베른이 칼뱅의 요청에 응함.
1542	7월 8일	로잔의 대사가 18개월 동안 제네바에 파견한 비레를 데려가기 위해 제네바에 도착함.
	7월 15일	비레가 로잔에서 그의 목사 직무를 재개함.
	가을	흑사병이 로잔에 발생함.
1543	봄	로마가톨릭의 품으로 돌아간 카롤리가 파렐을 이단으로 기소함. 칼뱅과 비레가 공동으로 파렐을 변호하는 저술을 출판함.

	6월 16일	비레가, 칼뱅이 스트라스부르로 가서 카롤리의 기소에 맞서 파렐을 돕게 해달라고 제네바 시의회에 요청하기 위해 제네바로 감. 제네바가 이 요청을 받아들이자 비레는 칼뱅과 베른까지 동행함.
	10월 30일	비레가 뇌샤텔 대회에 참석함.
1544	3월 24일	비레의 책 『대화로 이루어진 단순한 토론 형식의 그리스도교 논쟁』이 칼뱅의 서론(편지)과 함께 출판됨.
	4월 29일	칼뱅이 6개월 동안 비레를 제네바로 파견해달라고 베른에 요청함. 베른은 이 요청을 수락하지만, 로잔은 "비레의 부재가 교회에 야기할 위험과 위협" 때문에 비레를 파견하기를 거절함.
	8월	비레가 성 프란체스코 수도원에서 옛 대성당 사제관 중 한 곳으로 이사함.
	9월	제네바에 흑사병이 발발함.
1545	봄	칼뱅이 박해받는 발도파를 위한 후원금을 모으기 위해 독일어권 스위스로 여행함. 비레가 칼뱅의 부재 기간에 제네바에서 그의 자리를 채움.
	여름	비레와 파렐이 베른, 바젤, 스트라스부르를 방문하여 박해받는 피에몬테의 발도파의 대의를 변호함.
	7월 28일	비레가 아내의 건강이 나빠지는 것을 염려하며 칼뱅에게 편지하여 그들의 친구인 브누아 텍스토르 박사와 상담하기 위해 제네바로 가기를 원한다고 말함.
	10월	마튀랭 코르디에가 로잔 아카데미 교수직을 받아들임.
	11월 26일	비레가 친구에게 편지하면서 아내의 병이 치명적일지도 모른다는 두려움을 표현함.
1546	1월	오본느의 목사 자크 발리에가 비레의 동료인 비트 콩떼의 후임으로 로잔에 초청됨.

	1월 29일	뇌샤텔에서 도시의 목회적 문제를 원만하게 해결하기 위해 비레를 긴급히 호출함.
	3월	비레가 뇌샤텔 시민을 위한 임무 수행을 위해 토농으로 가도록 요청받았지만, 아내의 건강 때문에 로잔에 머묾.
	3월 8일	아내 엘리자베스가 사망함.
	3월 20일	칼뱅의 강력한 간청 끝에 아내가 죽은 후 사랑하는 친구와 며칠을 보내기 위해 제네바로 감. 비레가 칼뱅과 특정 반대자들이 연루된 두 가지 별개의 갈등을 중재하기 위해 제네바로 부름 받음.
	11월	비레가 세바스티엔 드 라 아르프와 재혼함. 칼뱅이 결혼을 도와줌.
1547	3월 31일	프랑스 왕 프랑수아 1세가 사망함. 그 아들 앙리 2세가 왕위에 오름. 앙리의 통치 기간 동안 위그노에 대한 박해가 급격하게 확대됨.
1548	5월 4일	비레, 파렐, 발리에, 리비가 주의 만찬에 대한 그들의 해석을 옹호하기 위해 베른 시의회에 출석함. 칼뱅의 아내인 이들레트가 비레의 아내의 출산을 돕기 위해 로잔을 방문함.
	7월	비레가 750쪽이 넘는 그의 책 『하나님의 말씀 사역과 그것에 의존하는 성례의 효력과 사용』에서 교회의 상태를 묘사하며 무엇보다 도덕적 타락, 주의 만찬의 남용, 규율의 부재를 언급함.
	10월	비레가 로잔 대성당 정문에 다음 목회자 모임에서 논의할 논제의 목록을 게시함. 논제는 주의 만찬과 교회 규율을 다루고 있음.
	11월	테오도르 베즈가 제네바에 도착함. 비레가 로잔 노회에서 예배와 도덕의 개혁을 논의하기 위한 총회를 요청하는 편지를 베른에 전달하도록 위임받음.

1549	3월 31일	비레가 칼뱅의 아내의 죽음에 대한 슬픔을 표현하는 편지를 칼뱅에게 씀.
	5월 20-25일	보 지역의 목회자들이 베른에서 총회를 개최함. 이 총회에서 비레가 불화를 일으키는 제베데에 맞서 주의 만찬에 대한 자신의 견해를 옹호함.
	9월	베른이 제베데를 로잔에서 해임하고 이베르동의 직무를 맡김.
	9월 2일	베른이 보 지역의 개혁파 목회자들이 더 이상 노회 회의로 모이는 것을 금지함.
	10월 31일	로잔의 목회자들이 회의 금지에 항의하는 목소리를 전달하기 위해 비레가 이끄는 대표단을 베른에 파송함.
	11월 6일	베즈가 로잔 아카데미의 두 번째 신학 교수로 임명됨.
	11월 9일	비레가 노회 회의 금지 문제로 베른 행정관들 앞에 두 번째로 출석한 이후, 행정관들은 9월의 결론을 반복하고 비레에게 이 문제에 대해 더 이상 압박하지 말라고 경고함. 비레가 칼뱅과 파렐과 함께 제네바 회의에 참석함.
1550	6월	마르타 비레가 태어남. 칼뱅이 아이의 대부로 지명됨. 베즈와 레이몽 메르랭이 주중 모임과 교회 규율에 관해 논의하기 위해 베른으로 갔지만, 베른의 영주로부터 냉대를 받고 아무것도 허락받지 못함.
	11월 8일	비레와 발리에가 로잔의 60인 의회에 교회의 타락한 상태를 논의할 필요성을 제시함. 의회가 이에 동의하고 비레와 발리에가 교회의 현재 도덕성을 자세히 설명하는 보고서를 작성함.
	12월 4일	비레와 발리에가 로잔 시의회에 보고서를 제출하면서 개혁을 요구했으나 아무것도 수용되지 않음.
	12월	비레가 파렐에게 그의 대녀인 마리의 장난에 대해 편지로 이야기함.

1551	4월	로잔에 흑사병이 발발함.
	5월 24일	비레와 발리에가 로잔의 200인 의회 앞에 출석하여 개혁과 도움을 요청했지만, 만족할 만한 답변을 듣지 못함.
	5월 말	로잔에서 모든 개혁의 수단을 강구했으나 효력이 없자 비레가 베른으로 가서 교회의 도덕 개혁을 위한 도움을 요청함. 베른의 행정관들은 문제를 조사하기 위해 로잔으로 대표단을 보낼 것을 약속함.
	9월	베른이 보 지역의 교회에서 칼뱅의 교리문답을 니콜라우스 추르킨덴의 교리문답으로 대체할 것을 명령함.
	10월	5월에 약속한 베른 대표단이 로잔에 도착함.
	10월 21일	베른 대표단의 요청에 따라 200인 의회는 프랑수아 비탈리스를 집사로 임명하여 비레가 흑사병 희생자를 섬기는 일을 돕도록 함.
1552	2월 23일	베른의 행정관들은 로잔의 목회자들이 현재의 교리문답을 추르킨덴의 교리문답으로 대체하는 일에 늦장을 부린다는 사실에 조바심을 느낌. 행정관들은 해임과 추방으로 위협하면서 복종할 것을 다시 명령함.
	9월	비레가 제네바로 가서 칼뱅이 하나님을 악의 창시자로 만들었다는 거짓 혐의에 맞서 칼뱅을 변호함.
	11월	비레가 베른으로 가서 교리문답 변경에 반대하는 목회자들의 입장을 탄원함. 베른은 경청했지만, 그 결정을 바꾸려고 하지는 않음.
1553	3월 초	울랑에 종교개혁이 도입됨. 비레가 베른에 그 마을로 목사를 파송해달라고 요청함. 베른은 비레에게 파송할 사람을 지명하도록 허락함. 비레가 중병에 걸린 파렐을 방문하기 위해 뇌샤텔로 감.
	3월 26일	메르랭이 울랑의 개혁교회 설교자로 임명됨.
	3월 28일	비레가 새로 설립된 울랑의 개혁교회를 방문함.

	5월 16일	비레의 로잔 아카데미에서 교육받은 5명의 프랑스 청년들이 복음을 전하기 위해 고향으로 돌아가다가 리옹에서 체포되어 화형을 당함. 비레가 그의 책 『사람이 하나님의 말씀을 통해 하나님의 뜻을 구해야 할 의무와 필요성, 그리고 진정한 협의회에 대한 기대와 최종 결정』을 출판함.
	8월	베른이 추르킨덴의 교리문답과 관련한 그들의 명령에 대한 복종을 확실히 하기 위해 목사 요하네스 할러, 회계 담당자 한스 스타이거, 제롬 마누엘을 보 지역에 파송함.
	11월 27일	비레가 신자들을 만나 격려하기 위해 고향 오르브를 방문함. 비록 로마가톨릭 마을이지만, 대다수 주민이 종교개혁을 받아들였기에, 비레가 종교 문제를 투표에 부치도록 시의회를 설득함.
1554	4월 9일	몇 달간의 지연 끝에 베른과 프리부르의 대표들이 오르브의 종교 문제를 논의하기 위해 만나 공개 투표에 부치기로 결정함.
	7월 29일	프리부르와 베른의 대표단이 공개 투표를 감독하기 위해 오르브에 도착함. 비레가 고열로 참석하지 못함.
	7월 30일	비레의 고향 오르브에서 미사가 폐지됨. 베른은 통치하는 영지 전역에서 예정론을 다루는 책을 인쇄하지 못하도록 함.
1555	1월 26일	베른이 보 지역의 모든 목회자가 예정론에 대해 설교하는 것을 금지함.
	3월 6일	로잔의 목회자들이 베른에 편지를 보내 예정론에 관한 명령에 항의함.
	3월 13일	베른이 로잔에서 예정론에 관한 모든 논쟁과 논의를 중단하라고 명령함.
	5월	비레와 베즈가 베른으로 가서 의원들 앞에서 예정론에 대한 칼뱅의 주장을 변호함.

	12월 30일	베른이 비레에게 편지를 써서 새롭게 종교개혁을 받아들인 마을을 돌아보고 설교해달라고 요청함.
1556	4월	두 살 난 비레의 유일한 아들 피에르가 사망함. 비레가 샤토 데에서 설교함.
1557	3월 13일	비레, 발리에, 아르노 방크가 베른의 행정관들과 성찬식 거행 이전에 교회 규율의 필요성을 논의하기 위해 베른으로 감.
	11월	비레와 베즈가 성탄절 성찬식 거행을 의논하기 위해 베른에 출석함.
1558	2월	베른이 토농의 목사 4명을 예정론에 관해 설교했다는 이유로 해임함.
	3월 13일	비레와 방크가 교회 규율에 관해 논의하기 위해 로잔의 60인 의회 앞에 나타남. 의회는 그들의 호소를 거절함.
	3월 말	비레가 베른으로 감.
	4월 6일	토농의 4명의 목사를 대신하여 보 지역 목회자들이 수없이 호소했지만, 베른은 그들에게 내린 판결을 철회하기를 거부함.
	7월	베른이 예정론에 관한 모든 설교를 금지한다는 칙령을 보내고, 모든 목회자가 설교단에서 그 지시를 읽도록 명령함. 로잔의 목회자 12명이 자신들의 견해를 밝히는 편지를 작성하여 베른에 발송함.
	7월 말	비레와 베즈가 교회 규율을 논의하기 위해 베른 행정관들 앞에 출석함.
	8월 15일	로잔의 목회자들에게서 받은 편지에 격분한 베른 행정관들이 12명을 베른으로 소환함. 베른의 대표들이 비레와 로잔의 목회자들에게 복종과 추방 중 선택할 것을 명함.
	8월 말	베즈가 베른으로 가서 제네바로 옮기게 해달라고 요청함. 베른은 그가 로잔에서 즉각 물러나도록 허락함.

	12월 24일	비레와 발리에가 로잔 시의회 앞에 출석하여 주의 만찬 거행을 일주일 연기해달라고 요청하고, 시의회가 동의함.
1559	1월	베른은 12월에 로잔 시의회가 승인한 요청을 듣고, 로잔으로 사람을 보내 비레와 발리에를 즉시 해고하고 추방할 것을 명령함. 베른이 비레와 그의 동료의 자리를 대신할 다른 목사들을 임명하지만, 그들은 이를 거부하고 대신 비레의 망명에 합류함. 비레와 아카데미가 제네바로 이동함으로써, 로잔 아카데미가 제네바 아카데미로 정착함.
	3월 2일	비레가 제네바의 생제르맹 교회의 설교자로 임명됨.
	3월 22일	로잔 교수들의 이탈 덕분에 칼뱅이 세운 새로운 아카데미의 모든 빈자리가 채워짐.
	6월 5일	비레가 그의 책 『주로 하나님의 섭리와 예정에 관한 그리스도교 교리에 관한 단순하고 완전한 가르침』을 출판함.
	6월	제네바 아카데미가 공식 개교함. 비레의 설교를 듣고 싶어 하는 군중이 많은 것에 비해 생제르맹 교회의 공간이 충분하지 못해서 비레가 생피에르 교회에서 설교하도록 재지정됨.
	7월	앙리 2세가 사망함.
	10월	비레와 앙투안 베르네이가 권징법의 완성을 요청하기 위해 제네바 시의회에 출석함.
	12월 25일	비레와 칼뱅이 제네바에서 시민권을 획득함.
1560	1월 30일	비레와 칼뱅이 제네바 소의회 앞에 출석하여 의원들에게 "하나님을 경외하는" 사람들에게 투표할 것을 권고함. 그들은 또한 주의 만찬 참여 제한에 대해 양보를 요청했지만 거절당함.
	8월	비레가 제네바 시의회에 출석하여 "프랑스에 추수할 것은 많은데, 일꾼이 부족하다."라고 말하면서, 프랑스 교회에 목회자를 보내야 할 필요성을 호소함.

	9월	비레가 목회직 외에 학생들의 시험을 포함하여 아카데미에서 일하도록 지정됨.
	12월	프랑수아 2세가 사망함.
	12월 25일	나바라의 여왕 잔 달브레가 공개적으로 프로테스탄트 신앙을 받아들임.
1561	3월 1일	제네바 시의회가 비레의 장기간의 질병으로 인한 비용을 상쇄하기 위해 그에게 50플로린을 지급함.
	4월 12일	비레가 병에 걸려 공증인 장 라그오를 불러 죽음을 준비하는 마지막 유언장과 고백서를 작성함.
	9월 11일	텍스토르 박사가 비레의 건강 악화를 우려하여 그에게 겨울을 보낼 수 있는 프랑스 남부의 따뜻한 기후를 찾으라고 조언함. 비레가 제네바 시의회로부터 휴가를 받고 온화한 기후를 찾아 프랑스 남부로 여행함.
	10월 6일	비레가 님에 도착함.
	12월	님 시의회가 비레의 도시 체류 연장을 간청하기 위해 몇 명의 대표를 제네바로 보냄.
	12월 23일	비레가 님에서 3명의 새로운 목사를 세움.
	12월 30일	파리에서 제네바로 온 몇몇 전령이 비레가 국가의 수도에서 설교할 수 있도록 그를 파견해달라고 간청함.
1562	1월 1월	프랑스 프로테스탄트들의 예배와 활동의 자유를 허용하는 칙령이 반포됨.
	1월 4일	온종일 지속되는 예배에서 비레와 동료 목사 모제가 8,000명이 넘는 님의 신자들에게 성찬을 거행함.
	1월 18일	크뤼솔 백작의 요청에 따라 비레가 개혁 신앙에 대해 논의하기 위해 빌뇌브-레자비뇽으로 떠남. 크뤼솔이 비레에게 그의 병사와 마을 사람에게 설교해달라고 요청함.
	2월 1-14일	비레가 님의 지역 대회를 주재함.
	2월 18일	비레가 님을 떠나 몇몇 유명 의사와 상담하기 위해 몽펠리에로 떠남. 그곳에 있는 동안 탕플 드 라 로즈에서 설교함.

	3월 1일	바시에서의 위그노 학살이 제1차 프랑스 종교전쟁으로 이어짐. 비레의 가장 어린 자녀이자 두 살 난 마리가 사망함.
	5월 21-25일	비레가 리옹으로 가는 길에 님에 들러 그곳에 있는 교회에 작별 인사를 함.
	5-6월	비레가 리옹으로 가는 도중 발랑스에서 예수회 사제 에드몽 오제를 처형 직전에 구출함.
	6월 초	비레가 리옹에 도착함.
	6월 말	비레의 휴가가 곧 만료됨에 따라 리옹 시의회가 제네바로 사람을 보내 비레의 체류 연장을 요청함. 제네바가 비레에게 두 달간의 휴가를 더 허용함.
	7월 19일	수비즈가 아드레의 뒤를 이어 리옹 프로테스탄트 군대 사령관으로 임명됨.
	8월	리옹 시의회가 제네바에 대표단을 파견하여 전쟁으로 폐허가 된 도시에 절실히 필요한 비레의 두 번째 체류 연장을 간청함. 제네바가 이 요청을 승인함.
	11월 12일	제네바 시의회가 비레를 제네바로 다시 부르기 위해 리옹에 사람을 보냈지만, 비레의 병이 위중하여 여행을 할 수 없어 겨울이 끝날 때까지 기다려달라고 간청함.
	11월 22일	리옹 시의회가 비레의 휴가 갱신을 요청하고, 제네바는 2월까지 휴가를 승인함.
1563	1월 3일	리옹 시의회가 제네바 시의회에 비레를 자신들에게 영구적으로 양도해줄 것을 요청함. 망설임 끝에 제네바는 자신들이 필요할 때 비레가 제네바로 돌아온다는 조건으로 동의함.
	3월 12일	앙부아즈 평화협정으로 제1차 프랑스 종교전쟁이 끝남.
	3월 13일	모든 예배당을 로마가톨릭 신자들에게 돌려주라는 칙령이 발표됨. 프랑스의 프로테스탄트들은 자신들의 예배당 건축을 시작할 수밖에 없게 됨.

	3월 19일	모든 외국 태생 개혁자가 프랑스에서 성직을 수행할 수 없다는 왕의 칙령이 발표됨. 비레는 로마가톨릭 신자들의 요청에 따라 예외로 인정됨.
	5월	비레가 제네바로 돌아와 마지막 작별 인사를 함. 비레가 오르브를 잠시 방문하여 일을 정리하고 가족과 작별 인사를 한 후 프랑스로 영구히 이주함.
	5월 25일	리옹의 의원들이 비레를 데려가기 위해 제네바에 도착함.
	7월	리옹에서 왕권이 재확립되고, 로마가톨릭이 합법화됨.
	7월 13일	리옹에서 미사가 거행됨. 오제가 용서와 관용에 대해 설교함.
	7월 28일	리옹에서 비레가 칼뱅에게 편지로 교회가 "날마다 부흥한다."라고 말함.
	8월 19일	비레가 리옹에서 열린 제4차 위그노 전국대회를 의장으로 주재함. 비레가 세 권으로 이루어진 그의 대작 『율법과 복음에 관한 그리스도교의 가르침』을 출판함.
1564	4월	리옹에 흑사병이 발발함에 따라 비레의 딸을 포함하여 도시 인구의 약 3분의 2에 해당하는 6만 명이 사망함.
	5월 27일	칼뱅이 제네바에서 사망함.
1565	8월 27일	비레에게 프랑스를 떠나라는 왕의 칙령이 내려짐. 비레가 리옹을 떠나 오랑주의 침묵공 빌럼의 보호를 받음.
	9월 13일	파렐이 뇌샤텔에서 사망함.
	9월 20일	리옹에서 비레가 그의 책 『대화 형식의 잠정협정』을 콜리니 제독에게 헌정함.
	10월 4일	뇌샤텔 노회가 파렐의 공석을 맡아달라고 비레에게 간청함.
1566		비레가 오랑주를 빠져나와 베아른으로 향함. 잔 달브레가 비레를 베아른 교회의 시찰감독으로 임명함.

1567		제2차 프랑스 종교전쟁이 시작됨.
1568	3월 23일	롱주모 평화협정으로 제2차 종교전쟁이 끝남.
	여름	제3차 프랑스 종교전쟁이 시작됨.
1569		전쟁하는 동안 비레와 11명의 목회자가 로마가톨릭 군대에 체포되어 샤바네 성에 투옥됨. 비레는 목숨을 건짐.
	8월 22일	포 도시가 적의 포위 공격에서 벗어난 후 감사예배를 드림. 비레가 시편 124편을 설교함.
1570	8월	생제르맹 평화협정과 칙령.
1571		피에르 비레가 사망함.

피에르 비레의 프랑스어 저작 중 주제별 참고문헌

도미니크-안토니오 트로일로

이 참고문헌은 피에르 비레의 작품에 제시된 구성 요소를 개략적으로 설명하고 있다. 비레의 저술에 대한 자세한 내용은 해당 작품을 참조하라.[1]

비레의 작품은 분량이 상당하다. 안타깝게도 그의 작품 중 적지 않은 부분이 유실되었지만, 대부분은 보존되었다. 비레가 많은 작품을 제목을 달리하여 출판했으며, 새로운 판본을 위해 자주 개정했다는 사실을 염두에 두어야 한다. 그의 작품 중 거의 40편이 해마다 개정되었다. 그의 사역이 지속된 25년 동안, 그리고 17세기 중반까지 그의 저서는 거의 180개에 가까운 판본이 추가되거나 개정되었다. 그중에는 영어, 네덜란드어, 이탈리아어, 독일어로 번역되기도 했다.

비레는 자신을 둘러싼 다양한 요구에 부응하기 위해 다양한 유형의 작품을 썼다. 그의 글은 대략 다음과 같은 제목으로 분류할 수 있다.

박해당하는 사람들을 위한 위로

비레의 것으로 알려진 첫 번째 작품은 1539년 끔찍한 박해를 받은 프로방스의 발도파에게 보낸 것이다.

- 『주 예수 그리스도의 이름과 복음의 진리를 위해 박해를 받는 신자들에게 보내는 위로의 편지』[*Épître consolatoire envoyée aux fidèles qui souffrent persécution pour le nom de Jésus et vérité évangélique* (Genève, Jean

1 http://www.pierreviret.com

Girard, 1541, 30쪽)].

1543년에 비레는 이 편지를 개정하여 칼뱅의 『1543 두 서신』과 함께 묶어 다시 출판하였고, 이후에 다음과 같은 제목으로 확장판을 출판하였다.

● 『교황주의의 미신과 우상숭배로 자신을 더럽히거나 예수 그리스도를 욕되게 하지 않는 방법을 가르치면서, 로마가톨릭 신자들 사이에서 신실하게 살아가는 사람들에게 보내는 편지』[*Épistre envoyée aux fidèles qui conversent entre les chrétiens papistiques pour leur remonstrer comment ilz se doyvent garder d'estre souilléz et polluz par les superstitions et idolâtries d'iceux et de déshonnorer Jésus-Christ par icelles* (Genève, Jean Girard, 1547, 156쪽)].

비레는 이후 프랑스 영토 내에 살면서 많은 어려움에 직면한 새로운 개종자들을 가르치기 위해 다른 여러 논문을 작성하였다.

● 『우상숭배를 피하고자 교황주의를 떠나기로 결심한 신자들에게 보내는 권면과 위로』[*Admonition et consolation aux fidèles qui délibèrent de sortir d'entre les papistes pour éviter idolâtrie; contre les tentations qui leur peuvent advenir et les dangers auxquels ils peuvent tomber en leur issue* (Genève, Jean Girard, 1547, 110쪽)].

● 『복음의 진리를 아는 신실한 신자가 교황주의 의식, 특히 그들의 세례, 혼인, 미사, 장례, 죽은 자를 위한 예식에 참여하는 것에 관하여』[*De la communication de fidèles qui connaissent la vérité de l'Évangile, aux cérémonies des papistes et principalement à leurs baptêmes, mariages, messes, funérailles et obsèques pour les trépassés* (Genève, Jean Girard, 1547, 204쪽)].

● 『교황주의자들 가운데 사는 신자들, 그리고 주로 법정의 사람들에게 주는 충고: 하나님과 이웃에 대한 그들의 의무를 위반하지 않기 위해, 또한 그들의 대적에게 (자기들의 잘못으로) 박해의 기회를 줌으로써 섣부르게 자신을 위험에 빠뜨리지 않기 위해, 그들이 지난 시대 하나님의 종들의 모범을 따라 그들의 직업에서 사용해야만 하는 수단에 관하여』[*Remontrances aux fidèles qui conversent entre les papistes et principalement ceux qui sont en cour touchant les moyens qu'ils doivent tenir en leur vocation à l'exemple des anciens serviteurs de Dieu sans contrevenir à leur devoir ni envers Dieu, ni envers leur prochain et sans se mettre téméraireement en danger et donner par leur témérité et par leur coulpe occasion à leurs adversaires des les mal traiter* (Genève, Jean Girard, 1547, 350쪽)].

● 『성서의 확실한 가르침과 위로』[*Instructions certains et consolations tirée des saintes écritures* (Genève, 154?, 80쪽?).]. 전해지는 사본은 없으며 1580년에 나온 영어 번역본이 있다. *A sweete consolation for all such as are afflicted and oppressed* (London, Christopher Barker, 1580, 84쪽).

덕의 함양

비레는 로잔에서 목회하는 동안 평일 예배에서 성서를 설교하면서 (다른 개혁교회 개혁자들처럼) 한 문단 한 문단, 실제로 한 절 한 절을 주석하였다. 주일 예배에서는 사도신경, 주기도문, 십계명을 차례로 다루었다. 이 가르침은 수백 페이지에 달하는 실천신학에 관한 수많은 글을 탄생시켰다. 그러나 비레는 자신의 설교를 글로 옮기면서 구어체가 글로 쓰기에 적합하지 않다는 점에 주목하였다. 따라서 1544년부터는 대화식 글쓰기를 사용하여 책을 썼다. 이 스타일은 특히 그의 독자들에게 적합하였다.

● 『신앙의 항목과 그리스도교 신앙의 요약을 포함하는 사도신경에 관한 간단한 해설』[*Exposition familière sur le symbole des apôtres contenant les articles de la foi et un sommaire de la religion chrétienne* (Genève, Jean Girard, 1544)].

● 『우리 주 예수 그리스도의 기도와 그 안에서 고려할 가치가 있는 주제들에 대한 간단한 해설』[*Exposition familière de l'oraison de notre Seigneur Jésus-Christ et des choses dignes de considérer sur icelle* (Genève, Jean Girard, 1548, 615쪽)].

● 『십계명에 관한 간단한 해설』[*Exposition familière sur les dix Commandements de la Loy* (Genève, Jean Girard, 1544)]. 이후 네덜란드어와 영어로 번역되었다.

● 『율법과 복음의 교리, 자연적인 것과 초자연적인 것을 포함한 그리스도인의 참된 철학과 신학에 관한 그리스도교적 가르침: 제1권 그리스도교 교리에 관한 여러 가지 간략한 요약 및 교리문답, 그리고 율법에 관한 충분한 해설을 덧붙여 인간 스스로가 자신의 구원에 대해 제기하는 장애물에 관한 가르침』[*Instruction chréstienne en la doctrine de la Loi et de l'Évangile et en la vraie philosophie et théologie tant naturelle que surnaturelle des chrétiennes, Vol. I. Briefs et divers sommaires et catéchismes de la doctrine chrétienne; et instruction contre les empêchements que les hommes donnent à leur propre salut; adjoint une ample explication de la loi* (Genève, 1564, 674쪽)]. 이 책은 로잔에 있는 출판사 L'Age d'Homme에 의해 다시 간행되었다.(2004년, Volume I, 846쪽 / 2009년, Volume II, 840쪽).

논쟁적 작품

비레는 1542년 그의 두 번째 책인 『미신과 우상 숭배의 차이점에 관하여』(*De la différence qui est entre les superstitions et idolâtries*)를 통해 논쟁적인 작품의 영역에 뛰어들었다. 이 책에서 그는 미신, 우상 숭배, 마리아와 성인 숭배 등을 연속적으로 비판하였다. 그는 나중에 이 책의 내용을 바탕으로 이러한 주제를 다루는 많은 논문을 작성하였다. 비레의 논쟁적 작품에는 서약의 관행, 독신, 교황의 사도적 계승, '아베 마리아'의 사용 등에 관한 저술도 포함된다.

● 『천사가 동정녀 마리아에게 전한 인사의 진정한 효과, 로사리오와 묵주기도의 기원과 이와 관련된 남용, 그리고 동정녀 마리아를 공경하거나 경멸하는 참된 방법』[*Petit traicte de la salutation Angelique* (Genève, Jean Girard, 1544, 44쪽)]. 이후 다음과 같은 제목으로 확장되어 다시 간행되었다. *Du vrai usage de la salutation faite par l'ange à la vierge Marie et de la source des chapelets et de la manière de prier par compte et de l'abus qui y est et de la vraie manière par lequel la vierge Marie peut être honorée ou déshonorée* (Genève, 1561, 174쪽). 이 책은 로잔에 있는 출판사 L'Age d'Homme가 2008년 176쪽으로 재발행하였다.

● 『참 종교와 거짓 종교, 합법적인 그리고 불법적인 서약과 맹세, 특히 영구적인 독신 서약과 저주와 혐오 선언, 희생에 관하여』[*De la nature et diversité des voeuz, et des loix qui en ont esté baillées de Dieu* (Genève, Jean Girard, 1551, 193쪽)]. 이후 대폭 확장하여 다음과 같은 제목으로 다시 출판되었다. *De la vraie et fausse religion; touchant les voeux et les serments licites et illicites; et notamment touchant les voeux de perpétuelle continence et les voeux d'anathème et exécration et les sacrifices d'hosties humaines* (Genève, 1560, 864쪽).

● 『고대 우상숭배와 새로운 우상숭배의 기원, 차이점, 적합성; 그리고 유일하고 참된 중보자에 대한 참된 혹은 잘못된 형상과 유물』[*De la source et de la différence et convenance de la vieille et nouvelle idolâtrie; et des vraies et fausses images et reliques et du seul vrai Médiateur* (Genève, 1551, 245쪽)]. 1552년에 제네바에서 장 크레스팽이 라틴어 번역본을 출판하였다.

● 『사람이 하나님의 말씀을 통해 하나님의 뜻을 구해야 할 의무와 필요성, 그리고 진정한 협의회에 대한 기대와 최종 결정』[*Du devoir et du besoin qu'ont les hommes à s'enquérir de la volonté de Dieu par sa Parole et de l'attente et finale résolution du vrai concile* (Genève, 1551, 218쪽)]. 1565년 다음과 같은 제목으로 영어로 번역되었다. *The firste parte of the Christian Instruction, and generall somme of the doctrine, conteyned in the holy Scriptures* (London, John Day). 1566년에는 네덜란드어로 번역 출판되었다.

● 『예수 그리스도와 그 사도들의 진정한 계승자들의 행동과 교황 교회의 배교자들』[*Des actes des vrais successeurs de Jésus-Christ et de ses Apostres, et des apostats de l'Église Papale* (Genève, 1554, 864쪽)]. 1554년에는 제네바에서 이탈리아어로 번역되었다. 이후 개정 증보되어 두 권으로 다시 간행되었다. *Des actes des apôtres de Jésus-Christ et des apostats de l'Eglise et des successeurs tant des uns que des autres* (Genève, Étienne Anastase, 1559, 971쪽), 그리고 *Le second volume des Actes des Apôtres* (Gevena, Étienne Anastase, 1561, 832쪽).

● 『예수 그리스도의 참된 교회와 참된 성례전의 진실된 사역, 그리고 적그리스도 교회의 거짓 성례전과 사람이 세례 성사에 덧붙인 것』[*De vero verbi Dei, sacramentorum, et Ecclesiae ministerio* (Genève, Robert Estienne, 1553, 136쪽)]. 1560년 프랑스어 번역본이 출판되었다. *Du vrai ministère de la vraie Église de Jésus-Christ et des vrais sacrements d'icelle et des faux sacrements de l'Église de l'antéchrist et des additions ajoutées par les hommes au sacrement du baptême* (Genève, Jean Rivery, 514쪽). 1560년에 네덜란드어로 번역 출간되었고(Steenwijk, Herman't Zangers, 141쪽), 1581년 다시 인쇄되었다(Amsterdam, Cornelis, Claesz, 141쪽).

교황주의의 어리석음

종교개혁은 중세부터 시작된 오랜 과정의 정점이었다. 14세기 이후 유럽 전역을 휩쓴 재난과 전염병은 하나님의 형벌로 여겨졌다. 죽음은 모든 영혼을 괴롭혔다. 죽음이 언제 올지 누가 알 수 있겠는가?

이 두려움에서 벗어날 수 없는 인간은 적어도 천국에서 자기 자리를 확보해야 한다. 교회는 이러한 불안에 대응하려고 시도했고, 곧 이 주제에 관한 발전이 정말 폭발적으로 나타났다. 종교는 점점 더 중요한 역할을 수행하였다. 미사가 늘어났고, 그것과 함께 사제, 예배당, 유물, 순례가 증가하였다. 교회의 메시지 자체가 변했고 점점 더 묵시적인 성격을 띠게 되었다.

아, 비레의 밑천이여! 그들의 어리석은 것과 공상적인 것을 모두 활용하여 그는 많은 저술에서 교황주의의 날조에 대한 어리석음을 진정으로 폭로하였다.

- 『대화로 이루어진 단순한 토론 형식의 그리스도교 논쟁, 장 칼뱅의 편지와 함께』[*Disputations chréstiennes en matière de devis divisées par dia-logues avec un épître de Jean Calvin* (Genève, 1544, Jean Girard, three volumes, 999쪽)]. 1561년 영어로 개작된 출판물이 다음과 같은 제목으로 나왔다. *The huntynge of Purgatorye to death* (London, John Tisdale, 396쪽). 3권으로 구성된 영어 번역판이 1544년 나왔다. *The Christian Disputations* (London, Thomas East).

- 『죽은 자의 상태에 관한 그리스도교 논쟁, 대화 형식』[*Disputation*

Chréstiennes, touchant l'estât des trepassez, faites par dialogues (Genève, Jean Girard, 1552, 571쪽)].

● 『죽은 자를 위한 의식, 좌담식 대화 형식』[*L'office des mortz, fait par dialogues, en maniere de devis* (Genève, Jean Girard, 1552, 417쪽)].

● 『교황의 의술, 좌담식 대화 형식』[*La physique papale, faite par maniere de devis, et par dialogues* (Genève, 1552, 464쪽)].

● 『연옥에서의 안식, 대화 형식』[*Le requiescant in pace de purgatoire, fait par dialogues* (Genève, Jean Girard, 1552, 150쪽)].

● 『교황의 강신술, 대화 형식』[*La nécomance papale faite par Dialogues* (Genève, Jean Girard, 1553, 197쪽)].

세상을 바라봄

비레는 1544년 『죽은 자의 세계에 관한 대화』에 이어 1545년 『무질서에 관한 대화』(*Dialogues de desordre*)를 출판하여 산 자의 세계로 관심을 돌렸다. 이 초판은 『악화된 세상』, 『변형된 인간』, 『변화된 인간』, 『종교개혁』에 관한 네 가지 대화로 구성되었다. 비레는 인간의 타락한 상태를 노련하게 강조하면서 독자들이 하나님 구속의 필요성을 깨닫도록 하였다.

나중에 『제국의 세계』(*Le monde a l'empire*)라는 제목으로 개정하여 다시 출판한 이 책은 분명 비레의 베스트셀러였음에 틀림없으며, 곧 독일어, 영어 및 네덜란드어로 번역되었다.

● 『현 세계의 무질서한 상태와 그 원인, 그리고 그것을 치유할 수 있는 수단

에 관한 대화』[*Dialogues du désordre qui est à présent au monde, et des causes d'iceluy et du moyen dy'remédier* (Genève, Jean Girard, 1545, 1010쪽)].

- 『제국의 세계와 악마의 세계』[*Le monde à l'empire et le monde démoniacle, fait par dialogues* (Genève, Jaques Berthet, Jaques Bres, 1561, 373쪽)]. 영어로는 두 권으로 번역되었다. *The Worlde possessed with Devils* (London, J. Perrin, 1583, 180쪽), *The Second Part of the Demoniacke Worlde* (London, Thomas Dawson for J. Perrin, 1583, 141쪽). 네덜란드어 번역판은 1665년에 나왔고(Harderwijk, Paulus van den Houte, 335쪽), 독일어 번역판은 1731년에 출간되었다(Berlin, Rüdiger, 160쪽).

- 『그리스도교 변질, 대화 형식』[*Métamorphose chréstienne, faite par dialogues* (Genève, Jaques Berthet, 1561, 558쪽)]. 이 책의 후반부 영어 번역본은 1585년 출판되었다. *The Schoole of Beastes* (London, Robert Waldegrave, 71쪽).

성만찬에 관한 논쟁

성만찬에서 그리스도의 임재 방식에 관한 문제는 종교개혁 초기부터 불화를 일으키는 주제였다. 개혁자들은 로마가톨릭교회가 주창하는 화체설과 명백히 거리를 두었지만, 이 거리는 서로 다른 방식으로 해석되었다. 비레와 칼뱅은 그리스도의 임재가 육체적이거나 상징적인 것이 아니라 영적인 것이라는 견해를 고수하였다.

- 『하나님의 말씀 사역과 그것에 의존하는 성례의 효력과 사용』[*De la vertu et usage du ministère de la parolle de Dieu et des Sacremens dépendans d'icelle* (Genève, Jean Girard, 1548, 758쪽)]. 1554년에 수정 확장된 라틴어 번역본이 나왔다. *De origine, continuatione, usu, autoritate, atque praestantia Ministerii verbi Dei* (Genève, Robert Estienne, 224쪽).

제네바로의 망명과 승리의 비전

1559년, 48세의 비레는 고향에서 추방되어 제네바로 피신하였다. 그는 도시에 도착하자마자 목사 직무에 임명되었으나 이 임명이 글을 쓰는 데 방해가 되지는 않았다. 그는 이 기간에 수많은 책을 출판하였다.

- 『그리스도교 교리에 관한 간략한 요약, 대화 형식』[*Bref sommaire de la doctrine chréstienne, fait en forme de dialogue* (Genève, Jean Rivery, 1558, 46쪽)]. 이 책은 1559년 개정 증보되었고, 1561년 하인리히 불링거의 주의 만찬에 관한 설교와 함께 재출간되었다. 1573년에는 영어로도 번역되었다. *A Christian Instruction, conteyning the law and the Gospell* (London, Abraham Veale, 536쪽).

- 『그리스도교 신앙과 종교의 주요 요점과 그 남용 및 반대 오류에 관한 요약』[*Sommaire des principaus poincts de la Foy et religion chréstienne et des abus et erreurs contraires à iceus* (Lausanne, Jean Rivery, 1558, 63쪽)].

- 『신자의 의무에 관하여 그들을 가르치고, 경고하고, 훈계하고, 환난 중에 있는 그들을 위로하기 위해 보낸 편지』[*Épîtres aux fidèles pour les instruire et les admonester et exhorter touchant leur office et pour les consoler en leurs tribulations* (Genève, Jean Rivery, 1559, 319쪽)].

- 『주로 하나님의 섭리와 예정에 관한 그리스도교 교리의 단순하고 완전

한 가르침』[*Familière et ample instruction en la doctrine chréstienne et principalement touchant la divine providence et prédestination* (Genève, Jean Rivery, 1559, 960쪽)].

- 『신자들의 교육을 위한 다양한 논문들, 수정 및 증보』[*Traités divers pour l'instruction des fidèles, reveus et augmentez* (Genève, Jean Rivery, 1559, 856쪽)].

- 『교리문답의 주요 요점에 관한 간단한 해설』[*Exposition familière des principaux poincts du catéchisme* (Genève, Jaques Bourgeois, 1561, 429쪽)].

리옹의 비레

비레는 1562년 6월 중순 리옹에 도착하였다. 종교전쟁에 연루된 이 도시는 6주 동안 프로테스탄트의 손에 장악되어 있었다. 비레는 즉시 글을 쓰기 시작했고, 위그노와 로마가톨릭 추종자 모두를 위해 책을 저술했으며, 미사, 로마가톨릭의 기도, 하나님 말씀의 권위와 같은 주제를 다루었다.

1563년 5월 비레는 제네바로 돌아와 업무를 정리하고 시의회로부터 영구적인 휴직 처분을 받았다. 이 여정을 통해 그는 제네바 사람 장 리버리에게 자신의 기념비적인 작품인 『율법과 복음에 관한 그리스도교의 가르침』(*Instruction Chréstienne en la Doctrine de la Loy et de l'Évangile*)의 처음 두 권을 인쇄하도록 의뢰할 기회를 얻었다. 이 책들이 리옹에 제시간에 맞춰 도착하여 교회의 덕을 세우고, 교회가 에피쿠로스주의, 무신론, 이신론, 재세례파 등의 이단과 맞서 싸울 준비를 하도록 해주었다.

- 『미사의 교묘함과 법규』[*Les Cauteles et canons de la messe* (Lyon, Claude Ravot, 1563, 198쪽)]. 1568년에는 네덜란드어로 번역되었고(London,

H. Bynneman), 1584년에는 영어로 번역되었다. *The Cauteles, Canon, and Ceremonies, of the most blasphemous, abhominable, and monstrous Popish Masse* (London, Thomas Vautrollier for Andrew Maunfell, 256쪽)].

- 『성서의 가르침과 그 사역의 권위와 완전성, 참 목회자와 거짓 목회자와 그 제자, 서로를 알 수 있고 분별할 수 있는 표식』[*De l'autorité et perfection de la doctrine des saintes Écritures et du ministère d'icelles et des vrais et faux pasteurs et de leurs disciples et des marques pour connaître et discerner tant les uns que les autres* (Lyon, Claude Sermeton, 1564, 299쪽)].

- 『그리스도인의 기도를 위한 정규 시간과 정해진 기간』[*De l'institution des heures canoniques et des temps determinez aux prières des Chréstiens* (Lyon, Jean Saugrain, 1564, 75쪽)].

- 『로마 교회의 관행에 따른 교회의 열쇠, 그리고 하나님의 말씀과 그 성례전의 집행; 예수 그리스도의 몸에 관한 실체변화와 진리 그리고 그와 우리의 진정한 교통에 관하여』[*Des clefs de l'Église et de l'administration de la Parole de Dieu et des sacrements; selon l'usage de l'Église romaine; et de la transubstantiation et de la vérité du corps de Jésus-Christ et de la vraie communion d'icelui* (Genève, Jean Rivery, 1564, 380쪽)]. 오를레앙에서 같은 해에 다시 인쇄되었다.

- 『율법과 복음의 교리, 자연적인 것과 초자연적을 포함한 그리스도인의 참된 철학과 신학에 관한 그리스도교적 가르침』[*Instruction Chréstienne en la doctrine de la loy et de l'Évangile et en la vraie philosophie et théologie tant naturelle que surnaturelle des chréstiennes* (Genève, Jean Rivery, 1564, 903쪽)].

● 『하나님에 대한 참지식과 예배에 관한 그리스도교 신앙의 가르침에 대한 해설』[*Exposition de la doctrine de la foy chréstienne, touchant la vraye cognoissance et le vray service de Dieu* (Genève, Jean Rivery, 1564, 903쪽)].

● 『로마교회의 성직자와 교황대리를 위한 지침서 혹은 교육서』[*Le Manuel, ou Instruction des Curéz et Vicaires de l'Église Romaine* (Lyon, Claude Ravot, 1564, 216쪽)].

● 『태초부터 참 교회와 거짓 교회의 상태, 비교, 권위, 권한, 규정, 계승, 그리고 그 교회의 사역자들과 그들의 소명과 활동』[*De l'estat, de la conférence, de l'autorité, puissance, prescription et succession tant de la vraye que de la fausse Église depuis le commencement du monde; et des ministres d'icelles et de leur vocations et degrés* (Lyon, Claude Senneton, 1565, 927쪽)].

● 『하나님의 뜻과 공정한 심판에 의해 일어날 수 있고 정상적으로 발생하는 모든 선과 악, 세상의 모든 상태에 관한 하나님의 섭리에 관하여』[*De la Providence divine, touchant tous les estats du monde et tous les biens et tous les maux qu'y peuvent advenir, et adviennent ordinairement par la volonté et le juste jugement de Dieu* (Lyon, Claude Senneton, 1564, 803쪽)]. 1600년에 네덜란드어로 번역되었다.

● 『예수 그리스도에 의해 확립된 성찬에 관한 현재의 불일치에 대한 중요한 견해』[*Des principaux points qui sont aujourd'hui en différend touchant la sainte Cène de Jésus-Christ* (Lyon, Claude Senneton, 1565, 319쪽)]. 1579년 영어 번역본이 나왔다. *The principal points which are at this daye in controversie, concerning the holy Supper, and of the Masse* (London, Christopher Barker, 203쪽).

● 『대화 형식의 잠정협정』[*L'interim, fait par dialogues* (Lyon, Claude Senneton, 1565, 461쪽)]. 베른의 출판사에서 1985년 재간하였다(Bern, Peter Lang, 1985, 365쪽).

● 『장 로피텔이 리옹의 개혁교회 목회자들에게 제기한 질문에 대한 대답』[*Réponse aux questions proposées par Jean Ropitel Minime aux Ministres de l'Êglise Reformée de Lyon* (Lyon, Claude Senneton, 1565, 174쪽)]. 이 책은 제네바에서 같은 해 출판되었다.

참고문헌

Aerny, Francis. *L'Évêché de Lausanne.* Cabédita, Yens, 1991.

Aymon, Jean. *Tous les Synodes Nationaux des Églises Réformées de France*, two volumes. La Haye, 1710.

Baird, Henry Martyn. *Theodore Beza, the Counsellor of the French Reformation, 1519-1605*. The Knickerbocker Press, New York, 1899.

Barnaud, Jean. *Pierre Viret, Sa Vie et Son Oeuvre (1511-1571)*. Saint-Amans, 1911.

________. *Quelques Lettres Inédites de Pierre Viret*. Saint-Amans, 1911.

Bavaud, Georges. *Le Réformateur Pierre Viret.* Édition Labor et Fides, Genève, 1986.

Belluc, Antoine. "Pierre Viret," *Thèse à la Faculté de Théologie Protestante de Montauban.* Montauban, 1854.

Berthoud, Jean-Marc. *Des Actes de L'Église.* L'Age d'Homme, Lausanne, 1993.

________. *Pierre Viret: A Forgotten Giant of the Reformation*. Zurich Publishing, Tallahassee, FI, 2010.

________. "Pierre Viret and the Sovereignty of the Word of God Over Every Aspect of Life," *A Comprehensive Faith*. Friends of Chalcedon, San Jose, CA.

De Bèze, Théodore. *Histoire Ecclésiastique des Églises Réformées au*

Royaume de France, tome troisiéme. Lille, 1841-42.

_________. *The Life of John Calvin*. Evangelical Press, Wales, 1997.

_________. *The Life of John Calvin*. Trans. Francis Sibson. Philadelphia, 1836.

_________. *L'Histoire de la Vie et Mort de Feu M. Jean Calvin, Fidèle Serviteur de Jésus Christ*. Genève, 1657.

Bonnet, Jules. *Letters of John Calvin*. Banner of Truth Trust, Great Britain, 1980.

_________. *Letters of John Calvin*, four volumes. Trans. Marcus Robert Gilchrist. Presbyterian Board of Publication, Philadelphia, 1858.

_________. *Mémoires de la Vie de Jean de Parthenay-Larchevêque Sieur de Soubise*. Léon Willem, Libraire, Paris, 1879.

_________. *Récits du Seizième Siècle*. Paris, 1864.

Borrel, Abraham. *Histoire de l'Église Réformée de Nîmes*. Société des Livres Religieux, Toulouse, 1856.

Boulenger, Jacqes. *Les Protestants à Nîmes au Temps de l'Édit de Nantes*. Librairie Fischbacher, Paris, 1903.

Bridel, Eugene. *Pierre Viret, le Réformateur 1511-1571*. Agence des Sociétés Religieuses, Lausanne, 1911.

Bruening, Michael W. *Calvinism's First Battleground: Conflict and Reform in the Pays de Vaud, 1528-1559*. Springer, Dordrecht, The Netherlands, 2005.

_________. "Pierre Viret and Genève," *Archive for Reformation History*, Volume 99. 2008.

Bungener, Félix. *Calvin: His Life, His Labours, and His Writings*. T. & T. Clark, 1863.

Cadier, Jean. *The Man God Mastered*. Trans. O. R. Johnston. William B. Eerdmans, Grand Rapids, 1960.

Campiche, Michel. *La Réforme en Pays de Vaud, 1528-1619*. Éditions de L'Aire, Lausanne, 1985.

Cart, Jacques. *Pierre Viret, le Réformateur Vaudois*. Lausanne, 1864.

Chareyre, Philippe. *La Construction d'un État Protestant*. Centre d'Étude du Protestantisme Béarnais, Pau, 2010.

________. "Pierre Viret et la Réformation du Béarn, 1567-1571," *Bulletin de la Société de l'Histoire de Protestantisme Français*. Oct.-Déc., 1998.

Chenevière, Charles. *Farel, Froment, Viret*. Genève, 1835.

Clerjon, P. & Morin, J. *Histoire de Lyon depuis sa Fondation jusqu'à nos Jours*, six volumes. Lyon, 1829-37.

Corbière, Philippe. *Histoire de l'Église Réformée de Montpellier Depuis son Origine Jusqu'à nos Jours*. Montpellier et Paris, 1861.

Crespin, Jean. *Des Cinq Escoliers Sortis de Lausanne, Bruslez à Lyon*. Imprimerie Jules-Guillaume Fick, Genève, 1878.

Cross, F. L. & Livingstone, E. A., eds. *The Oxford Dictionary of the Christian Church*. Oxford University Press Inc., New York, 1997.

D'Aubigné, Jean Henri Merle, D.D. *History of the Reformation in Europe in the Time of Calvin*, four volumes. Sprinkle Publications, Harrisonburg, VA, 2000.

________. *History of the Reformation in the Sixteenth Century*. G. P. Putnam & Sons, 1872 (Facsimile edition, Powder Springs Press).

Doumergue, Emile. *Jean Calvin, Les Hommes et les Choses de son Temps*, seven volumes. Georges Bridel & Cie Éditeurs, Lausanne, 1899-1927.

________. *Lausanne au Temps de la Réformation*. Georges Bridel & Cie Éditeurs, Lausanne, 1902.

________. *La Genève des Genevois*. Édition Atar, Corraterie, Genève,

1914.

Dupraz, Emmanuel-Stanislas. *La Cathédral de Lausanne*. Lausanne, 1957.

Fabre, Gustave. *Pierre Viret, Pasteur à Nîmes*. Nîmes, 1911.

________. *Le Premier Pasteur de l'Église Réformée de Nîmes: Guillaume Mauget*. Imprimerie Clavel et Chastanier, Nîmes, 1893.

Favre, Olivier. "Pierre Viret (1511-1571) et la Discipline Ecclésiastique," *La revue réformée*, Vol. 49, No. 3. 1998.

de Faye, Clément. *L'Église de Lyon depuis l'Évêque Pothin jusqu'au Réformateur P. Viret*. Paris, Lyon, 1859.

Froment, Anthoine. *Les Actes et Gestes Merveilleux de la Cité de Genève*. Jules Guillaume Fick, Genève, 1854.

Gaberel, Jean. *Histoire de l'Église de Genève depuis le Commencement de la Réforme jusqu'en 1815*, three volumes. Genève, 1855-63.

Gaullieur, E.-H. & Verdeil, A. *Histoire du canton de Vaud*, four volumes. Librairie de D. Martignier, Lausanne, 1854-57.

Gautier, Jean-Antoine. *Histoire de Genève*, nine volumes. Genève, 1896-1914.

Gilliard, Charles. *La Conquête du Pays de Vaud par les Bernois*. Éditions de L'Aire, Lausanne, 1985.

Gindroz, André. *Histoire de l'Instruction Publique dans le Canton de Vaud*. Georges Bridel Éditeur, Lausanne, 1863.

Godet, Philippe. *Pierre Viret*. Lausanne, 1892.

Hagenbach, Dr. Karl Rudolph. *History of the Reformation in Germany and Switzerland Chiefly*, two volumes. T. & T. Clark, Edinburgh, 1878-79.

Herminjard, A. L. *Correspondance des Réformateurs dans les Pays de Langue Française*, nine volumes. Genève, 1866-97.

Jaquemot, Henri. "Viret: Réformateur de Lausanne," *Thèse présentée à la Faculté de Théologie de Strasbourg*. Strasbourg, August, 1836.

Junod, L. *Farel, Réformateur de la Suisse Romande et Réformateur de l'Église de Neuchâtel*. Neuchâtel et Paris, 1865.

Knecht, Robert J. *The French Religious Wars: 1562-1598*. Osprey Publishing, Great Britain, 2002.

Lacombe, Noël. *Villeneuve les Avignon*. Édition Louis Salle, Nîmes, 1969.

________. *L'Église Protestante d'Orthez*. Imprimerie Moulia Frères, Orthez, 1990.

________. *Le Protestantisme en Béarn*, two volumes. Centre d'Étude du Protestantisme Béarnais, Pau, 1998.

________. "Les Amitiés de Calvin," *Bulletin de la Société de L'Histoire du Protestantisme Français*. Paris, 1864.

Latourrette, Louis. "Les Derniéres Années de Pierre Viret," *Revue de Théologie et de Philosophie*, deuxième série 26, no. 106. Janvier-Mars, 1938.

Linder, Robert Dean. *The Political Ideas of Pierre Viret*. Librairie Droz, Genève, 1964.

Maillefer, Paul. *Histoire du Canton de Vaud dès les origines*. Payot & Cie, Libraires-Éditeurs, Lausanne, 1903.

Martin, Henry. *Les Cinq Étudiants de L'Académie de Lausanne*. Georges Bridel, Éditeur, Lausanne, 1863.

Massias, F. V. *Essai Historique sur Pierre Viret*. Cahors, 1900.

McClintock, John & Strong, James. *Cyclopedia of Biblical, Theological, and Ecclesiastical Literature*, ten volumes. Baker Book House, Grand Rapids, Michigan.

McCrie, C. G. *Beza's Icones: Contemporary Portraits of Reformers of*

Religion and Letters. The Religious Tract Society, London, 1906.

McGrath, Alistair E. *A Life of John Calvin: A Study in the Shaping of Western Culture*. Blackwell Publishers, Oxford, 2000.

Meylan, Henri. *La Haute École de Lausanne, 1537-1937*. Universite de Lausanne, Lausanne, 1986.

_________. "Un texte inédite de Pierre Viret: le règlement de 1570 sur la discipline," *Revue de théologie et de philosophie*, série 3. 1961, pages 209-21.

Van Muyden, B. *Histoire de la Nation Suisse*, two volumes. Lausanne, 1898.

Oechsli, Wilhelm. *History of Switzerland: 1499-1914*. Trans. Eden & Cedar Paul. Cambridge, 1922.

Olivier, Juste. *Le Canton de Vaud*, two volumes. F. Roth & Cie Libraires-Éditeurs, Lausanne, 1938.

_________. *The Penny Cyclopaedia of the Society for the Diffusion of Useful Knowledge*, twenty-seven volumes. London, 1835.

Piaget, Arthur. *Les Actes de la Dispute de Lausanne 1536*. Neuchâtel, 1928.

Pierrefleur, Guillaume de. *Mémoires de Pierrefleur*. Éditions La Concorde, Lausanne, 1933.

Platter, Felix. *Beloved Son Felix*. Trans. Seán Jennett. Frederick Muller Limited, London, 1962.

Puaux, F. *Histoire de la Réformation Française*, seven volumes. Paris, 1859-68.

Raymond, P. "Testament de Pierre Viret (1571)," *Bulletin de la Société de l'Histoire du Protestantisme Français,* quatorzième année. Paris, 1865, pages 297-99.

Roget, Amédée. *Histoire du Peuple de Genève depuis la Réforme*

Jusqu'à l'Escalade, seven volumes. Genève, 1870-83.

________. *Les Suisses et Genève, ou l'Émancipation de la Communauté Genevoise au XVIe Siècle*, two volumes. Genève, 1864.

Roman, J. *Origine et Progrés des Églises Protestantes dans le Languedoc*. Toulouse, 1888.

Ruchat, Abraham. *Histoire de la Réformation de la Suisse*, seven volumes. Marc Ducloux, Lausanne, 1836.

Sayous, André. *Études Littéraires sur les Écrivains Français de la Réformation*, two volumes. Paris and Genève, 1841.

Schaff, Philip. *History of the Christian Church*, eight volumes. Hendrickson Publishers, n. d.

Schnetzler, Vuilleumier & Schroeder, eds. *Pierre Viret D'Après Lui-Même*. Georges Bridel & Cie Éditeurs, Lausanne, 1911.

Sedgwick, Henry Dwight. *Henry of Navarre*. The Bobbs-Merrill Company, Indianapolis, 1930.

Stickelberger, Emanuel. *Calvin: A Life*. John Knox Press, Richmond, VA.

________. "Testament de Viret," *Bulletin de la Société de l'Histoire de Protestantisme Français*, Tome XVI. Paris, 1867, pages 317-21.

Tucoo-Chala, Suzanne. *L'Église Protestante: Quatre Siècles de Protestantisme à Pau*.

Tulloch, John, D.D. *Luther and other Leaders of the Reformation*. William Blackwood and Sons, Edinburgh and London, 1883.

Vauvilliers, Madémoiselle. *Histoire de Jeanne d'Albret, Reine de Navarre*, three volumes. Paris, 1818.

________. "Viret à Lyon," *Bulletin de la Société de l'Histoire du Protestantisme Français*, tome XXI. Paris, 1872.

Vuilleumier, Henri. *Histoire de l'Église Réformée du Pays de Vaud*, four volumes. Éditions La Concorde, Lausanne, 1927.

________. *L'Académie de Lausanne: 1537–1890*. Édition de l'Université, Lausanne, 1891.

________. *Les Douze Escholiers de Messieurs*. Lausanne, 1886.

________. *Notre Pierre Viret*. Librairie Payot & Cie, Lausanne, 1911.

________. "Professeurs et Étudiants de Lausanne au Temps de la Réformation," *Revue de Théologie et de Philosophie*, Tome V. Lausanne, 1917.

Vulliemin, Louis. *Le Chroniqueur: Recueil Historique, et Journal de l'Helvétie Romande, en l'an 1535 et 1536*. Imprimerie et Librairie de Marc Ducloux, Lausanne, 1836.

Walker, Williston. *John Calvin: The Organiser of Reformed Protestantism*. G. P. Putnam's Sons, New York and London, 1906.

Wallace, Ronald S. *Calvin, Geneva, and the Reformation*. Wipf and Stock Publishers.

Waterman, Elijah. *Memoirs of the Life and Writings of John Calvin*. Hale & Hosmer, Hartford, 1813.

Wylie, J. A. *The History of Protestantism*, two volumes. Cassell, Petter, and Galpin, n.d.

Zschokke, Heinrich. *History of Switzerland, for the Swiss People*. Trans. Francis Shaw. New York, 1860.

인명 찾아보기

지명 찾아보기

주제 찾아보기